Christina Zacker

Korkesel & Sardinenblüte

Christina Zacker

# Korkesel & Sardinenblüte

## Handbuch für den Urlaub in Portugal

Bibliografische Information der Deutschen Nationalbibliothek:
Die Deutsche Nationalbibliothek verzeichnet diese Publikation
in der Deutschen Nationalbibliografie; detaillierte bibliografische Daten sind im Internet über www.dnb.de abrufbar.

Christina Zacker, ›Korkesel & Sardinenblüte‹
© 2016 Ganymed Edition (www.ganymed-edition.de)
© 2016 Christina Zacker, 4. überarbeitete Auflage
Alle Rechte vorbehalten
Titelfoto: Christina Zacker
Illustrationen: Sibylle Straubel
Gestaltung und Verlag: Ganymed Edition, Hemmingen
ISBN 978-3-946223-02-3

Printed in Germany

*p'ra o gente da minha terra velha*

# Danke ...

möchte ich sagen an all jene Freunde unter den Portugiesen und Residenten, die bewusst oder unbewusst zu den Tipps in diesem Buch beigetragen haben.

Allen voran gilt mein *obrigadissima*

*Adriana Antunes*
*Doris & Ingolf*
*Carla & Jens*
*Dona Carmo*
*Carmo Maria aus Colares*
*Luís aus Azóia*
*Bille für den Gockel*
*›meinem Liebsten‹ (Tómane)*
*und dem ›Stammtisch der Portugallier‹ in Cascais*
*und an der Algarve*

# Inhaltsverzeichnis

**Zum Einstieg** — 12

**I. ›Portugal ist eigentlich wie Spanien‹** — 18
PortugalPatzer № 1 Die Sache mit Spanien — 19

**II. ›Im Urlaub auf Benimm achten? Ohne mich – ich will relaxen!‹** — 22
PortugalPatzer № 2 ›Ich zahle – also schaff ich an. Der Kunde ist König!‹ — 23
PortugalPatzer № 3 ›Guten Morgen oder guten Tag? Ist doch völlig egal!‹ — 27
PortugalPatzer № 4 ›Können die sich am Telefon nicht mit Namen melden!?‹ — 30
PortugalPatzer № 5 ›Bussi-Bussi oder Handshake? Das ist meine Sache!‹ — 32
PortugalPatzer № 6 ›Wir duzen jeden! Schließlich sind wir in Urlaub hier!‹ — 35
PortugalPatzer № 7 ›Bitte und Danke – was murmeln die da vor sich hin?‹ — 38
PortugalPatzer № 8 ›Sehr erfreut? So eine blöde Floskel!‹ — 40
PortugalPatzer № 9 ›Auch noch nach Erlaubnis fragen, wenn man sich entschuldigen will?‹ — 42

**III. ›Da steht nichts auf dem Klingelschild! Leben die alle als Geheimagenten?‹** — 45
PortugalPatzer № 10 ›Straße und Hausnummer weiß ich ja – das wird schon passen!‹ — 46

## IV. ›Namen sind Schall und Rauch! So viele 'Prof.' und 'Dr.' kann's doch nicht geben!?‹ — 51
PortugalPatzer № 11 ›Sie heißen anders als Ihre Ehefrau? Sind Sie etwa gar nicht verheiratet?‹ — 51
PortugalPatzer № 12 ›Hier ist wohl fast jeder 'Doktor' oder 'Professor'!‹ — 53
PortugalPatzer № 13 ›Mal Vorname, mal Nachname, mal beides – ja wie denn nun?!‹ — 57

## V. ›Zum Frühstück Fischbällchen? Meinen die das ernst?‹ — 63
PortugalPatzer № 14 ›Fisch und Espresso zum Frühstück geht ja wohl gar nicht!‹ — 63

## VI. ›Ich stell mich doch nicht stundenlang an!‹ — 72
PortugalPatzer № 15 ›Da hat noch eine Kasse aufgemacht. Nichts wie hin!‹ — 73
PortugalPatzer № 16 ›Ständig muss man Nummern ziehen!‹ — 77

## VII. ›Mit Geld haben's die Portugiesen wohl nicht so. Das merkt man gleich …‹ — 80
PortugalPatzer № 17 ›Die können einfach nicht rechnen! Immer heißt es: Haben Sie's nicht passend?‹ — 80
PortugalPatzer № 18 ›Die Arbeit haben sie bestimmt nicht erfunden!‹ — 85

## VIII. ›Morgen, morgen – nur nicht heute … Wenn sie denn dann wenigstens überhaupt kämen!‹ — 90
PortugalPatzer № 19 ›Sind die eigentlich jemals pünktlich?!‹ — 90

## IX. ›Wie bitte?! Zeitungen nur für Fußball? Die sind doch verrückt!‹ — 96
PortugalPatzer № 20 ›Fußball kann doch nun wirklich nicht so wichtig sein!‹ — 96

## X. ›Immer nur Gegrilltes? Ganz schön langweilig, das portugiesische Essen!‹ — 104
PortugalPatzer № 21 ›Niemals gibt es ein lecker Sößchen zum Braten!‹ — 104

PortugalPatzer № 22 ›Sieht wie Schuhsohle aus und
schmeckt auch so!‹    108
PortugalPatzer № 23 ›Stockfisch – igitt! Wie kann
man diesen Stinkefisch nur essen!?‹    111
PortugalPatzer № 24 ›Himmelsspeck ist gar kein Schinken?
Warum heißt er dann so?‹    119

## XI. ›Hier ist der Wein so billig. Machen wir's wie die Einheimischen und geben uns mal richtig die Kante!‹    123

PortugalPatzer № 25 ›Die saufen doch alle – schon zum
Mittagessen heben sie einen!‹    123
PortugalPatzer № 26 ›Alkohol genieß ich pur – da brauch'
ich keine Snacks dazu!‹    133

## XII. ›Als Gast im Restaurant bestimme ich! Da muss der Wirt schon spuren ...‹    135

PortugalPatzer № 27 ›Ich will aber am Fenster sitzen! Und
wieso gibt's nur Papiertischdecken in diesem feinen
Restaurant?‹    135
PortugalPatzer № 28 ›Sind die alle fernsehsüchtig? Nicht
mal im Restaurant geht's ohne Glotze!‹    139
PortugalPatzer № 29 ›Wir wollen keine gemeinsame
Rechnung. Wir bezahlen natürlich getrennt!‹    142

## XIII. ›Eingeladen bei Portugiesen! Dann sehen wir endlich mal, wie die so wohnen!‹    147

PortugalPatzer № 30 ›Wir bringen einfach Wein mit.
Das passt bestimmt!‹    147

## XIV. ›Von Emanzipation halten die wohl nicht viel!‹    153

PortugalPatzer № 31 ›Hier müssen die Frauen in die Küche?
Wieso machen die Portugiesinnen das mit?‹    153
PortugalPatzer № 32 ›Ein Frisörsalon nur für Frauen? Und
extra einer für Männer? Das ist doch albern!‹    159
PortugalPatzer № 33 ›Sex vor der Ehe gibt's hier wohl nicht?
Oder warum bleibt die Verlobte nie über Nacht?‹    163

### XV. ›Feiern können die Portugiesen ja! Aber muss jeder Tag ein neuer Festtag sein?‹    166
PortugalPatzer № 34 ›So viele Heilige und für jeden ein Feiertag? Da bleibt für anderes ja wenig Zeit!‹    166
PortugalPatzer № 35 ›Siesta – muss das sein?! Ist so lästig!‹    173

### XVI. ›Warum jammern die denn beim Singen? Haben die alle Heimweh?‹    177
PortugalPatzer № 36 ›Fado – das sind doch Volkslieder? Wie im Musikantenstadel also. Zum Mitklatschen!‹    177
PortugalPatzer № 37 ›Was haben die nur mit ihrer *saudade* – immer dieses Rumgeheule!‹    184

### XVII. ›Können die nicht normal Auto fahren?!‹    187
PortugalPatzer № 38 ›Rasen oder schleichen – was anderes geht wohl nicht?!‹    187

### XVIII. ›Ganz schön rückständig – die glauben noch an Wunder, Hexen und Zauberei!‹    196
PortugalPatzer № 39 ›Hexen und Flüche, Zauber und Voodoo? Die spinnen doch, die Portugiesen!‹    196

### XIX. Was Sie in Portugal unbedingt erleben sollten    202

### XX. Womit Sie sich in Portugal bestimmt blamieren    205

### Sind Sie schon ein bisschen portugiesisch?    208

### Portugiesische Geschichte im Schnelldurchlauf    213

### Legenden und Märchen    227

### Überleben in Portugal von A – Z: Das Glossar    230

### Portugal zum Nachkochen    273

### Lesetipps    275

*Über die Autorin*    291

# Zum Einstieg

Urlaub in Portugal – das ist eine feine Sache. Viel Sonne und traumhafte Sandstrände; lecker Fisch frisch aus dem Meer oder ein knusprig-scharfes ›Hähnchen piri piri‹; bizarre Märchenschlösser (König Ludwigs bayerisches Neuschwanstein lässt grüßen) und maurische Burgen; Fußball und Fado; jede Menge Kirchen und Wallfahrten (war nicht sogar der Papst ein paar Mal da?). Dazu fast täglich irgendwo im Lande mindestens ein Feiertag mit den dazu gehörenden Festlichkeiten.

Ganz klar: In Portugal kann man sich's richtig gut gehen lassen! Das wissen alle, die schon mal hier waren und gerne immer wieder kommen – und vielleicht sogar für länger als nur ein paar Urlaubswochen.

# Warum ›Korkesel‹ und ›Sardinenblüte‹?

Weil es sich dabei um einen sprachlichen Cocktail aus den vier wohl bekanntesten ›Zutaten‹ und Klischees handelt, die man mit Portugal verbindet: Kork, Eselskarren, Sardinen und Mandelblüte.

**Kork**

ist eine der wichtigsten Industrien. Denn etwa 75 Prozent der weltweit jährlich hergestellten zehn Milliarden Korkstopfen kommen aus Portugal. Wobei man aus Kork nicht nur Flaschenverschlüsse herstellt, sondern auch Taschen, Schirme, Schuhe und sogar Postkarten.

**Eselskarren**
gehören immer noch dazu, wenn man sich aus der Stadt oder vom Strand entfernt und durchs Land fährt. Die langohrigen und etwas störrischen Vierbeiner sind ein bisschen das Symbol des alten, romantischen Portugals, wie es die ersten Urlauber vor vierzig Jahren erlebten.

**Sardinen**
sind im portugiesischen Frühsommer beinahe ein Muss. Spätestens ab Juni duftet es in Lissabon und Porto, aber auch in jeder Kleinstadt und in jedem Dorf mittags nach frisch gegrillten Sardinen. Greifen Sie zu – Sie werden staunen, wie lecker dieses einfache Essen ›nur‹ auf einer Scheibe Brot schmeckt. ›Man‹ isst Sardinen übrigens traditionell mittags, sagen die Portugiesen.

**Mandelblüte**
Wer dem Winter entfliehen will, tut das gerne zur Zeit der Mandelblüte – ab Ende Januar, Anfang Februar zeigt sich die Algarve, Portugals bekannteste Urlaubsregion, im weißen Blütenschmuck. Mandeln sind eine wichtige Zutat in so manch süßer Leckerei.
Natürlich gibt es noch viel mehr ›Portugaltypisches‹: Den Fado etwa, den Amália Rodrigues weltberühmt gemacht hat; die schmucken Kamine aus der Maurenzeit, die jeder Algarvebesucher kennt; die kunstvollen *azulejos*, die Fliesen, mit denen Häuser, Brunnen und in Lissabon sogar die U-Bahn-Stationen verziert sind; die weltberühmten Portweine, die zahlreichen Kulturdenkmäler – und natürlich Lissabon, die Hauptstadt Portugals, die zu den beliebtesten Reisezielen Europas gehört.

# Ohne Freunde ging es nicht

Als ich in Portugal ankam, hatte ich das große Glück, neben meinem portugiesischen Liebsten einige andere wichtige Helfer an meiner Seite zu wissen, zum Beispiel Adriana, in Deutschland geborene, aber seit etlichen Jahren in Portugal lebende Portugiesin. Ich hatte sie zunächst ›rein virtuell‹ kennengelernt, nämlich über ein Portugalforum. Schnell wurde daraus eine Freundschaft ›im richtigen Leben‹. Ich traf Dona Carmo, die mich nicht nur als Sprachlehrerin durch die Fährnisse des Lebens in Portugal geleitete. Und ich hatte eben meinen Liebsten, dessen Hobby die portugiesische Geschichte ist und dessen Wissen über historische Hintergründe mich beinahe zur Portugal-Expertin werden ließen.

Vor allem diese drei und dazu etliche andere ›Forianer‹ standen mir mit Rat und Tat zur Seite; haben mir so manch ›fremde Sitte‹ erklärt, wenn ich wieder mal im Fettnäpfchen gelandet war. Wobei ich solche Fettnäpfchen in vielen Fällen gar nicht erst bemerkt hatte. Anfangs war ich nämlich der festen Überzeugung: ›Das portugiesische Alltagsleben kann so unterschiedlich zu Deutschland gar nicht sein. Schließlich leben wir ja alle in Europa!‹

Geografisch ist das zwar richtig, aber schnell stellte sich heraus: In Portugal ist eine Menge völlig anders und ungewohnt. Ich hatte beispielsweise geglaubt, meinen Liebsten ganz gut zu kennen. Immerhin hatten wir in Deutschland bereits gut zwei Jahre zusammengelebt. Doch kaum in der Heimat angekommen, entpuppte sich der sanfte Latino-Lover als waschechter Macho (was man keinesfalls mit einem deutschen Pascha verwechseln darf!). Es zeigte sich außerdem, dass die Portugiesen keineswegs ständig *bacalhau* (also gesalzenen Stockfisch) essen, dafür aber stundenlang melancholisch gestimmt aufs Meer hinaus starren (dabei gern im Auto sitzend, was mir sehr merkwürdig vorkam).

# Ihr Helfer: der Hahn von Barcelos

Portugal, das Land der Seefahrer und Entdecker, liegt ganz weit im Südwesten Europas, noch ›hinter Spanien‹. Kein Wunder, dass man bei einem ersten Besuch in diesem Teil der Iberischen Halbinsel Portugiesen und Spanier möglicherweise in einen Topf wirft. Womit man zielsicher in einem der größten Fettnäpfchen gelandet wäre.

Doch damit nicht genug: Hinterlistig lauern Dutzende weiterer Fallen auf den nichtsahnenden Besucher. Es ist vieles ›ganz anders‹ – nicht nur im Vergleich zu Spanien. Noch fremdartiger kommt es einem vor, wenn man aus Deutschland, der Schweiz oder Österreich nach Portugal reist. Wenn Sie im Urlaub nicht anecken wollen, sondern vielleicht sogar als Auswanderer ›überleben‹ müssen, sollten Sie ein paar Dinge wissen und beherzigen. Das sage ich als eine, die es einst der Liebe wegen ins kleine wilde Land im äußersten Südwesten Europas verschlagen hat. Die geblieben ist, weil sie Land und Leute lieben lernte. Und die immer noch kämpft mit den Unwägbarkeiten des Amtsschimmels, mit der Sprache und mit so manchen merkwürdigen Sitten und Gebräuchen.

Der Hahn von Barcelos (das ist eine kleine Stadt im Norden Portugals) aus bemaltem Ton ist ein beliebtes Souvenir im ganzen Land. Es gibt ihn in allen Größen und Formen, und er erinnert an eine berühmte Legende (s. auch S. 227). Hier in diesem Buch zeigt er Ihnen, liebe Leser, welche Portugal-Patzer Sie besser vermeiden sollten. Dann sieht er so aus: der ›Patzer‹-Gockel.

Der Hahn von Barcelos hilft Ihnen aber auch auf andere Weise: Er zeigt Ihnen, wie Sie es richtig machen, informiert Sie über Wissenswertes und gibt zahlreiche Tipps. Dann sieht er so aus: der ›**Wissens**‹-Gockel. Achten Sie also auf den klugen Hahn.

# Überleben in Portugal

Zwölf Jahre lebe ich jetzt in Portugal – unter Portugiesen, Expats und Residenten, in der Stadt und auf dem Land. Ich habe vieles gelernt, was man als Urlauber vielleicht nicht gleich mitbekommt, was aber jeder Portugalbesucher dennoch wissen sollte:

– dass die Gastfreundschaft der Einheimischen groß ist, dass man sich aber selbst im kleinsten Dorf in der portugiesischen Einöde ›gut zu benehmen‹ weiß und Form und Etikette eine überaus wichtige Rolle spielen.

– dass es für Stockfisch für jeden Tag des Jahres ein Rezept gibt. Und dass der gar nicht so furchtbar schmeckt, wie er aussieht und vor allem riecht.

– dass Portugiesen weltoffen und zugleich engstirnig sind; dass Sein oft mehr ist als Schein; dass *saudade* und *fado* eine Stimmung vermitteln, die jeder Portugiese kennt und fühlt, aber nicht erklären kann.

– dass man als *estrangeira* zwar mit offenen Armen aufgenommen wird, man sich aber bitteschön als Frau keinesfalls zu sehr in Männerdomänen einzumischen hat – was immer man in Portugal darunter versteht …

Das Alltagsleben ist völlig anders, als ich es von daheim in Deutschland gewohnt war. Vor allem kleine Details summier(t)en sich zum Kulturschock. In einem normalen Reiseführer findet man darüber leider nichts.

Ich hätte mir oft gewünscht, eine ›Gebrauchsanweisung‹ für Land und Leute zu haben. Wer nach Portugal kommt – in den Ferien, zum Langzeitaufenthalt oder gar ›für immer‹ – sollte irgendein ›Handbuch‹ haben: mit vielen Tipps und Infos fürs alltägliche Leben, Wissenswertem zu Portugal und natürlich einem ausführlichen Glossar für eine ganze Reihe portugiesischer ›Fachbegriffe‹. Voilà – hier ist es! Ich wünsche Ihnen viel Spaß beim Schmökern und Entdecken meines geliebten Portugal!

Christina Zacker
Monchique / Portugal
Im Sommer 2016

# I. ›Portugal ist eigentlich wie Spanien. Praktisch dasselbe.‹

Kürzlich erst ist es wieder passiert. Da sitze ich im Flieger von Deutschland zurück in meine neue Heimat, nach Portugal. Neben mir ein Pärchen, das offensichtlich einen Pauschalurlaub an der Algarve gebucht hat, dem bekanntesten Ferienziel Portugals.

Klar, dass ich nicht umhinkomme zuzuhören (und natürlich neugierig bin), was die beiden wohl so an Erwartungen hegen. Sie reisen zum allerersten Mal in das kleine Land im wilden Südwesten Europas, aber eines wissen sie ganz genau: ›Portugal gehört zu Spanien, und deswegen kommen wir mit unserem Spanisch aus der VHS bestens klar!‹

Portugal scheint keinem der Urlauber im Ferienflieger völlig fremd zu sein. Es ist – da sind sich fast alle einig – eben ein bisschen so wie Spanien, und das kennt man ja zur Genüge von diversen Urlauben. In Spanien war doch wohl jeder schon mal in Ferien! Mag ja sein, dass es auf Malle oder Ibiza ein klein wenig anders ist als in Portugal. Das sind ja eher Inseln zum Abfeiern. Aber hat man nicht schon gehört, gelesen oder sogar selbst erlebt, was auf den Partymeilen an der Algarve so abgeht? Eben. Das kann man sicher mit Ballermann & Co. vergleichen.

Oder doch nicht?!

# PortugalPatzer № 1
## Die Sache mit Spanien

Tja – das ist er schon, der erste Tritt in einen wirklich großen Fettnapf. Sie kennen die Redewendung vom ›stolzen Spanier‹? Vergessen Sie's! Wir sprechen hier vom Stolz der Portugiesen. Und der scheint wesentlich größer zu sein als der des spanischen Nachbarn. Machen Sie niemals den groben Fehler, Portugiesen und Spanier in einen Topf zu werfen. Selbst wenn die beiden Länder sich die iberische Halbinsel teilen – das ist so ziemlich das einzig Gemeinsame. Die Unterschiede zwischen den beiden Völkern sind gewaltig. Und das kleine, aber sehr eigenwillige Portugal legt größten Wert darauf, nicht lediglich als Anhängsel seines östlichen Nachbarn betrachtet zu werden. Kein Portugiese hört es gern, dass ›Spanien und Portugal praktisch dasselbe‹ seien.

## PortugalInfo

### Erbitterte Gegner über den Fußball hinaus

Es soll vorgekommen sein – während der Fußball-EM 2004, die ja in Portugal stattfand –, dass portugiesische Kellner spanische Gäste nicht bedient haben, vor dem entscheidenden Spiel.

Das könnte daran gelegen haben, dass so manch ein Spanier ein wenig auftrumpfte – vor dem Spiel. Allerdings sah alles anders aus – nach dem Spiel: Es gab eine riesengroße Anzahl von Portugiesen, die den glorreichen Sieg feierten. Und es gab viele bedröppelte Spanier, die nicht nur mit der Niederlage umzugehen hatten, sondern komplett aus dem Turnier geflogen waren und daher den Heimweg antreten mussten. Ein schweres Los!

Warum nur sind die Portugiesen so enthusiastisch, warum mischt sich stets nicht nur ein wenig Schadenfreude unter den Triumph, wenn im Fußball die portugiesische *Selecção* gewinnt und die spanische *Furia Roja* nach Hause schickt?! Man munkelt sogar, dass selbst Heiraten mit Spaniern gar nicht gut angesehen sind!

Das Ganze hat natürlich eine Vorgeschichte – und zwar eine ziemlich lange. Aber keine Angst: Wir machen es kurz und im Schnelldurchlauf. Wer es ein bisschen ausführlicher wissen will, findet die *never ending story* im Anhang des Buches (›Portugiesische Geschichte im Schnelldurchlauf‹, ab S. 213).

## PortugalWissen
# Uralte Feindschaft

Portugal ist – das wissen die wenigsten – einer der ältesten Nationalstaaten Europas. Seine Grenzen sind seit dem Jahr 1143, also der Gründung unter Dom Afonso Henriques, im Großen und Ganzen dieselben geblieben. Was allerdings den größeren Nachbarn im Osten der Iberischen Halbinsel nicht an zahlreichen Versuchen hinderte, immer wieder mal vom kleineren was abzuzwacken oder sich Portugal sogar ganz einzuverleiben.

Das stieß bei den Portugiesen nicht gerade auf Gegenliebe. Man könnte das alte Sprichwort vom stolzen Spanier nämlich durchaus umwandeln und besser sagen: ›Stolz wie die Portugiesen‹.

Lediglich 60 Jahre lang – von 1580 bis 1640 – stand Portugal tatsächlich unter der Herrschaft der spanischen Krone. Das ist ja nun schon eine ganze Weile her. Bestimmt, so nimmt man automatisch an, haben Portugiesen und Spanier die ganze Sache ad acta gelegt und vergessen. Das Alltagsleben jedoch beweist: Dem ist nicht so. Ganz und gar nicht. Irgendwie ist der Wurm drin in der Beziehung der beiden: Die Spanier schauen ein wenig herab auf die ›armen Nachbarn‹ im Westen, und die Portugiesen freuen sich diebisch, wenn sie – wie etwa beim Fußball – dem wohlhabenderen Anwohner auf der Iberischen Halbinsel einen mitgeben können.

In Sachen Nationalbewusstsein sind die Portugiesen extrem sensibel. In jedem Fall. Ganz besonders aber in Bezug auf Spanien. Man kennt hierzulande sogar ein passendes und immer wieder gerne zitiertes Sprichwort: ›*De Espanha nem bom vento nem bom casamento*‹ – ›Aus Spanien kommen weder ein guter Wind noch eine gute Hochzeit.‹

Sie wissen jetzt also, warum Sie es tunlichst vermeiden sollten, Spanien und Portugal in einen Topf zu werfen. Kommen wir nun also zu den Basics, die Sie für einen portugiesischen Urlaub kennen sollten.

## II. ›Im Urlaub auf Benimm achten? Ohne mich – ich will relaxen!‹

Mit Herrn Knigge und seinen Etikettevorschriften in Urlaub fahren? Nichts da! Wir wollen uns erholen, die Seele baumeln lassen, allen Zwängen und Vorschriften entfliehen. Und so benimmt sich manch einer nach dem altbekannten Motto: ›Höflichkeit ist eine Zier. Doch weiter kommt man ohne ihr!‹

Schade nur, dass in Portugal gutes Benehmen ganz groß geschrieben wird. So groß, dass man ziemlich anecken kann, wenn man sich aufführt wie der sprichwörtliche Elefant im Porzellanladen. Kein Wunder, dass die Einheimischen spätestens am Saisonende die Nase gestrichen voll haben von all den unfreundlich-unhöflichen *estrangeiros*, die auf ihrem Recht beharren – auch wenn sie Unrecht haben. Die glauben, sie könnten sich alles kaufen, nur weil sie mehr Geld in der Tasche haben. Und die sogar der Überzeugung sind: ›Sollen doch die Portugiesen gefälligst Deutsch lernen, wenn sie uns als Touristen haben wollen!‹

So kommt man gerade in Portugal nicht weiter. Und Sie, lieber Leser, liebe Leserin, machen das selbstverständlich anders. Deswegen haben Sie sich dieses ›*Handbuch für den Urlaub in Portugal*‹ gekauft. Sie wollen eben nicht unangenehm auffallen und als unfreundlich oder gar ›hässlicher Deutscher‹ im Gedächtnis bleiben. In diesem Kapitel geht's um die Basics, die jeder kennen und können sollte, der in ein fremdes Land reist.

# PortugalPatzer № 2
## ›Ich zahle – also schaff' ich an. Der Kunde ist König!‹

Kommt Ihnen die folgende Situation bekannt vor? Sie sitzen im Café und genießen Ihren ersten Urlaubstag. Freuen sich auf entspannte Tage, planen vielleicht schon mal ein paar Ausflüge. Plötzlich ist es mit der Ruhe vorbei. Eine Gruppe Touristen ist hereingekommen, redet laut durcheinander und ist überhaupt ziemlich auffällig. Nicht nur von der Kleidung her (das allerdings auch). ›Warum‹, fragen Sie sich selbst (und vielleicht Ihre Begleitung), ›warum um Himmels willen muss man so rumlaufen – in kurzen Hosen und grellbuntem Shirt und dann noch diesen albernen Sonnenkäppis!‹ Ihre Begleitung weiß es auch nicht, grinst aber ebenfalls.

Die Neuankömmlinge nehmen Platz. Rücken vorher, ohne lang zu fragen, einfach Tische und Stühle zusammen. Rufen sofort nach der Bedienung. Die spricht leider nur portugiesisch, was die ausländischen Gäste mit ›die sind wohl hier nicht auf Touristen eingestellt‹ kommentieren. ›Englisch sollten sie wenigstens können‹, meint einer noch. (Wobei Sie jetzt möglicherweise mit leichter Schadenfreude feststellen, dass es um die Fremdsprachenkenntnisse des Gastes wohl ebenfalls nicht gerade gut bestellt ist. Warum sonst würde er sagen: ›I become a coffee!‹, was auf Deutsch bekanntlich ›ich werde ein Kaffee‹ heißt, und ganz und gar nicht den Wunsch nach einem Kaffee ausdrückt.) Man ruft also nach Kaffee und meckert, dass man nur einen – ›Schau mal an, wie winzig die Tasse ist und dann nur halbvoll!‹ – Espresso bekommt, den man ja gar nicht bestellt hatte.

Man ordert ›eines von diesen putzigen kleinen Teilchen‹ – und ist höchst unangenehm überrascht, als man beim Reinbeißen bemerkt, dass der Geschmack nicht süß ist, sondern es sich – ›igitt bäh!‹ – um ein *rissol de camarão* handelt, also eine Teigtasche mit Krabbenfüllung. Und so weiter und so fort …

Ach ja: von Bitte und Danke keine Spur. Von einem freundlichen Lächeln ebenfalls nicht. Nur die Rechnung findet man toll, denn ›so billig wär's daheim nicht.‹ Andererseits beschwert man sich, dass man nur einen einzigen Bon bekommt. Man würde doch lieber getrennt bezahlen.

Selbst wenn die anwesenden Gäste und die Kellnerin nichts davon mitbekommen sollten, was genau da gesprochen wird: Alle Portugiesen nehmen die Lautstärke wahr. Und sie sind wie jeder einigermaßen sensible Mensch in der Lage, eindeutige Signale der Körpersprache zu lesen: Abschätzige Gesten, arrogante Miene und herablassender Tonfall – dazu braucht man kein Wort genau zu verstehen.

## PortugalWissen
# ›Lange vor unserem deutschen Herrn Knigge kannte man die ideale Etikette‹

Die Portugiesen gelten schon seit dem 13. Jahrhundert als äußerst höfliches Volk. In seinem Buch ›*Corte na Aldeia e Noites de Inverno*‹ stellt der Poet Francisco Rodrigues Lobo (1580–1622) in Dialogen unter anderem die idealen Formen des Umgangs miteinander in allen möglichen Situationen vor, von der Begrüßung bis zum Benehmen bei Tisch.

Über die ›guten Manieren‹ in Portugal kann man sich in vielen Berichten und Büchern von Reisenden aus aller Welt informieren. Etwa in den ›*Erinnerungen deutscher Officiere in britischen Diensten aus den Kriegsjahren 1805 bis 1816*‹; dort steht zu lesen:

›*Auffallend erschien mir die gegenseitige große Höflichkeit der Portugiesen im Verkehre. Es war nicht ungewöhnlich, dass wenn ein Bettler mit einem andern zusammentraf, beide gegenseitig den Hut abzogen und der Begrüßung dann eine herzliche Umarmung folgen ließen.*‹

So mancher feine Herr des 18. und 19. Jahrhunderts hat auf seiner obligatorischen ›Grand Tour‹ durch Europa gestaunt:

›*Jede Portugiesin, die nicht eine ganz gemeine Frau ist, wird mit ›Ehrwürdige Exzellenz‹ (vossa excelentíssima) angeredet, und ein Mann, der einer Putzmacherin z. B. diesen Titel versagte, würde für den gröbsten Menschen unter der Sonne gehalten werden. Auch jeder Schneider im Lande wird ›Ehrwürdige Gnaden‹ und ›illustríssimo Senhor‹ genannt, und es wäre niemandem zu raten, einen Barbier, unter dessen Messer er sich befindet, anders als ›Ehrwürdige Gnaden‹ zu titulieren. Bei einem Bettler, der Vorübergehende anspricht, entschuldigt man sich, wenn man nichts gibt, mit ›Ehrwürdige Gnaden verzeihen.*‹

(aus: ›*Illustriertes Blatt Zeitschrift für Vaterland, Kunst, Wissenschaft und geselliges Leben*‹, 27. April 1847).

PortugalInfo

# Ein paar Worte Portugiesisch zaubern ein Lächeln herbei

Ein paar kleine Worte in der Landessprache, begleitet von einem freundlichen Lächeln, öffnen das Herz Ihres Gesprächspartners. Ganz gleich, ob es Hotelpage oder Zimmermädchen, Marktfrau oder Fischhändler, Kellner oder Pool Boy, Vermieter oder Taxifahrer ist.

Ein paar kleine Worte – die lernen Sie doch locker schon bei der Anreise im Flugzeug! Sie werden sehen: Es macht Spaß, sich mit ein paar Brocken portugiesisch und dazu mit Händen und Füßen ›durchzuwursteln‹. Und man wird Sie von Herzen willkommen heißen.

Letztendlich werden Sie Portugal und die Portugiesen so lieben lernen, wie es mir ergangen ist: Man wird Ihnen helfen, wo und wie man nur kann. Junge Portugiesen ›switchen‹ blitzschnell auf Englisch um. Selbst ältere werden versuchen, mit ein paar Brocken Englisch herauszufinden, was genau Sie wollen, wie man Ihr ›Problem‹ lösen kann.

Viele Portugiesen haben als Gastarbeiter in Deutschland gearbeitet: Wundern Sie sich also nicht, wenn Sie sogar ein paar Worte Deutsch hören. Und wenn Sie schon ein bisschen besser Portugiesisch können? Dann seien Sie bitte nicht so unfreundlich darauf zu bestehen, dass man mit Ihnen ›gefälligst portugiesisch reden‹ solle. Okay – Sie wollen was lernen. Das sei Ihnen ja unbenommen. Aber deswegen müssen Sie niemanden vor den Kopf stoßen, nur weil der Ihnen freundlich beggegnen will und dafür eben die eigenen Fremdsprachenkenntnisse herauskramt …

## PortugalPatzer № 3
### ›*Guten Morgen oder guten Tag? Ist doch völlig egal!*‹

Gerade frisch angekommen in Portugal? Sie haben sich extra nicht für ein Hotel entschieden. Schließlich wollen Sie ja ein bisschen Land und Leute kennenlernen, und nicht nur andere Hotelgäste und Touristen treffen. Glücklicherweise haben Sie eine Ferienwohnung gefunden, die von Portugiesen angeboten wird. So können Sie doch gleich ein bisschen ins Alltagsleben hineinschnuppern.

Hoffen Sie jedenfalls. Das Reisebüro hat Ihnen mit allen Unterlagen einen kleinen Sprachführer zur Verfügung gestellt. So sind Sie für die erste Begegnung mit Portugal bestens gerüstet. Glauben Sie. Vielleicht machen Sie denselben Fehler, den ich bei meinen ersten Aufenthalten in diesem schönen Land gemacht habe. Sie übersetzen nämlich alles wörtlich. Und wundern sich, wieso man kein ›Guten Morgen‹ zu kennen scheint. *Dia*, da sind Sie sicher, heißt doch wohl ›Tag‹ und nicht ›Morgen‹. Und *tarde*, so haben Sie es eben im Wörterbuch nachgeschlagen, bedeutet ›Abend‹. Also ist die Sache völlig klar: Die Portugiesen kennen kein freundliches ›guten Morgen‹!

Hm – vielleicht sollten Sie sich ein anderes *dicionário* zulegen? Oder doch nicht? Fürs Spanische haben Sie vielleicht Recht, aber: Sie sind in Portugal!

PortugalWissen
# Der Tagesgruß – wann sagt man was?

*Bom dia* heißt eben nicht ›guten Tag‹ (auch wenn *o dia* übersetzt ›der Tag‹ bedeutet). Sondern es entspricht unserem deutschen ›guten Morgen‹. Man sagt es von früh morgens etwa bis zur Mittagszeit. Danach folgt – bis zum Einbruch der Dunkelheit beziehungsweise bis zum Abendessen – *boa tarde* (wörtlich: ›Guten Nachmittag‹).

Später – auf jeden Fall, wenn es draußen dunkel ist – sagt man *boa noite*. Was aber nicht unbedingt ›gute Nacht‹ (wörtlich übersetzt) bedeutet, sondern eher unserem ›guten Abend‹ entspricht. *Boa noite* heißt allerdings als Verabschiedung ›gute Nacht‹, wenn man beispielsweise nach dem Abendessen aud dem Lokal nach Hause geht. Alles klar?

Verlässt man zum Beispiel ein Lokal oder Geschäft, kennt man in Portugal unser ›auf Wiedersehen‹ nicht: Formell sagt man einfach nochmals den Tagesgruß (also *bom dia, boa tarde* oder *boa noite*). Kommt man öfter vorbei, kann man allerdings durchaus sagen *até à próxima* – ›bis zum nächsten Mal‹. Vor dem Urlaub wünscht man *boas férias* – ›schöne Ferien‹ und vor Feiertagen *boas festas* – ›schöne Feiertage‹.

Vergessen Sie am Freitag niemals, um *bom fim de semana* zu wünschen – ›Schönes Wochenende‹. Und wenn jemand das zu Ihnen sagt, erwidern Sie *igualmente* – ›gleichfalls‹.

›Einen schönen Tag noch‹ wünscht man mit *continuação de um bom dia*. Richtet ein Portugiese *cumprimentos em casa* aus – also ›Grüße an Ihre Familie zu Hause‹ –, antworten Sie perfekt mit *serão entregue* – ›sie werden ausgerichtet‹.

## PortugalInfo
# Hallo erstmal ... und tschüss!

Weniger formell sagen Sie zur Begrüßung, vor allem bei Bekannten und Freunden, einfach *olá*. Das entspricht unserem ›Hallo‹. Allerdings sagt man das nicht am Telefon. Aber das ist eine ganz andere Geschichte ...

Noch freundlicher klingt das *olá*, wenn man *estás bom/boa?* hinzufügt. Also: ›Wie geht's?‹ beziehungsweise eher ›geht es dir gut?‹ Der Unterschied *bom* und *boa* bezieht sich immer auf die angesprochene Person: *bom* bei einem Mann, *boa* bei einer Frau. Achtung: Hier wird gern genuschelt – und wie ich werden Sie anfangs nur etwas Ähnliches verstehen wie *tasch bo/boa* ... *Está bom/boa* sagen Sie, wenn Sie jemanden nicht duzen, sondern siezen.

Unter Bekannten und Freunden kennt man die Verabschiedung *adeus* – das entspricht etwa unserem ›Tschüss‹. Das sagen Sie aber bitte nicht, wenn Sie sich in einem Restaurant oder Geschäft verabschieden. Das wäre dann doch zu leger.

Hat man sich verabredet, sagt man zum Abschied *até logo* – ›bis später‹ (und das kann erst am kommenden Tag sein), *at já* – ›bis gleich‹ oder *até amanhã* – ›bis morgen‹. Unter guten Freunden darf man sich durchaus *dorme bem e sonhos cor-de-rosa* wünschen: ›Schlaf gut und träum was Schönes‹ (wörtlich: ›rosarote Träume‹).

# PortugalPatzer № 4
## ›Können die sich am Telefon nicht mit Namen melden!?‹

Sie wundern sich schon ziemlich, als Sie mitbekommen, dass alle in Ihrer Umgebung telefonierenden Portugiesen sich am Telefon mit *to* oder so ähnlich melden. Ist das etwa eine Spezialform für ›Hallo‹? Aber ›Hallo‹ heißt *olá*, das haben Sie extra nachgeschlagen. ›Ordentlicherweise‹ meldet man sich doch wohl mit seinem Familiennamen, oder? Da nur so eine halbe Silbe in den Hörer zu bellen – das ist doch wirklich sehr knapp und unhöflich! Andererseits scheint danach jedes Gespräch in Portugal erst mal in ausgiebigen Smalltalk zu münden, bevor man zur Sache kommt. Da scheint's vom Hölzchen aufs Stöckchen zu gehen – wie unnötig, finden Sie. Wenn Sie eine Auskunft oder Information brauchen, fragen Sie doch direkt danach – ohne lange Umschweife. Sie wundern sich außerdem, dass die Portugiesen am Ende des Gesprächs *com licença* sagen – sich also quasi entschuldigen, wenn sie das Gespräch beenden. Merkwürdige Sitten sind das!

## PortugalWissen
## ›Ich bin's!‹ – ›Ja, wer denn bitte??‹

Da gelten die Portugiesen als besonders höflich – aber wenn sie sich am Telefon melden, scheint das alles vergessen. ›Hallo‹ beziehungsweise *olá* sind international verständlich. Doch was macht man hier? Viele *estrangeiros* empfinden es als Unart, und mittlerweile auch etliche Portugiesen: Man meldet sich lediglich mit der Kurzformel *estou* oder *estou sim* (ausgesprochen klingt das etwa wie ›schto‹ beziehungsweise ›schto-si‹, wobei man das ›sch‹ gerne noch verschluckt. Wir erinnern uns: Wir befinden uns im Land der Silbenfresser!).

Nichts da mit ›ordentlicher‹ Namensmeldung, also mit Vor- und Nachnamen. Oder wenigstens mit dem Familiennamen, das wäre ja schon eine große Hilfe für jeden Anrufer. Aber nein: Das ist in Portugal zwischen Privatpersonen am Telefon nicht üblich. Man sagt wirklich nur ›ich bin's, ja?‹ – der andere Gesprächsteilnehmer darf raten, ob er richtig gewählt hat. Einen kleinen Vorteil allerdings hat diese Telefonformel für uns *estrangeiros*: Können wir doch genau mit diesem *estou sim* perfekt den Eindruck erwecken, wir würden den Rest der Sprache ebenso perfekt beherrschen …

## PortugalInfo
## Kurz und knapp nur bei Gesprächsbeginn

Der Einstieg allerdings ist das einzige Kurze und Knappe beim Telefonieren in Portugal. Höflich ist es nämlich, nicht sofort zur Sache zu kommen, sondern erst mal zu fragen, wie es dem Gesprächspartner denn so geht, ob alles in Ordnung ist. Auch bei geschäftlichen Gesprächen übrigens.

*A senhora está boa?* (›Es geht Ihnen gut?‹) wird da gefragt, oder wenigstens *tudo bem?* (›Alles okay?‹). Erst dann – frühestens! – kommt man zum eigentlichen Anliegen. Am Ende eines Telefonats, vor dem endgültigen Abschiedsgruß, allerdings werden die Portugiesen wieder extrem höflich. Da sagen sie nämlich die Formel *com licença*. Das heißt soviel wie

›mit Ihrer Erlaubnis‹ oder ›Sie gestatten doch‹. Man entschuldigt sich also quasi, dass man das Gespräch beendet.

Es ist mir ja immer noch ein bisschen peinlich. Aber ich war wirklich wochenlang der festen Überzeugung, dass mein Liebster sich am Telefon mit der Kurzform seines Vornamen António meldete. Die heißt im Portugiesischen *Tó* – und das klingt eben sehr ähnlich in der Aussprache wie das hier übliche *estou* (›ich bin's!‹). Immer wieder war mir aufgefallen, dass António sich mit der allgemein gebräuchlichen Abkürzung seines Vornamens meldet und dann nur ein *sim* – also ›ja‹ dranhängt. Mir ist erst dann ein wahrer Kronleuchter aufgegangen, als die Telekom in unserer Wohnung die Leitung anschloss und der Techniker einen Kontrollanruf machte. Er meldete sich ebenfalls mit *Tó sim*. Ich war sicher: Der heißt bestimmt auch António! Gerade wollte ich einen kleinen Smalltalk-Satz loswerden, so à la ›Sie heißen ja genauso wie mein Freund!‹ In allerletzter Sekunde habe ich die Klappe gehalten …

## PortugalPatzer № 5
*›Bussi-Bussi oder Handshake? Das ist meine Sache!‹*

Warum, um Himmels Willen, begrüßt die Vermieterin Ihres Feriendomizils Sie mit einem Küsschen? Sie gehören doch nicht zur Münchner Schickeria, die sich seit eh und je mit Bussi-Bussi begrüßt!? Womöglich fühlen Sie leichte Eifersucht aufkommen, als Sie dabei stehen und irgendeine Frau Ihren Liebsten auf das

Allerherzlichste mit Küsschen begrüßt und verabschiedet. Im ersten Moment sind Sie überrascht und schaffen es nicht, das einfach hinzunehmen und ›zurück zu küssen‹. Schließlich kennen Sie Ihr Gegenüber gar nicht. Und zweitens wissen Sie eben nicht, in welcher Reihenfolge man welche Wange zuerst küsst.

Klar, dass Sie erst mal lieber ein wenig zurückweichen und sicherheitshalber Ihre Hand zur Verabschiedung ausstrecken. Wenn Sie ein bisschen sensibel sind, werden Sie sofort merken: Lediglich die Hand auszustrecken – das war jetzt ein Fauxpas. Man wird Ihnen das nachsehen, weil Sie kein Portugiese, sondern ein *estrangeiro* sind (oder eine *estrangeira*). Beim nächsten Treffen machen Sie es einfach besser!

## PortugalWissen

# Küsschen Küsschen – wie macht man es richtig?

Allerdings wäre es unter Umständen Ihr nächster Plumps ins Fettnäpfchen, wenn Sie nun auf Teufel-komm-raus jeden und jede mit Küsschen begrüßen und verabschieden! Gerade weil Umarmung und Küsschen für uns so ungewohnt sind, sollten Sie lieber ein wenig abwarten – aber gleichzeitig in Ihrer Körpersprache nicht ablehnend wirken.

Das ist manchmal eine kleine Gratwanderung; aber Sie werden bald herausgefunden haben, wann *beijinhos* angebracht sind und wann eher nicht. Es ist einfach ungewohnt für Portugalbesucher, dass sich scheinbar Fremde schon nach dem ersten Treffen mit Küsschen – also den *beijinhos* –

und/oder einer Umarmung (*abraço*) begrüßen. ›Tuchfühlung‹ wird bei Portugiesen jedoch eher als positiv empfunden, mittel- und nordeuropäische Distanz dagegen ruft beinahe Misstrauen hervor.

Es kann Ihnen durchaus passieren, dass es schon beim zweiten Treffen mit der Vermieterin Ihrer Ferienwohnung (gerade auf dem Lande) sehr familiär zugeht: Man trifft sich und begrüßt sich mit *beijinhos*. Beim ersten Mal, also beim Kennenlernen, wird man sich mit Handschlag vorstellen und begrüßen. Aber schon bei der Verabschiedung, erst recht aber beim nächsten Termin geht es gerade unter Frauen schon familiärer zu.

## PortugalInfo
## Nur gehaucht und kein ›Schmatzer‹

Man küsst sich unter eigentlich ›Fremden‹ – also beispielsweise mit der Vermieterin des Ferienhauses – nicht ›richtig‹, also mit Hautkontakt. Sondern Sie hauchen den Begrüßungskuss eher in die Luft. Freunde allerdings darf man durchaus richtig ›abbusseln‹ (aber bitte aufs Makeup achten!).

Die Reihenfolge? Links-rechts – vom Küssenden aus. Sie müssten sich also blitzschnell darauf einstellen: Küssen Sie selbst als Erste/r? Oder werden Sie geküsst? Keine Sorge! Das spielt sich ein, das finden Sie ohne Probleme heraus.

Männer untereinander übrigens geben sich bei der Begrüßung normalerweise die Hand. Alte Freunde umarmen sich durchaus. Bei guten Geschäftspartnern und unter Kollegen ist es üblich, sich mit Schulterklopfen zu begrüßen.

## PortugalPatzer № 6
*›Wir duzen jeden! Schließlich sind wir in Urlaub hier!‹*

Im Urlaub ist alles lockerer als zuhause im Job? Ein deutscher Bekannter meinte einmal zu mir: ›Ich wohne seit etlichen Jahren jeweils mehrere Monate in Portugal in meinem eigenen Haus. Meine Frau ist Portugiesin – und ich verstehe wirklich nicht, warum sie unsere Nachbarn immer noch siezt. Ich duze jeden – und gerade unsere portugiesischen Bekannten im Haus nebenan. Unsere Angestellten wie Gärtner oder Putzfrau sowieso! Ist doch alles viel lockerer im Süden!‹

Okay – beim Sport duzt man sich öfter als im ›normalen‹ Alltag. An der Strand- oder Poolbar geht es ebenfalls leger zu – und das verführt rasch zum allgemeinen ›Du‹. Gerade wenn Sie sich nicht auf Portugiesisch, sondern eher Englisch verständigen: Da fällt es Ihnen gar nicht auf, weil Sie jeden ›duzen‹. Bei uns ist es völlig normal, Freunde und Bekannte nicht mit dem (wie Sie vielleicht finden: viel zu steifen) förmlichen ›Sie‹ anzureden. Doch dieser private Fettnapf, in den man gerade als Urlauber, aber auch als Auswanderer schnell tappt, ist ein wenig heikel.

## PortugalWissen
## Herr und Frau Ausländer

Prinzipiell geht man in Portugal förmlicher miteinander um. Deswegen aber nicht weniger herzlich! Das ›Du‹ ist nicht unbedingt und vor allem nicht schnell üblich. Man bleibt bei der

Anrede in der dritten Person, also beim eher formellen ›Sie‹. Sogar zwischen guten Bekannten und langjährigen Nachbarn, die sich kennen und schon ewig nebeneinander wohnen.

Ein bisschen hängt Duzen und Siezen selbstverständlich ab vom Alter, vom Beruf und davon, wo man lebt: Jüngere Leute duzen sich schneller (oder von vornherein), in der Stadt siezt man sich weniger als auf dem Land, bei bestimmten Berufsgruppen wie Künstler, Journalisten etc. ist das ›Du‹ eher üblich. Trotzdem: Als Portugalanfänger siezen Sie lieber einmal zu viel, als zu früh zum ›Du‹ überzugehen. Alteingesessene *residentes* wissen noch zu berichten: ›Geduzt wurden früher auf dem Land stets nur die 'Dorfdeppen' – und die Fremden, die *estrangeiros*. Denn die wussten es nicht besser.‹

Ein bisschen erinnert das an Deutschland: Da neigt man manchmal dazu, Ausländer zu duzen; sogar bei Ämtern und Behörden (›Du müssen hier unterschreiben!‹). Weil man glaubt, man würde besser und schneller verstanden.

In Portugal dagegen nennt man Sie *Senhora/Senhor estrangeira/estrangeiro*. (also ›Frau Ausländerin/Herr Ausländer‹). Dies klingt in unseren Ohren nicht nur gewöhnungsbedürftig, sondern vielleicht sogar abfällig. Es ist aber nicht abwertend gemeint. Schließlich kennt man Ihren Namen ja nicht, will aber trotzdem höflich sein.

Für uns völlig ungewohnt ist es, dass man sich teilweise innerhalb der Familie siezt. Nicht nur in adeligen oder großbürgerlichen Kreisen, auch auf dem Land ist das hin und wieder heute noch üblich. Jüngere zeigen damit Respekt gegenüber der älteren (und weiseren) Generation. Ich habe das selbst mit der Mutter meines portugiesischen Liebsten erlebt – und staunte nicht schlecht beim ersten Besuch. Tómane hatte mich zwar ›vorgewarnt‹, aber es war dennoch sehr ungewohnt, meine Schwiegermutter in spe mit dem portugiesischen ›Sie‹ anzureden und dazu *mãe* – ›Mutter‹ – zu sagen. Selbst wenn das, wie Tómane mir bestätigte, Einfühlungsvermögen und Respekt zeigte.

## PortugalInfo
# Wenn die Marktfrau plötzlich ›Liebling‹ zu Ihnen sagt …

Wenn ein älterer Herr oder eine ältere Dame Sie duzt, bedeutet das keinesfalls, dass Ihnen damit das ›Du‹ angeboten wurde. Auch hier gilt dann: Der/die Ältere (weil er eben ›weiser‹ und erfahrener ist) duzt den Jüngeren, der/die Jüngere siezt Ältere und zeigt damit seinen Respekt.

Es kann Ihnen übrigens passieren, dass die Bäuerin auf dem Markt oder der Postbote Sie mit *menina* oder *querido* (*querida*) anredet – übersetzt also etwa ›junge Dame‹ (wörtlich: ›Mädchen‹) oder ›Liebling‹, aber dennoch selbstverständlich siezt. Das ist keine Respektlosigkeit, ganz und gar nicht. Nehmen Sie es als freundliches Kompliment! So ist es nämlich gemeint. Eine *menina* können Sie mit weit über 60 noch sein. Selbst viel ältere portugiesische Damen, gerade solche ›besseren Standes‹, lassen sich von ihrer *empragada* (also der Putzfrau oder Köchin), mit *menina* anreden: als Ausdruck von langjähriger, respektvoller Höflichkeit dem ›Fräulein‹ gegenüber.

Ganz schön kompliziert, finden Sie? Dann seien Sie froh, wenn Sie keine Briefe schreiben müssen. Da geht es noch formeller zu. Obwohl ich es ausgesprochen schick finde, wenn ich in einem portugiesischen Schreiben als ›hochverehrte Frau‹ tituliert werde. Selbst eine Rechnung oder ein

Brief von den *finanças*, also dem Finanzamt, klingt angenehmer, wenn man so vornehm angesprochen wird.

Auf Portugiesisch heißt das *Excelentíssima Senhora*, für den Mann kennt man entsprechend den *Excelentíssimo Senhor*. Dies wird außen auf dem Briefumschlag mit *Exmo* beziehungsweise *Exma* abgekürzt. Das sieht viel besser aus, finde ich, als ein banales ›Frau …‹ oder ›Herr …‹ Wobei man das ›mo‹ und ›ma‹ nicht mehr in allen Fällen nach oben stellt – mancher Computer kann das nämlich nicht, und so hat es sich anders eingebürgert.

## PortugalPatzer № 7
### ›Bitte und Danke – was murmeln die da vor sich hin?‹

Aus Ihren Urlauben in Spanien oder Italien leiten Sie glasklar ab: *por favor* heißt auch in Portugal ›bitte‹. Gar nicht mal falsch! Wenn Sie jedoch genauer hinhören, werden Sie schnell herausfinden, dass Portugiesen auf zwei Arten ›Bitte‹ sagen: mit *por favor* und *se faz favor*. Aber was bitte ist der Unterschied? Gibt es überhaupt einen Unterschied? Was wirklich sehr merkwürdig ist – und viele selbst nach dem fünften Urlaub in Portugal (oder mehreren Jahren Aufenthalt) nicht wissen. Da machen es einem die Spanier wirklich leichter! Und so kommt man denn doch in Versuchung, es auch in Portugal einfach mal mit einem *gracias* zu probieren. Wird schon klappen. Und wenn nicht: ›Dann sag ich halt besser mal gar nichts!‹

PortugalInfo
# Danke und Dankeschönchen

Danke im Portugiesischen kann man ganz einfach erklären: Das Wörtchen *obrigado/a* entsoricht nicht einfach nur unserem Wort ›Danke‹, sondern ist eine verkürzte Form von *estou obrigado/a*. Das heißt übersetzt so viel wie ›ich bin (dir/ Ihnen) verpflichtet‹.

Und nun geht Ihnen sicher ein Licht auf, warum es für Mann und Frau unterschiedliche Formen gibt. Klar: Männer haben die maskuline Endung ›o‹, und Frauen natürlich das feminine ›a‹. Und weil die Portugiesen sich gerne überschwänglich bedanken, gibt es noch die sehr gebräuchlichen Formen *obrigadissimo/a* oder *muito obrigado/a*.

Sogar ein ›Dankeschönchen‹ kennt man: *obrigadinho/a* nämlich. Das ist aber beileibe nicht weniger wert als das ›normale‹ Danke – ganz im Gegenteil.

Die Antwort auf Danke ist üblicherweise ein schlichtes *de nada*. Etwas formeller und ›gehobener‹ sagt man *não tem de quê* (also in etwa ›nichts zu danken‹). Sie können den Dank auch ›zurückgeben‹, und zwar indem Sie betonen ›ich habe zu danken‹ – *obrigado/a eu* (Sie stellen das ›ich‹ – *eu* – dann nach hinten). Gipfel der formellen Höflichkeit wäre ein ›stets zu Diensten‹ – *sempre às ordens*.

PortugalWissen
# Bitten oder Fordern?

Fordern und bitten ist ein großer Unterschied! (Auch) deshalb kennt man zwei Formen für Bitte.

*(Se) faz favor* sagt man immer dann, wenn man jemandem etwas anbietet beziehungsweise um einen Gefallen bittet. Bei-

spiele gefällig? Aber gerne: Sie überlassen jemandem einen Stuhl im Café. Dann sagen Sie *se faz favor*. Wenn Sie den Ober aber mit einem *se faz favor* um die Rechnung bitten, teilen Sie ihm damit indirekt mit: ›Ich hätte gerne die Rechnung, aber ich überlasse es Ihnen, ob Sie mir die sofort bringen oder etwas später.‹

Mit *por favor* dagegen ›fordert‹ man etwas ein: ›Ich möchte zahlen, bitte‹ (und Sie meinen damit: ›Ich möchte jetzt bezahlen!‹) Oder: ›Bitte lassen Sie das!‹ Damit sagen Sie zwar höflich bitte, weil Sie gut erzogen sind. Aber im Grunde stellen Sie eine Forderung. Sie wollen für sich um etwas bitten – etwa einen Sitzplatz im Bus? Dann sagen Sie einfach *posso* (›darf ich‹?) oder *é possível*? Die Antwort darauf: *se faz favor* oder *(esteja) à vontade* (›Tun Sie sich keinen Zwang an!‹).

# Portugalpatzer № 8
## ›Sehr erfreut? So eine blöde Floskel!‹

In Deutschland konnte ich diese nichtssagende Formel nicht leiden. Dort ist sie im modernen Umgang miteinander nicht mehr wirklich üblich. Eher sagt man ›Ich freue mich, Sie kennenzulernen‹ oder etwas ähnliches. ›Sehr erfreut‹ (bei Männern gerne noch mit einer leichten Verbeugung) – das kennt man wirklich nur noch in sehr ›altmodischen‹ Kreisen oder dem Fernsehen, wenn mal ein Film aus den 1950er oder 60er Jahren gezeigt wird. Sie können so gar nichts damit anfangen, wenn jemand ›sehr erfreut‹ vor sich hin murmelt. Nein, nein – das fangen Sie jetzt in Portugal auch nicht an.

## PortugalWissen
# Wie stelle ich mich richtig vor?

Sie müssen wirklich nicht perfekt portugiesisch parlieren, um darüber Bescheid zu wissen, wie man sich selbst vorstellt – ob nun im Hotel an der Rezeption und beim Frühstück am Büfett, in der Kneipe oder an der Strandbar, beim Sport oder wenn Sie Bekannte eines Freundes kennenlernen. In jedem noch so kleinen Sprachführer finden Sie die entsprechenden Sätze.

Das Einfachste ist sicher: *meu nome é …*, also ›Mein Name ist …‹. Das kann man genauso gut sagen wie *Chamo-me …* (›ich heiße …‹) oder *eu sou …* (›ich bin …‹). Und wenn sich Ihnen jemand vorstellt, murmeln Sie einfach – wie die meisten Portugiesen – *prazer* vor sich hin und meinen damit nichts anderes als ›erfreut‹. Oder sogar *muito prazer* – das entspricht unserem deutschen ›sehr erfreut‹.

Ein bisschen anders ist es, wenn Sie geschäftlich unterwegs sind: Portugiesen werden beim Vorstellen, gerade im Businessleben, ihre Visitenkarte überreichen. Achtung: Titel sind wichtig in Portugal – dazu später mehr. Sie tun sich selbst und Ihrem Gegenüber einen Gefallen, wenn Sie kein ›Titeldropping‹ betreiben, sondern die entsprechende Anrede gebrauchen. Den Titel lässt man nur dann weg, wenn Sie beide den gleichen Status haben.

Sie haben schon ein paar Sprachkenntnisse? Dann antworten Sie absolut perfekt mit *muito prazer em conhecê-lo* (wenn Sie einen Mann kennenlernen) beziehungsweise *muito prazer em conhecê-la* (wenn Sie sich einer Frau vorstellen): ›Es ist eine große Freude, Sie kennenzulernen‹.

## PortugalPatzer № 9
### ›Auch noch nach Erlaubnis fragen, wenn man sich entschuldigen will?‹

Portugiesen sind ganz schon ruppig, finden Sie. Keiner sagt ›Entschuldigung‹, wenn er sich in der Metro an Ihnen vorbei drängt oder auf dem Bauernmarkt durchs Gewühl schiebt. Nur so ein merkwürdiges Zischeln hören Sie immer wieder. Das ist ja wohl wirklich kein gutes Benehmen!

Dieses Zischeln hören Sie auch, wenn sich ein Portugiese am Telefon verabschiedet. ›Kennen die kein 'Auf Wiederhören'?‹ denken Sie sich dann vielleicht. Irgendwann finden Sie heraus: Das Gezischel ist nichts anderes als das typisch portugiesische Nuscheln, also (wieder mal) die Silberschluckerei. Wer genau hinhört, versteht's vielleicht sogar: *com licença* (genuschelt: komlissensssa). Sie schlagen im Wörterbuch nach. Aha – ›mit Erlaubnis‹ heißt das. Aber was soll das nur bedeuten?!

*PortugalWissen*
# ›Mit Ihrer Erlaubnis‹ oder ›Gestatten Sie!‹

Man kann *com licença* vielleicht besser mit unserem Deutschen ›Gestatten Sie …?‹ übersetzen. Bei uns wäre dies eine eher altmodische Formel – in Portugal aber ist es eine Selbstverständlichkeit, und zwar immer dann, wenn man einen anderen etwas ›Unbequemes‹ zumutet. Sei es im Gedränge, wenn man im Supermarkt an jemandem vorbei möchte, wenn man sich ins Private zurückziehen möchte.

Man legt bekanntlich großen Wert auf gute Umgangsformen, und deshalb wäre das portugiesische Alltagsleben ohne *com licença* schlicht und ergreifend undenkbar. Man hört es ständig, und man hört diese ›Bitte um Erlaubnis‹ auch in Situationen, in denen wir das ganz und gar nicht nachvollziehen können.

Schließt ein Portugiese seine Haustür und ein bereits verabschiedeter Gast ist noch in Sichtweite, sagt man *com licença*. Viele *residentes* – also Ausländer, die im Lande wohnen – machen das anders: Da wird die Wohnungstür nach der Verabschiedung sofort zugemacht. Portugiesen empfinden das praktisch wie einen Rausschmiss. Es wäre also eine grobe Unhöflichkeit, einem anderen einfach die Türe vor der Nase zuzumachen. Beim Telefonieren ist das ähnlich: Man legt den Hörer nicht auf, ohne dem anderen die Chance einzuräumen, noch etwas zu sagen und damit das Gespräch fortzuführen. Mit dem *com licença* bittet man im Grunde um die Erlaubnis, das Gespräch zu beenden und sich ins Private zurückzuziehen.

Der Gipfel meiner Erfahrung war das *com licença*, das der Beamte bei den *finanças* murmelte, als er einen Zettel zerriss, auf dem ich etwas für ihn notiert hatte. Klarer Fall, oder? Schließlich hatte er etwas zerrissen, das jemand anderem gehört, und man zerstört fremdes Eigentum nicht einfach so …

Und im Job? Da hat mir mein Liebster erklärt: ›Wenn du ein Meeting hast und dich der Chef begrüßt‹, meint er, ›wirst du natürlich gebeten, Platz zu nehmen. Auch da sagst du *com licença*. Oder wenn du fragst, ob du das Jackett ausziehen darfst, weil es heiß ist: *Dá-me a licença de despir o casaco?* Erst wenn dann ein freundliches *com certeza* oder sogar *esteja à vontade* geantwortet wird, darf man sich's bequem machen. Vorher bitte nicht!‹

## PortugalInfo:
## ›Bitte entschuldigen Sie!‹

Eher unangebracht wäre es, in den oben erwähnten Situationen das Wörtchen *desculpar* zu verwenden. Das bedeutet zwar wörtlich übersetzt ›entschuldigen‹, wird aber eher im Freundes- und Bekanntenkreis verwendet. Respektvoll-höflich gegenüber Fremden dagegen weniger. Ein *desculpa lá* entspricht der Duz-Form und hat eher den Sinn von ›Tschuldigung, war ja nicht so schlimm‹. Das wollen Sie sicher nicht, wenn Sie eine ernstgemeinte Entschuldigung vorbringen. Höflicher ist immer die Form *desculpe* (›entschuldigen Sie‹). Altmodisch, aber sehr respektvoll klingt *perdão*. Und wie antwortet man auf eine Entschuldigung? Ganz einfach: Man sagt entweder *não faz mal* (›Das macht nichts‹) oder *não há problema* (›kein Problem‹). Etwas formeller sagt man es mit *está/estás desculpado/a* (›Sie sind/du bist entschuldigt‹).

Gut ankommen bei den Portugiesen: Das heißt nicht, dass Sie sich anpassen müssen um jeden Preis und am Ende ein ›Turbo-Portugiese‹ werden (so nennen die vor Jahren ausgewanderten *residentes* all jene, die sich nach ein paar Tagen im Lande schon portugiesischer gebärden als die Einheimischen). Jetzt sind Sie schon mal ganz gut gerüstet. Nun geht's in die Geheimnisse des lusitanischen Alltagslebens.

## III. ›Da steht nichts auf dem Klingelschild! Leben die alle als Geheimagenten?‹

Sie sind zu Portugiesen nach Hause eingeladen? Freuen Sie sich! Das ist keine Selbstverständlichkeit. Viel lieber trifft man sich – vor allem mit ›Fremden‹ (die später zu guten Bekannten oder gar Freunden werden können) – im Café oder im Restaurant. Ich hatte in meinem zweiten Jahr in Portugal das Glück, den Weihnachtsabend bei der Familie meiner Freundin Adriana verbringen zu dürfen. Sie lebt mit ihrem Mann Filipe und den drei Söhnen in einem Apartmenthaus mitten in Lissabon.

›Sei so gegen 20 Uhr da‹, sagte Adriana. ›Am besten fährst du mit der Metro, dann musst du nicht lange nach einem Parkplatz suchen. Die Haltestelle ist nur knapp 200 Meter von unserem Hauseingang entfernt‹. Fand ich gar nicht schlecht, denn so hatte ich Gelegenheit, ein bisschen was von Lissabon zu sehen und nebenbei zu lernen, wie das mit den öffentlichen Verkehrsmitteln in der Hauptstadt vor sich geht. Wo ich in die Metro einsteigen musste, wusste ich schon von früheren Besuchen in Lissabon: am Cais de Sodre. Bis dahin fuhr ich mit dem Vorortzug, der zwischen Cascais und Lissabon verkehrt. Adriana erklärte mir genau, in welche U-Bahn ich steigen müsste. Sicherheitshalber nannte sie mir die Haltestellen. Denn: ›Manchmal versteht man die Ansage schlecht – aber du kannst dir ganz einfach merken: Es ist die vorletzte Haltestelle der Linha Verde – nämlich Campo Grande. Dort steigst du um in die Linha Amarela Richtung Odivelas und fährst genau eine Station zur Quinta da Conchas. Dann bist du schon da.‹

# PortugalPatzer № 10
## ›Straße und Hausnummer weiß ich ja – das wird schon passen!‹

Mit Adrianas Vorgaben war ich perfekt gerüstet. Glaubte ich. Sicherheitshalber hatte ich die Adresse im Handy notiert. Leider nur Straße und Hausnummer, so wie ich es daheim in Deutschland gemacht hätte. Das war zwar nicht völlig falsch. Aber leider war es viel zu wenig.

Was hatte Adriana noch gesagt? Da war doch noch was … Wie wichtig das ›noch etwas‹ ist, merkte ich schnell: Kurz vor acht stand ich vor dem großen Apartmenthaus, schaute auf die riesige Anzahl von Klingelschildern – und war am Verzweifeln. Nirgends standen Namen. Nur kryptische Buchstaben- und Zahlenkombinationen.

Okay, ich schaffte es, mit einem freundlichen Hausbewohner, wenigstens in den Eingangsbereich zu kommen. Aber das war leider schon alles. Auch auf den Briefkästen und an den Wohnungstüren: keine Namen, sondern merkwürdige Zeichen: *4p/esqu* oder *r/c* etc. Ich hatte keinen blassen Schimmer, was das bedeuten sollte.

Dazu kam, dass unpassenderweise der Akku meines Handys so gut wie leer war. Ich konnte gerade noch eine Nachricht an Adriana schicken und ihre Antwort lesen. Dann gab das *telemóvel* seinen Geist auf. Nun wusste ich wenigstens, dass ich in den sechsten Stock fahren musste. Adriana holte mich glücklicherweise am Fahrstuhl ab.

PortugalWissen
# Warum keine Namen auf Klingelschildern?

Zwei Gründe soll es geben, warum es in Portugal weder auf dem Klingelschild noch auf dem Briefkasten und erst recht nicht an der Wohnungstüre Namensschilder gibt.

Der erste liegt in der jüngeren Vergangenheit: Zu Zeiten der Diktatur Salazars (bis 1974) vermied man es wegen der Geheimpolizei (PIDE), seinen Namen öffentlich an der Haus- oder Wohnungstüre zu nennen. Politisch verfolgt wurde man in diesen Zeiten schon, wenn man sein Glas erhob und ›auf die Freiheit‹ trank – da musste man gar nicht mal der Kommunistischen Partei angehören oder anderweitig politisch aktiv oder gegen das System sein.

Zwei Studenten wurden in den 1960er Jahren genau wegen dieses Trinkspruchs zu sieben Jahren Gefängnis verurteilt; sie waren der Anlass für den britischen Rechtsanwalt Peter Benenson, 1961 Amnesty International zu gründen.

Der zweite Grund für die geheimnisvollen Adresscodes in Portugal ist eher banal. Schauen Sie sich mal portugiesische Namen an: Nicht einmal Ehepaare führen denselben Familiennamen, sondern haben meist zwei Nachnamen. Sie setzen sich aus dem Nachnamen von Vater und Mutter zusammen. Dazu kommen oft noch mindestens zwei Vornamen, und die Kinder heißen ja ebenfalls anders ... das alles passt einfach nicht drauf auf ein kleines Schild an der Klingel, am Briefkasten oder an der Wohnungstüre. Genau deshalb gibt es in Portugal ein anderes System – und Sie müssen genau hinhören und aufpassen, wenn Sie sich verabreden oder jemandem etwas per Post schicken!

PortugalInfo

# Die ›merkwürdigen‹ Adressangaben

In Wohnblocks finden Sie auf Klingelschildern und Briefkästen lediglich die Bezeichnungen für die einzelnen Apartments. Und das setzt sich so zusammen:
– Das Erdgeschoß (= *rês-do-chão*) wird *r/c* abgekürzt.
– Etage heißt *andar* oder *piso* – und dabei wird das Erdgeschoß nicht gezählt. Abgekürzt wird das Ganze mit *and/* oder *p/*.
– Die Lage der Wohnung mit *es* für links (= *esquerdo*) und *dto* (= *direito*) für rechts. Wenn sich eine 3. Wohnung (oder gar noch mehr) auf derselben Etage befindet, werden alle dann mit /*a*, /*b*, /*c* etc. bezeichnet.

Der Verwirrung ist kein Ende, denn Sie müssen nun nicht glauben, dass Sie einfach ins Haus marschieren und ›durchzählen‹ können. Weit gefehlt: Rechts und links bezieht sich auf die Sicht vom Treppenaufgang aus. Das ist anfangs sehr verwirrend. Und noch etwas scheint uns ›unlogisch‹: Die Wohnungen in einem solch großen Apartmenthaus werden von vorne nach hinten bezeichnet: Das Apartment, das am nächsten zum Haupttreppenhaus oder zu den Fahrstühlen liegt, ist ›Wohnung/a‹. Das ›portugiesische System der Klingelschilder‹ ist wirklich eine Sache für sich. Wobei man die ›Nicht-Benamsung‹ von Klingel- und Briefkastenschildern übrigens auch anderswo kennt. Portugal ist da keine Ausnahme. In Spanien ist es ähnlich, in Irland oder den Vereinigten Staaten ist das gewohnte deutsche Briefkasten- und Klingelsystem ebenfalls nicht unbedingt üblich. Selbst in Deutschland gibt es Häuser – etwa in Prominentenvierteln –, wo man vornehmerweise (oder um sich vor Paparazzi zu schützen), auf das Namensschild verzichtet. Sie wollen einer guten Bekannten ein Päckchen zukommen lassen? Dann müssen Sie sich wohl oder übel in die ›Wissenschaft der richtigen Adresse‹ vertiefen. Wenn der portugiesische Adressat in einem Apartmenthaus wohnt, könnte die Adresse auf einem Brief so lauten:

*Exmo Sr.*
*Jorge Manuel Reis Saboga*
*Rua da Fonte n°5, 2°/dto.*
*5000–132 Lamares*

›Übersetzt‹ bedeutet das: Herr Jorge Manuel Reis Saboga wohnt Hausnummer 5 der Rua da Fonte, im zweiten Stock, und zwar in der rechten Wohnung. Selbst bei Einfamilienhäusern findet man selten den Familiennamen auf dem Briefkasten oder am Haus. Hier steht lediglich die Hausnummer, dazu oft ein ›Hausname‹. Gerade in kleineren Orten, aber auch den Vororten von größeren Städten ist das üblich. Die postalische Adresse sieht z. B. so aus:

*Exma Sra*
*Rita Amélia Brito Pereira*
*Rua da Fonte n°6, Casinha da Lua*
*5000–103 Folhadela*

Frau Rita Amélia Brito Pereira (merken Sie was? Zwei Vornamen, zwei Nachnamen!) wohnt in der Rua da Fonte Nr. 6, im ›Häuschen des Mondes‹. In Neubaugebieten findet man oft statt einer Straße die Bezeichnung *lote* – das entspricht etwa unserem Wort ›Parzelle‹ oder Bauplatz. Eine Beispieladresse:

*Exmo Sr*
*Jorge Manuel Reis Saboga*
*Urb. Mata Torre, Lt. 11, 4/c*
*5000 – 051 Arroios*

Herr Jorge Manuel Reis Saboga wohnt im Neubaugebiet Mata Torre, auf Parzelle Nr. 11, im vierten Stock in Wohnung c.

## PortugalInfo
# Nicht verzweifeln! Die Post findet jeden

Neben den ›ganz normalen‹ Bezeichnungen wie *rua* für Straße kennt man in Portugal noch eine ganze Menge weiterer Abkürzungen für Adressangaben. Wer wirklich genau sicher gehen will, dass seine Post ankommt, sollte darauf acht geben. Die Benennung der richtigen Straßen- und Hausbezeichnung ist wirklich fast eine Wissenschaft. Hier eine kleine Auflistung, was man so alles an Abkürzungen bei portugiesischen Adressen finden kann:

C. = Casa (Haus)
Csl. = Casal (Gehöft)
Mt. = Monte (Landhaus)
Qta. = Quinta (Hof oder Gut)
Vv. = Vivenda (Einfamilienhaus)
Cdm. = Condomínio (Wohnanlage)
Al. oder Alam. = Alameda (Allee oder Park)
Av. = Avenida (große Allee, Prachtstraße)
Bc. = Beco (Gasse)
Br. = Bairro (Stadtteil, Viertel)
Cam. = Caminho (Weg, Pfad)
Estr. = Estrada (Landstraße, Weg)
L., LG oder Lgo. = Largo (Platz)
Lj. = Loja (Geschäft, Laden)
Lt. = Lote (Parzelle)
Pr. Oder Pç = Praça (Marktplatz, Platz)
Pct. = Praceta (kleiner Platz)
R. = Rua
Trv., Tr. oder Tv. = Travessa (Quer- oder Verbindungsstraße)
V. = Via (Weg)
Urb. = Urbanização (Neubaugebiet, Bauplatz)

## IV. ›Namen sind Schall und Rauch! So viele 'Prof.' und 'Dr.' kann's doch nicht geben!?‹

In eine Sprachschule geht man gemeinhin deshalb, weil man etwas lernen will. Dort ist's also nicht allzu schlimm, wenn man sich ein wenig vergaloppiert und so rundherum alles falsch macht mit Namen und Titeln, was man nur falsch machen kann. Aber aufgepasst: Hier geht's nicht nur um Familiennamen und Kurzformen von Vornamen, die auf abenteuerlichste Art und Weise miteinander verbunden und gekoppelt werden. Sondern um die ›Titelei‹. Denn in Bezug auf Titel – da könnten die Portugiesen Österreicher sein ...

### PortugalPatzer № 11
### ›Sie heißen anders als Ihre Ehefrau? Sind Sie etwa gar nicht verheiratet?‹

Dass man in Portugal niemanden sofort duzt – das haben Sie schon gelernt, das gehört zu den Basics. Aber Sie können ganz und gar nicht nachvollziehen, dass das Ehepaar, das Ihnen die Ferienwohnung vermietet hat, plötzlich ein wenig distanziert scheint, als Sie die Frau Ihres Vermieters mit *Senhora da Silva* ansprechen. Deren Mann heißt doch *Paulo da Silva*?

Okay, die Nachbarin sagt *Dona Joana* zu ihr. Aber so gut, dass man sich gleich mit Vornamen anspricht, so gut kennen Sie sich ja nun wirklich noch nicht. Wo liegt also das Problem? Sind die beiden vielleicht gar kein Ehepaar? Das wäre Ihnen zwar völlig egal, aber Sie merken plötzlich, dass auch Ihr Vermieter plötzlich ein wenig ›auf Abstand‹ geht, als Sie ihn mit *Senhor da Silva* anreden.

## PortugalWissen
## Zwei und mehr Familiennamen: normal

Mit ein bisschen Glück hätten Sie richtig gelegen mit der Anrede Ihrer Vermieterin als *Senhora da Silva*. Denn *da Silva* ist in Portugal der am weitesten verbreitete Familienname. Normalerweise jedoch haben bei einem portugiesischen Ehepaar Frauen und

Männer unterschiedliche Familiennamen. Und noch befremdlicher: Auch die Kinder eines verheirateten oder unverheirateten Paares heißen anders als die Eltern. Der kindliche Nachname setzt sich aus dem jeweils letzten Namen der Mutter und des Vaters zusammen. Ein kleines Beispiel: Die Ehefrau heißt *Ana Paula Silva Antunes*, der Ehemann *Filipe Nuno Ferreira Sousa*. Die Kinder tragen dann einen (neuen) Familiennamen aus dem jeweils letzten Namen der Mutter – also *Antunes* – sowie den des Vaters – also *Sousa*. Dazu kommen dann noch gerne mindestens zwei Vornamen (obwohl das nach neuerer Gesetzgebung nicht mehr erlaubt ist). Damit ergeben sich beispielsweise Namen wie *Maria Constança Antunes Sousa* oder *José Carlos Antunes Sousa*.

# PortugalPatzer № 12
## ›Hier ist wohl fast jeder 'Doktor' oder 'Professor'!‹

Ihnen ist aufgefallen, dass der nette und sympathische Hausherr Ihrer Ferienwohnung ebenfalls nicht mehr ganz so herzlich zu sein scheint, seitdem Sie Ihre Portugiesischkenntnisse an ihm erprobt haben und ihn mit *Senhor da Silva* ansprechen. Auf den eh völlig ungewohnten und in Ihren Augen überflüssigen ›Titel‹ wie *Senhor Engenheiro da Silva* (den Sie von seiner Visitenkarte kennen) und die entsprechende Anrede kann man doch wohl verzichten, oder? Und immerhin kennen Sie sich ja nun schon ein paar Tage! Der Mann ist schließlich kein Arzt, sondern ›nur‹ Ingenieur.

Obwohl: ›Hier ist wohl jeder ein Herr Doktor oder gar Professor‹, mokieren Sie sich, als Ihnen auffällt, dass die Kinder der Familie von der *professora* in der Schule erzählen.

## PortugalWissen
# Doktoren, Professoren – und noch mehr Titel

Damit haben Sie nicht mal Unrecht: *Senhores doutores* gibt es wirklich in (über)großer Anzahl. Das hat einen ganz einfachen Grund: Um sich *doutor* oder *doutora* nennen zu dürfen, muss man nicht promoviert haben wie beispielsweise in Deutschland. Sondern es reicht bereits aus, das Staatsexamen (die sogenannte *licenciatura*) bestanden zu haben.

Kein Wunder also, dass es eine schier unermessliche Anzahl von Menschen zu geben scheint, die sich *senhor doutor* nennen. Ich mag mich irren, aber ähnlich inflationär handhaben es die weiblichen ›Doktoren‹ in Portugal nicht. Oder mir fallen die *senhoras doutoras* nur weniger auf.

Portugiesen haben's eben mit der Titelei. Sie sind stolz darauf,  wenn sie einen Titel erworben haben – ganz gleich, ob sie beruflich, also an der Hochschule, oder durch ein Amt (etwa wenn man durch eine Wahl oder einen Verwaltungsakt) ›etwas geworden‹ sind. Deshalb redet man sich entsprechend an. In vielen Fällen sogar ohne den Namen dazu. Das ist ein bisschen so, wie man früher bei uns ›Herr Doktor‹, wenn man in einer Praxis oder im Krankenhaus einen Arzt ansprach.

Titel sind in Portugal immens wichtig, und man tut gut daran, diese zu gebrauchen – zumindest solange, wie man den s*enhor doutor* nicht zum guten Bekanntenkreis zählt oder er Ihnen sagt, man möge ihn anders ansprechen. Man sagt beispielsweise ›Herr Ingenieur‹ (*Senhor Engenheiro*), Herr Doktor (*Senhor Doutor*) und solche Titel sind dann – wie selbstverständlich auch der des *Senhor Presidente* (wenn Sie etwa den Bürgermeister Ihres Dorfes treffen und ihm einen ›Guten Tag‹ wünschen) auf der Visitenkarte zu finden.

Selbst in den sozialen Medien wie Facebook bleibt etwa unser Bürgermeister in Monchique für die meisten der *Senhor Presidente* …

## PortugalInfo
# Jeder Lehrer ein Professor?

Bei meinem ersten Besuch in der Sprachschule fand ich es maßlos übertrieben, dass der Unterricht in der kleinen Schule in Cascais scheinbar von Professoren abgehalten wurde. Das glaubte ich ganz fest, auf Grund meiner ach so formidablen Grundkenntnisse. Ein ›normaler‹ Lehrer, fand ich, täte es doch wohl auch! Aus meiner Heimatstadt kannte ich sogar Studenten (also nicht mal ›echte‹ Lehrer), die Sprachkurse gaben.

Was also sollte ein richtiger Prof im Sprachkurs? Ich wollte schließlich kein Studium absolvieren, sondern einfach nur ein bisschen besser sprechen können und vielleicht etwas über den allgemeinen Umgang zwischen Portugiesen lernen.

Allerdings wusste ich nach der ›Beschwerde‹ bei meinem Liebsten, wie falsch ich gelegen hatte: Die portugiesische Bezeichnung *professor* oder *professora* hat nämlich rein gar nichts mit dem deutschen ›Professor‹ zu tun, sondern bedeutet schlicht und einfach ›Lehrer‹. Und es gibt sogar – diesen Extratipp hatte meine Freundin Adriana für mich – eine liebevolle Abkürzung, die portugiesischen Kindern (und Lehrern) sehr vertraut ist: Fast alle Schüler sprechen ihre Lehrer mit *stora* beziehungsweise *stor* an. Dabei kommt so richtig gut raus, wie oft man im Portugiesischen nuschelt. Denn dieses für uns merkwürdig klingende ›schtora‹ oder ›schtor‹ ist nichts anderes als ein Zusammenziehen von *Senhora professora* beziehungsweise *Senhor professor*. Merken Sie sich's für die nächste Stunde beim Sprachunterricht …

*PortugalWissen*
# Die richtige Anrede mit Namen ist ganz schön kompliziert

In Portugal spricht man sich vor allem beim ersten Zusammentreffen sehr formell sogar in der dritten Person an. Das klingt für uns sehr ungewohnt, weil man dabei nicht unbedingt einen Namen nennt, sondern nur *a senhora* oder *o senhor* sagt.

Ein Beispiel: *A senhora podia ajudar-me …/o senhor podia dizer-me …?* Übersetzt ins Deutsche würde das in etwa heißen: ›Könnte die Dame mir helfen/Könnte der Herr mir sagen …‹

Weiß man den Namen des Gesprächspartners, verwendet man diese Form ebenfalls und sagt dann: *A Senhora Ferreira podia ajudar-me …/o Senhor Correia podia dizer-me …?* Übersetzt ins Deutsche hieße das: ›Könnte Frau Ferreira mir helfen/Könnte Herr Correia mir sagen …?‹ Uns kommt das sehr steif und förmlich vor. Es ist üblich, den ersten Vor- und den letzten Familiennamen zur Anrede *senhor/senhora* zu stellen: also *Senhor António Antunes* oder *Senhora Paula da Silva*.

Hat ein Portugiese (oder ein Ausländer) mehrere Vornamen, werden diese, falls sie bekannt sind – also etwa auf einer Behörde oder in der Bankfiliale, bei der Post oder bei der Telekom – alle genannt: also beispielsweise *Senhor António Felipe Gomes Antunes* oder *Senhora Paula Ana Maria Pereira da Silva*. Immer. Nicht nur im Schriftverkehr, sondern auch, wenn Sie warten müssen und dann aufgerufen werden. Es gibt in Portugal nicht allzu viele unterschiedliche Familiennamen. Nur so kann man vermeiden, dass es zu Verwechslungen kommt (und die passieren trotzdem).

Vornamen scheinen zudem wichtiger als Nachnamen. Es passiert mir immer wieder, dass in der Adresszeile (beispielsweise bei einem Schreiben meiner Bank) zwar alle meine drei Vornamen aufgeführt sind, aber aus Platzgründen der Nachname fehlt. Keine Sorge, die portugiesische Post ist findig – das wissen Sie ja schon aus dem vorherigen Kapitel. Und alle Briefe kommen immer richtig bei mir an.

## PortugalPatzer № 13
*›Mal Vorname, mal Nachname, mal beides – ja wie denn nun?!‹*

Irgendwie geht hier alles durcheinander, stellen Sie fest. Einerseits Distanz – die Portugiesen duzen sich ja oft nicht mal nach Jahren der Nachbarschaft. Andererseits sagt die Putzfrau Ihres Ferienhauses *Dona Joana* zur Vermieterin. Wieso kommt denn an dieser Stelle einfach der Vorname ins Spiel?

Und Ihnen geht's genauso: Kaum haben Sie das zweite Mal denselben Kellner im Café getroffen oder sind der Putzfrau in Ihrem Ferienhaus begegnet, stellen Sie fest: Sie werden mit dem Vornamen angeredet. Zumindest dann, wenn man den irgendwie erfahren hat … Haben Sie nicht eben erst gelernt, dass Titel und formelle Anrede das A und O sind bei den Portugiesen?

*PortugalWissen*
## ›Namenskunde‹ ist keine Hexerei ...

... nur ein bisschen ungewohnt für uns Mitteleuropäer. Es scheint wirklich ein bisschen kompliziert – das ist eben die berühmte portugiesische Etikette. Aber Sie werden sehen: Hat man's einmal wirklich durchgespielt, ist das alles kein Problem mehr!

Frauen spricht man nicht wie bei uns ›nur‹ mit Frau und dem Familiennamen an (also bei uns etwa ›Frau Müller‹ – in Portugal entspräche das beispielsweise *Senhora Pereira*); sondern stets mit dem vollen Namen: also *Senhora Maria Müller* beziehungsweise *Senhora Adriana Pereira*. Würden Sie ›nur‹ mit dem Nachnamen (also: *Senhora Müller*) angesprochen, bedeutete das: Sie stehen rangmäßig unter der Person, die Sie so anspricht. Auf gut Deutsch: dass Sie eine (Haus)Angestellte (*empregada doméstica*) sind ...

Bereits beim zweiten persönlichen Treffen (beim Nachbarn, im Job, aber auch wenn der Postbote Ihre Briefe übergibt oder Sie auf der Straße trifft) tituliert man Frauen mit dem weiblichen ›Ehrentitel‹ *Dona* und dazu lediglich dem Vornamen. Meist nur dem ersten Taufnamen, nicht allen, die Sie vielleicht haben. Also: *Dona Cristina* oder *Dona Stefania* etc.

Keine Regel ohne Ausnahme – das ist in Portugal nicht anders als in der übrigen Welt: Ist der erste Taufname Maria, wird er in der Anrede oft durch den zweiten ersetzt. Marias gibt es nämlich in Portugal wie Sand am Meer. *Maria Carmo* heißt dann also nicht *Dona Maria*, sondern *Dona Carmo*. Oder gar *Dona Maria Carmo*. Ist doch gar nicht so schwer ...

Will man besonderen Respekt bezeugen, lässt man nichts weg, sondern setzt im Gegenteil noch etwas davor: ein *Senhora* nämlich. Dann werden Sie also zu *Senhora Dona Cristina*. Das ist beispielsweise der Fall, wenn Sie eine ältere (oder höher stehende) Dame sind. Aber auch in all jenen Situationen, wo Sie – etwa bei einem Werbeanruf am Telefon – überzeugt werden sollen, etwas zu kaufen oder die besonderen Vorteile einer Kreditkarte in Anspruch zu nehmen. Kundinnen sind nämlich in der Rangordnung ›höher gestellt‹ als etwa (Telefon-)Verkäufer …

Bei den Männern ist ein wenig einfacher: Man sagt durchaus *Senhor Ribeiro* – also ›nur‹ den Nachnamen. Nicht allerdings beim Aufruf in Ämtern, einer Polizeistation oder anderen ›offiziellen‹ Stellen wie Bank, Versicherung oder Arztpraxis. Das hatten wir ja schon: Hier muss es eindeutig sein, deswegen werden die Herren der Schöpfung wie die Damen mit vollem Namen genannt: Se*nhor António José Ribeiro da Silva*.

Nach dem ersten Treffen geht man dann gerne zur Kurzform von *Senhor* über. Die lautet *Sô* und dazu stellt man ebenfalls lediglich den Vornamen: also beispielsweise *Sô António Zé*. Das wird dermaßen genuschelt im Portugiesischen, dass es fast wie das englische ›Sir‹ klingt. Genau das hatte ich anfangs ›verstanden‹. Und mich darüber sehr gewundert …

Der einer *Dona* entsprechende männliche Ehrentitel übrigens lautet *Dom*. Er ist in Portugal ausschließlich dem König vorbehalten (beziehungsweise dem Familienoberhaupt der königlichen Familie). Sie können nun also, nachdem Sie das wissen, endlich den längst fälligen, höchst ehrenwerten Besuch bei Hofe anstreben. Der derzeitige Titelinhaber ist übrigens *Dom Duarte Pio João Miguel Gabriel Rafael de Bragança*, und er lebt (unter anderem) in Sintra bei Lissabon. Falls Sie also dort vorbeischauen möchten, wissen Sie wenigstens, wie man Seine Königliche Hoheit richtig anredet.

## PortugalInfo
# (Kurz-)Formen portugiesischer Vornamen

Noch eine Kleinigkeit zu den Vornamen: Man mag's in Portugal, alles ein bisschen zu verkleinern, abzukürzen, liebevoll zu verniedlichen. Das gilt überall und ständig. Mein witzigstes Erlebnis war im Supermarkt, als eine Kundin bei der Auswahl ihrer *chouriços*, also der leckeren portugiesischen Würste, sich nicht recht entscheiden konnte, wie viel sie denn nun gerne hätte. Das Ende vom Lied: Sie orderte eine *grandinho* – also ein ›Größchen‹, eine ›kleine große‹ *chouriço*. Die Verkäuferin hat's kapiert – und ich mit etwas Verspätung ebenfalls. Selbstverständlich bedankte sich die Kundin nicht nur mit einem Dankeschön (*obrigada*), sondern einem Dankeschönchen (*obrigadinha*) …

Genauso ist es mit den Vornamen in Portugal. Jeder etwas längere wird abgekürzt, sogar für eher kurze Namen gibt es Sonderformen. Vielleicht ist Ihnen der Sänger *Zeca Afonso* ein Begriff: Sein berühmtes Lied ›Grândola vila morena‹ war das Signal zur Revolution im Jahre 1974. *Zeca* ist nichts anderes als eine Verkürzung von *José Carlos*. Das muss man aber als *estrangeiro* erst mal drauf kommen.

In vielen portugiesischen Familien trägt wenigstens ein Kind denselben Vornamen wie Vater oder Mutter. Um aber den Vater *José*, der *Zé* genannt wird, vom Sohn desselben Namens zu unterscheiden, wird das Kind *Zezinho* gerufen. Diese Verkleinerungsform gibt es natürlich für alle männlichen und weiblichen Vornamen. Schauen Sie mal in die Liste, was da im Laufe der Jahrhunderte so alles an uns merkwürdig vorkommenden Formen entstanden ist.

Für Männer gibt es beispielsweise:

*Beto* aus *Roberto*

*Cacá* oder *Litos* aus *Carlos*

*Cajó* aus *Carlos Jorge*

*Chico* von *Francisco*

*Di* oder *Didi* aus *Diogo*

*Digo* aus *Rodrigo*

*Gonça* oder *Gongas* aus *Gonçalo*

*Guga* oder *Gugu* aus *Gustavo*

*Ique* aus *Henrique*

*Jó* aus *Jorges* und *Joca* oder *Juca* aus *João Carlos*

*Jomi* aus *João Miguel*

*Lipe* oder *Pipo* aus *Filipe/Felipe*

*Micas* aus *Miguel*

*Nando* aus *Fernando*

*Rodas* aus *Rodolfo*

*Ti* aus *Tiago*

*Tó* aus *António*, *Tomané* aus *António Manuel*, *Tojó* aus *António Jorge* und *Tozé* aus *António José*

*Vavo* oder *Vavá* aus *Osvaldo*

*Zé* und *Zezê* von *José* sowie *Zeca* aus *José Carlos*.

Weibliche Vornamen werden so verkürzt oder ›zusammengezogen‹:

*Bé* aus *Elisabete*

*Cila* aus *Cecília*

*Guida* aus *Margarida*

*Kika* oder *Chica* aus *Francisca*

*Lota* aus *Carlota*

*Lula* aus *Luísa*

*Malu* aus *Maria Luísa*

*Mila* aus *Emília*

*Mimi* als Kurzform von *Maria* oder *Marta*

*Maricota* oder *Micas* aus *Maria da Conceição*, *Mazé* oder *Mizé* aus *Maria José*, *Mitó* aus *Maria Antónia* sowie *Zezé* aus *Maria José*

*Nana* oder *Adrie* als Kurzform von *Adriana*

*Nê* oder *Nenê* aus *Inês*

*Nita* aus *Mariana*

*Pipa* oder *Lipa* aus *Filipa/Felipa*

*Ticha/Tixa* oder *Tiça* aus *Patricia*

*Xan(d)a* aus *Alexandra*

Die portugiesischen ›Silbenschlucker‹ sind also in allen Bereichen aktiv. Jetzt stärken wir uns erst mal. Im nächsten Kapitel geht's um das Frühstück in Portugal.

# V. ›Zum Frühstück Fischbällchen? Meinen die das ernst?‹

Ja, die Portugiesen meinen das ernst. Selbst wenn Sie sich den ersten entspannten Urlaubsmorgen ganz anders vorstellen. Wie in vielen südlichen Ländern kennt man auch in Portugal kein ausgiebiges Frühstück. Das gibt's wohl nur im international angehauchten Hotel. Vielleicht dem einen oder anderen Spezial-Café in der Hauptstadt Lissabon oder in der zweiten portugiesischen Metropole: Porto.

## PortugalPatzer № 14
*›Fisch und Espresso zum Frühstück geht ja wohl gar nicht!‹*

Sie träumen von einem schönen Café, das gerne Meerblick haben darf? Oder vielleicht doch eher mitten in der Stadt liegt, mitten im quirligem Leben? ›Typisch portugiesisch‹ soll es auf jeden Fall sein, schließlich wollen Sie ja richtig ›ankommen‹ in Ihrem Urlaubsland. Die Sonne strahlt vom blauen Himmel. Und Sie wollen sich mal so richtig verwöhnen lassen, mit allem, was man dazu so braucht. Deshalb haben Sie sich das Café um die Ecke ausgesucht, das den schönen Namen *Lua de Mel* trägt, also

›Honigmond‹ heißt. Sie sind sicher: Hier finden Sie genau das, was Sie suchen.

Von Zuhause sind Sie das so gewohnt: Es gibt süße Teilchen – aber auch Eier mit Schinken oder Speck. Jogurt und Müsli, Orangensaft, knusprige Brötchen oder Toast. Natürlich Honig und Marmelade, Käse und Wurst. Doch schnell stellen Sie fest: Im ›Honigmond‹ hat man nicht mal eine Frühstückskarte. ›Was essen die denn da alle?‹, meckern Sie. ›Das sieht so gar nicht nach Honigsemmel oder Schinkenbrötchen aus. Nicht mal ein leckeres Frühstücksei ist im Angebot!‹ Und es fällt Ihnen auf: ›Die trinken immer einen Espresso – das kann ich morgens einfach nicht. Da brauch ich meinen Milchkaffee!‹

## PortugalWissen
## Morgens immer nur eine ›kleine Mahlzeit‹

Portugiesen kennen solch ein Frühstück einfach nicht, wie es Ihnen vorschwebt. Okay – in Hotels gibt es das (und in manchen Hauptstadt-Cafés ebenfalls). Aber im ganz normalen Café in der Nachbarschaft, das Sie sich heute mal ausgesucht haben? Da kennt man das nicht. Portugiesen lieben es zwar, zu essen und zu trinken. *Comer e beber* ist eine der wichtigsten Angelegenheiten im Leben. Aber nicht morgens, bitte schön. Selbst wenn ›morgens‹ nicht unbedingt 7 Uhr oder gar noch früher bedeutet, weil viele erst um 9 Uhr oder sogar noch später zu arbeiten anfangen.

Nicht umsonst nennt man in Portugal das Frühstück *pequeno-almoço*, also so viel wie ›kleine Mahlzeit‹. Die ›große‹, also das *almoço*, ist das Mittagessen.

Im Café ist zwar immer eine Menge los. Zahlreiche Portugiesen und Portugiesinnen tummeln sich dort. Aber nur die wenigsten nehmen an den kleinen Bistrotischen Platz. Die meisten stellen sich nur an die ›Theke‹, die eigentlich eher die Auslage ist, und bestellen einen winzigen Kaffee. Dazu gibt es allenfalls ein kleines Häppchen.

Gemütlich sitzen und das Frühstück genießen? Fehlanzeige! Nicht mal am Wochenende. Uns kommt das ungemütlich vor, für die Portugiesen ist's der normale Alltag. Denn kaum einer frühstückt zuhause. Man nimmt eine schnelle *bica* und ein süßes oder pikantes Teilchen an der Theke, bevor man sich an den Arbeitsplatz begibt. Und das war's erstmal.

Sie hätten gern etwas Warmes zum Frühstück? Kein Problem: Dann bestellen Sie sich einfach einen Toast: vielleicht *tosta mista* (mit Käse und Schinken) oder – ganz portugiesisch! – eine *torrada*. Die hat nichts mit Stierkampf zu tun (das wäre nämlich eine *tourada*), sondern das sind getoastete Brotscheiben, die schlicht mit Salzbutter bestrichen werden. Lecker!

Übrigens: Toast in Portugal bedeutet nicht automatisch, dass man eher labbrige viereckige Brotscheiben in den Toaster schiebt. Sondern es ist oft ganz ›normales‹ Brot aus der Hausbäckerei, das angeröstet wird. Das heißt dann *pão caseiro* (im Gegensatz zum *pão de forma*, dem viereckigen Toastbrot).

## PortugalInfo
## Portugiesisches ›Häppchen zum Kaffee‹

Die portugiesische Spezialität *pastel de nata* gibt es fast überall, und frisch ist das eine sehr verführerische Leckerei, die bestens zum Kaffee passt. Was da sonst noch in der Auslage des Cafés zu finden ist, kennen Sie möglicherweise nicht. Aber es sieht lecker aus und führt deshalb in Versuchung.

Im Mund ist's allerdings doch überraschend und ungewohnt. Vor allem, wenn Ihr Gaumen auf ›süß‹ eingestellt ist und Sie dann feststellen: Es ist eher pikant! Seien Sie sicher: Nach dem ersten Schreck schmeckt es Ihnen trotzdem.

Portugiesen lieben schon morgens zum Beispiel *rissóis de camarão* oder *rissóis de bacalhau* (das sind kleine Teigtaschen mit Krabben- oder Stockfischfüllung). Gerne isst man auch *coxinha* (oder *pera*) *de galinha* (ein paniertes birnenförmiges Teigbällchen, mit Hühnchenfleisch gefüllt), *pasteis de bacalhau* (frittierte Stockfisch-Bällchen aus Kartoffelteig) oder *empadas de galinha* (Mini-Pasteten mit Hühnerfleisch). Ebenfalls beliebt sind *chamuças*, pikante Teigtaschen mit Hack- oder Hühnerfleisch und Gemüse gefüllt und mit scharfem Curry gewürzt. Alles wird lauwarm oder sogar kalt gegessen.

Alle diese Spezialitäten übrigens sind nicht ›nur‹ fürs Frühstück da. Sondern werden als Snack gerne zwischendurch verzehrt oder als *entrada* (Vorspeise) bei einem ›richtigen‹ Menü oder einem *bufete* (Büfett) gereicht. Die Portugiesen nennen ein Büfett übrigens je nach Tageszeit auch ›fliegend‹ – also *almoço* beziehungsweise *jantar volante*.

## PortugalWissen
# Der schnelle Kaffee vor und bei der Arbeit

Ohne Kaffeehaus würden Portugiesen nicht überleben. In jedem noch so kleinen Dorf gibt es wenigstens ein Café, in dem

man schnell seine *bica* schlürft und dazu einen Snack verzehrt. Hier trifft man sich und plaudert, hier ist die Nachrichtenzentrale des Viertels oder der Dorfgemeinschaft, hier liest man die Zeitung oder diskutiert man über Politik und Fußball. Hier ist nicht nur morgens Betrieb, sondern den ganzen Tag über.

Viele Cafés haben schon vor 8 Uhr früh geöffnet, denn ein Schlückchen Kaffee auf dem Weg zur Arbeit ist für viele Portugiesen ebenfalls ein Muss. Mitten am Vormittag dann gerne eine kleine Kaffeepause, nach dem Mittagsmahl sowieso und selbst nach dem Abendessen trinkt man noch schnell ein Tässchen in der Bar.

Für uns oft ungewohnt: An der Theke im Café gibt es keine sozialen Unterschiede. Der Bauarbeiter steht neben dem Banker, die vornehme alte Dame neben der Fischverkäuferin, der würdige *Senhor* neben der flippigen Studentin. Und das nicht etwa stumm, sondern fröhlich plaudernd. Für den Moment des Kaffeegenusses sind alle gleich ... Ein Portugiese ohne Kaffee? Das ist so gut wie unvorstellbar.

## PortugalInfo
## *Galão, Meia de leite* und *bica*: Was ist eigentlich was?

Brasilianischen Kaffee (immerhin knapp ein Drittel des Weltmarktes) gibt es nur deshalb, weil Portugal im Jahr 1727 Kaffeepflanzen in die damalige Kolonie brachte. Seither wird Kaffee dort angebaut. Auch aus Angola und Mozambique, die früher ebenfalls zum portugiesischen Weltreich gehörten, wird Kaffee importiert.

Kein Wunder also, dass es in Portugal eine ganze Reihe hervorragender Kaffeeröstereien und -marken gibt: etwa Buondi und Bicafé, Chave d'Ouro und Camello, Delta und Sical, Tofa und noch etliche andere. Manch ein Genießer sogar außerhalb Portugals ist der festen Überzeugung: Portugiesischer Kaffee gehört zu den besten der Welt. – und es gibt heute noch ungezählte Sorten, die man sich als Kunde ganz nach Gusto mischen und mahlen lassen kann. Einfach nur mal eben ›einen Kaffee, bitte‹ bestellen – das verursacht in Portugal ganz bestimmt eine Nachfrage der Bedienung. Denn es gibt eine ganze Menge, was Sie da beachten sollten. Und das alles ist dann noch – je nach Region – unterschiedlich. Eine kleine portugiesische Kaffeekunde:

*Café*
ist schlicht und einfach ein Espresso. Allerdings wird – gerade in Regionen mit vielen Touristen – mittlerweile stets nachgefragt. Denn so mancher Urlaubsgast erwartet bei einem Café eben keinen starken Espresso, sondern seinen ›heimischen‹ Kaffee, und das wäre dann der

*Café americano* oder *abatanado*
Amerikaner trinken ihren Kaffee nämlich nicht allzu stark. Und so gleicht diese Variante eher dem ›deutschen‹ Filterkaffee. *abatanado* heißt so viel wie ›gedämpft‹, also ohne Power.

*Carioca de café*
ist noch schwächer: Dann bekommen Sie nämlich einen Kaffee, der sozusagen ein ›Zweitaufguss‹ ist. Hier gibt es eine kleine Falle: Wer lediglich *carioca* bestellt, bekommt nämlich – Zitronentee. Der heißt zwar offiziell *carioca de limão*. Aber Sie haben vielleicht schon gemerkt, dass die Portugiesen in Sachen Kaffee gerne etwas Verwirrung stiften ...

*Descofeinado*
nennt sich jeder Kaffee – ob Espresso oder ›normaler‹ –, der koffeinarm beziehungsweise koffeinfrei ist.

*Um nescafé*
bestellen Sie, wenn Sie wirklich nur einen ›löslichen‹ Kaffee möchten. Das gibt es tatsächlich, allerdings outen Sie sich dann nicht unbedingt als Kaffeegenießer.

### *Bica*

ist der typische Espresso – in der kleinen, dickwandigen Tasse serviert, die zu etwa zwei Dritteln gefüllt ist. Warum das Wort *bica*? Dafür gibt es zwei Erklärungen: Man nennt den ›Ausguss‹ einer Kaffeemaschine so. Wie banal! Die andere Geschichte ist hübscher: Danach ist das Wort eigentlich ein Akronym – nämlich aus *Beba isto com açúcar* – ›Trinken Sie dies mit Zucker". Es stammt aus einer Kampagne des berühmten *A Brasileira*. Anfangs – das Café *A Brasileira* gibt es in Lissabon schon seit 1905 und seit 1907 im Norden, in Braga – schmeckte den Kunden nämlich ›Espresso pur‹ einfach zu bitter. Und so erhielten sie den Rat, ihn mit Zucker zu trinken. Deshalb kennt man die *bica* ursprünglich nur in Portugals Hauptstadt. Mittlerweile ist der Begriff aber weit verbreitet. Im Norden Portugals, vor allem in der Region Porto, nennt man den Espresso allerdings eher *cimbalino*. Denn die ersten Espressomaschinen in Portugal stammten von der heutigen Edelmarke ›La Cimbali‹.

### *Café cheio* oder einfach nur *cheio* (›voller Kaffee‹)

bedeutet, dass der Espresso bis zum Tassenrand aufgefüllt wird. Er ist also nicht mehr so stark wie der ›normale‹ Espresso. Beim c*afé cheio com agua* wird die Tasse mit heißem Wasser aufgefüllt.

### *Café Italiano*

ordern Sie, wenn Sie einen richtig starken Espresso möchten. Dann bekommen Sie nämlich nur eine halbe Tasse – aber mit derselben Menge an Kaffeepulver. Das nennt man auch *café curto* – also einen ›kurzen (oder knappen) Kaffee‹.

### *Café duplo*

ist dasselbe, allerdings mit der doppelten Menge an Kaffee und Wasser.

*Café pingado* (›getropfter Kaffee‹)
bestellen Sie, wenn Sie Ihren Espresso mit ein bisschen Milch genießen wollen. Im Norden Portugals nennt man das *café cortado*. Bitte nicht zu verwechseln mit dem *café curto* – siehe oben.

## *Café pingo*

– Achtung: Verwechslungsgefahr! – heißt in Nordportugal die umgekehrte Variante: also heiße Milch mit ein wenig Kaffee, in einer Espressotasse serviert. Damit es kompliziert bleibt, Sie aber stets gerüstet sind, merken Sie sich am besten gleich: Dasselbe nennt sich im restlichen Portugal *café garoto* (was so viel heißt wie ›Kaffee Bengel‹ – wohl deshalb, weil solch ein schwacher Kaffee auch für Knaben geeignet ist).

## *Galão*

kommt nicht in der kleinen Tasse, sondern in einem Glas. Und er besteht aus Milch (zwei Drittel) und Kaffee (ein Drittel). Auch beim *galão* kennt man Unterschiede: Wenn Sie ihn *forte* bestellen, ist etwas mehr Espresso enthalten. Ordern Sie Ihren *galão* dagegen *clarinho*, so ist mehr Milch darin.

## Cafe com leite

entspricht unserem Milchkaffee. Aus für uns nicht recht nachvollziehbaren Gründen heißt der allerdings auf der Insel Madeira anders, nämlich *chinesa*. Der Name soll daher stammen, dass man Kaffee früher aus chinesischen Porzellantassen trank, auf deren Boden das Bild einer Chinesin gemalt war. Der ›normale‹ Kaffee heißt auf Madeira übrigens *chino*. Merken Sie sich's, falls Sie Ihren nächsten Urlaub auf Madeira planen und dort Milchkaffee trinken möchten.

*Meia de leite*
– ›halb Milch‹ – ist die Mischung aus Milch und Kaffee, und zwar je zur Hälfte. Im Unterschied zum *galão* allerdings wird der *meia de leite* in einer normal großen, dickwandigen Kaffeetasse serviert.

*Café com cheirinho*
ist ›Kaffee mit Düftchen‹ – und zwar dem Duft des Alkohols. Mit anderen Worten: Wenn Sie diese Variante bestellen, bekommen Sie Ihren Espresso mit einem Schuss Bagaço oder Macieira, Medronho (alles Branntweine) oder Whisky.

# VI.

## ›Ich stell mich doch nicht stundenlang an!‹

Da gibt es nun schon extra lange Öffnungszeiten in Portugal. Ein wahres Einkaufsparadies, finden Sie. Ganz anders, als Sie es von daheim gewohnt sind. Und anders als in Spanien, wo ja – so hört man – stets und überall stundenlange Siesta gehalten wird …

Mindestens zwischen neun und 21 Uhr, meist sogar noch länger, haben alle großen Supermärkte geöffnet, auch an Sonn- und Feiertagen. Eigentlich sollte es daher kein Problem sein, zu solchen Zeiten zum Einkaufen zu gehen, wenn wenige Leute im Supermarkt sind. Das würde in Portugal heißen: am besten ganz früh morgens, gleich nach Öffnung. Niemals jedoch mittags – denn in der Mittagspause kaufen alle ein. Niemals nach Feierabend – denn da sind die Portugiesen nicht nur einzeln, sondern gerne im ganzen Familienverbund unterwegs.

Ihnen ist allerdings schon aufgefallen, dass in Portugal beim Schlange stehen kein Chaos herrscht. Da könnten die Portugiesen praktisch Engländer sein. Kein Vergleich etwa zu Italien, wo sich geballte Menschenknäuel vor dem Einlass des Konzertsaals bilden oder vor dem Kartenvorverkauf der Theaterkasse.

# PortugalPatzer № 15
## ›Da hat noch eine Kasse aufgemacht. Nichts wie hin!‹

Sie haben es leider nicht geschafft, in einen halbwegs leeren Supermarkt zu kommen. Es sind nur zwei Kassen geöffnet, an jeder von ihnen steht eine lange, lange Menschenschlange. Nicht dass Sie es wahnsinnig eilig hätten … Aber warum bitteschön muss die junge Frau, die in der Reihe fünf Leute vor Ihnen steht, erst mal das Einkaufsgeld am Bankautomaten ziehen?!

Wieso hat die Kundin direkt an der Kasse so viel Mühe, die mitgebrachten Plastiktüten aus dem Einkaufsbeutel zu zerren? Okay: Immerhin hat sie welche mitgebracht, das ist ja im Hinblick auf den Umweltschutz schon mal was. Sie können sich noch an Zeiten erinnern, wo man Plastiktüten an jeder Supermarktkasse gratis bekam. Eine kleine alte Dame hat offensichtlich ihre Brille nicht dabei. Das bedeutet: Sie hält der Kassiererin ihren Geldbeutel hin, legt einen Schein hin und den Rest sucht sich die Kassiererin Münze für Münze zusammen.

Der nächste ist offensichtlich ein Bauarbeiter, der die Dame an der Kasse gut kennt. Man scherzt ein wenig, man plaudert – und Sie werden immer ungeduldiger und genervter. Die haben echt zu viel Zeit! Zuhause würden Sie den Mund wahrscheinlich nicht halten, sondern einen bissigen Kommentar über Leute abgeben, die keinen Frisör haben, dem sie ihre Lebensgeschichte erzählen können. Da – endlich: Eine weitere Kasse wird geöffnet. Sie haben das sofort erspäht und stürzen nach vorne zum Warenlaufband. Wäre doch gelacht, wenn Sie diesmal nicht als erste in der Reihe stünden. Aber leider …

PortugalWissen
# Immer schön der Reihe nach

Als Erste(r) vorgeprescht, damit Sie gleich drankommen? Sie haben vermutlich einen bösen oder vielleicht eher herablassenden Blick geerntet. Nein, gar nicht mal von den Leuten, die mit Ihnen in der Schlange stehen (die sind meist, so es Portugiesen sind, zu höflich dazu und denken sich lediglich ihren Teil über die ungezogenen *estrangeiros*). Der Blick kommt vom Kassierer höchstpersönlich.

Sie holen vielleicht gerade tief Luft, um dem Typen – auf Englisch – Bescheid zu stoßen: wie lange Sie schon warten mussten, dass Sie es eilig haben und weiteres mehr.  Doch der Kassierer lässt sich überhaupt nicht aus der Ruhe bringen: *Por ordem, se faz favor!*: ›Bitte stellen Sie sich der Reihe nach auf!‹ Und so bleibt Ihnen nichts anderes übrig, als drei oder vier Kunden vorzulassen. Natürlich ausgerechnet Leute mit richtig vollgefüllten Einkaufswagen.

*Por ordem* – dieser kleine, aber sehr wirkungsvolle Hinweis wäre manchmal daheim beim Einkaufen ganz gut angebracht. In Portugal ist es absolut unüblich, dass im Supermarkt (oder allen anderen Geschäften) ein großes Wettrennen einsetzt, wenn eine neue Kasse aufgemacht wird. Ganz im Gegenteil! Jeder in der Schlange weiß Bescheid, und wägt blitzschnell ab: Ist es günstiger ›umzuziehen‹? Oder sollte man besser an der ›alten‹ Kasse stehen bleiben?

Ganz gleich, wie die individuelle Entscheidung ausfällt: Niemand wird auf die Idee kommen, sich vorzudrängen, zu schubsen, um sich als Erster einzureihen. Tut das dennoch einer, wissen alle: ›*aha, um estrangeiro!*‹

Genauso ist es mir gegangen und Ihnen vielleicht passiert. Dass dabei außerdem noch eine zarte Röte über Ihr Gesicht zieht und Sie sich ein wenig schämen, dass Sie diese portugiesische Regel nicht kannten, sondern sich lieber auf einen Sprint in Richtung Kasse aufgemacht haben – das kommt noch erschwerend zur ganzen peinlichen Situation hinzu.

Mir war es kaum vorstellbar, dass so etwas zu Hause funktionieren würde. In Portugal ist's aber der Normalfall, und man hat beileibe nicht den Eindruck, dass sich damit irgendjemand überfordert oder zurückgesetzt fühlt. Und wenn Sie nur ein paar wenige Artikel haben, wird es oft genauso selbstverständlich sein, dass ein portugiesischer Kunde Sie bittet, sich doch vor ihm einzureihen.

PortugalInfo
## Keine Shopping-Engel – klappt aber

Noch ein paar Dinge sind anders als ›daheim‹: Selbst beim Discounter, erst recht in ›normalen‹ kleinen Supermärkten und Läden hilft der Kassierer beim Einpacken. Jeweils maximal drei bis vier Artikel kommen in eine Tüte. Nach ›Sparten‹ geordnet. Niemals beispielsweise Seife zusammen mit Lebensmitteln ...

Meist gibt es eine ›Schnellkasse‹, bei der man nur zehn Artikel dabei haben sollte. Aber genau an dieser Kasse weist ein großes Schild darauf hin: Mütter mit Kleinkindern, Schwangere, alte Menschen und Behinderte werden an dieser Kasse bevorzugt abgefertigt. Für mich war es anfangs ein Wunder, dass das tatsächlich klappt!

Natürlich sind Portugiesen keine Shopping-Engel: Manch einer hat mehr als zehn Artikel, manch anderer ist eindeutig weder schwanger noch alt oder behindert. Kaum jedoch taucht eine Person aus diesen Gruppen auf, wird sie selbstverständlich vorgelassen – die Dame oder der Herr an der Kasse müssen da gar nichts sagen.

Worüber Sie sicher staunen: Diese Spezialkasse ist zwar so gut wie immer geöffnet und besetzt. Aber sogar an allen anderen Kassen ist es für Portugiesen eine Selbstverständlichkeit Schwangere, Mütter mit kleinen Kindern und alte Leute vorzulassen. Hin und wieder wirft der Kassierer vielleicht einen etwas strafenden Blick in die Schlange, falls da jemand etwas übersehen haben sollte. Aber in den meisten Fällen reagieren die Kunden ganz von alleine.

Ob das bei Ihnen zuhause so machbar wäre? Ganz bestimmt nicht zu den Zeiten, an denen die Leute nach Feierabend ungeduldig einfach nur einkaufen und dann schnell nach Hause wollen. Aber können Sie sich vorstellen, dass es zu anderen Zeiten so einfach wäre und problemlos von allen akzeptiert würde, jemanden in der Schlange vor zu lassen; geschweige denn eine neue Schlange *por ordem* aufzubauen, ohne das nicht mindestens einer meckert oder sich schlicht und ergreifend nicht an die Regel hält. Sieht ganz so aus, als ob die temperamentvollen Südländer aus Portugal uns zwischenmenschlich gesehen eine ganze Ecke voraus sind …

# PortugalPatzer № 16
› *Ständig muss man Nummern ziehen!* ‹

Sie haben ein paar Postkarten geschrieben und müssen nun zur Postfiliale, um die entsprechenden Briefmarken zu kaufen. Sie wissen, dass Briefmarke *selo* heißt und sind deshalb guter Dinge: Wird schon alles klappen!

Sie haben nur das kleine Problem, dass Sie nicht einfach an den Schalter durchmarschieren können, sondern – wie fast überall in Portugal – eine Nummer ziehen müssen. Das an sich ist zwar eine Kleinigkeit, nur: Im Postamt steht ein Nummern-Ausgabeautomat mit diversen Auswahloptionen. Und Sie haben leider nicht die geringste Ahnung, welchen Knopf Sie für Ihr Anliegen drücken müssten. Dasselbe ist's in der Apotheke, ja sogar im Supermarkt. Überall dort steht nämlich nicht nur ein Knöpfchen zur Auswahl, sondern bis zu vier.

›Woher bitte‹, so fragen Sie sich ärgerlich, ›soll ich wissen, welcher der für meine Angelegenheit richtige ist?!‹ Sie haben zwar Ihren kleinen Sprachführer dabei oder die entsprechende App auf dem Smartphone, sind aber nicht willens, ein dickes Wörterbuch mit sich herumzuschleppen, um all das nachschlagen zu können, was Ihnen der Automat da so an Auswahlmöglichkeiten lässt. Vor allem nicht, wenn Sie mal schnell ein paar Briefmarken holen oder fürs Abendessen einkaufen wollen. Im Supermarkt stellen Sie mit leichtem Entsetzen fest: Eine *senha* muss man an der Fleisch-, Käse-, Wurst- und Brottheke ziehen. Jeweils, versteht sich. Und an der Fischtheke gibt es sogar zwei unterschiedliche Nummernautomaten: einen ›normalen‹ und einen andersfarbigen.

Langsam haben Sie genug: Sie haben diese *senhas* ziemlich satt. Und keinen Bock, sich lange anzustellen – und das für jede frische Lebensmittelsorte einzeln und extra. Da muss es doch andere Möglichkeiten geben, schneller an die Reihe zu kommen? Vordrängeln ist unfein, das wissen Sie ja schon. Aber vielleicht mit einem Lächeln drum bitten, dass man vorgelassen wird in der ach so langen Schlange? Klappt bei Obst und Gemüse bestens. Da gibt es merkwürdigerweise nämlich keine *senha* zu ziehen, da reiht man sich ›einfach so‹ ordentlich vor der Waage auf und es geht alles schnell und problemlos.

## PortugalInfo
# Die Vorteile des Nummernziehens ...

Meine Freundin Adriana konnte damals nicht verstehen, weshalb ich mich in meiner ersten Zeit in Portugal über die ewige Nummerzieherei aufregte. ›Ist doch praktisch‹, meinte sie. ›Schau mal, wenn du eine Nummer ziehst und merkst, dass du noch lange nicht dran kommen wirst, erledigst du eben deine anderen Einkäufe.‹

›Und wenn dann die Nummer kommt und ich nicht da bin?‹ motzte ich. ›Bestimmt geht dann alles wieder von vorne los!‹

›Aber nein‹, beruhigte mich Adriana. ›Du zeigst einfach deine Nummer – und jeder wird dich vorlassen. Das klappt immer! Zumindest dann, wenn du dich in der *tolerância de senhas* befindest – also nicht grad schon vor zehn Nummern dran gewesen wärst.‹

*Tolerância de senhas*? Was sollte denn das nun wieder sein?! Ich war langsam am Verzweifeln.

›Über der aufgerufenen Nummer steht meist‹, erklärte mir Adriana geduldig, ›wie viele *senhas* du auslassen darfst, also um wie viele du dich 'verspäten' darfst. Bei Behörden sind das bis zu drei Zahlen, in Supermärkten bis zu fünf. Und wenn du trotzdem mehr hast, dann klappt's schon mal mit einem freundlich-bittenden Lächeln …‹

Was aber tun, wenn man keine lange Einkaufsliste hat? Dann machen Sie es wie die Portugiesen: Sie bummeln entweder durch den Laden. Oder genießen eine *bica* und ein *pastel de nata* dazu. Nehmen Sie's ruhig und gelassen … Sie haben doch Urlaub!

Adriana klärte mich übrigens auch darüber auf, aus welch geheimnisvollem Grunde es an der Fischtheke gleich zwei Nummern-Zieh-Automaten mit Zettelchen in unterschiedlichen Farben gibt: An der einen Schlange stellt man sich an, wenn man den Fisch ›im Ganzen‹ kauft. Und an der anderen, wenn man ihn ›geputzt‹, also geschuppt und ausgenommen haben möchte.

## VII. ›Mit Geld haben's die Portugiesen wohl nicht so. Das merkt man gleich ...‹

Ganz egal, ob im kleinen Lädchen um die Ecke oder im großen supermercado: Kein einziger Verkäufer scheint in der Lage zu sein, Geldscheine mit einem Wert von 50 oder gar mehr Euros zu wechseln. Auf dem Bauernmarkt und selbst beim Discounter passiert genau dasselbe.

PortugalPatzer № 17
›Die können einfach nicht rechnen! Immer heißt es: Haben Sie's nicht passend?‹

Zunächst haben Sie vermutet, dass Bauersfrau und Fischhändler wirklich nicht so gut rechnen können. Oder dass der Umsatz im Supermarkt halt nicht so großartig ist, dass sich genügend Wechselgeld in der Kasse befindet ... Denn selbst bei einem 10-Euro-Schein kommt hin und wieder die Frage: ›Hätten Sie's nicht kleiner oder passend?‹

›Das kann doch nicht wahr sein‹, motzen Sie. ›Das kann doch keiner von mir verlangen, dass ich stets die entsprechenden

Summen genau abgezählt bei mir tragen muss!‹ Sie sind sauer, denn Sie haben einfach keine kleinen Scheine mehr. Können die Portugiesen alle nicht rechnen? Nicht mal in der Baixa in Lissabon oder in den Touristenhochburgen an der Algarve? Oder sind sie schlicht und ergreifend zu faul, das Wechselgeld zusammenzusuchen?

PortugalWissen
## Mit Karte kommt man weiter …

Sie können sicher sein: Jede Bauersfrau, jeder Fischhändler hat die Zahlen perfekt im Kopf. Aber möglicherweise nicht allzu viel Wechselgeld in der Tasche. Gerade ältere Leute allerdings haben die Schule vielleicht nur ein paar wenige Jahre besucht und können wirklich nicht so gut im Kopfrechnen.

Sehr viele Portugiesen zahlen im Supermarkt sogar kleinere Beträge mit Karte. Weil es schlicht und ergreifend einfacher ist. Und man so ganz nebenbei einen gewissen Kreditrahmen ausschöpfen kann.

Viele Portugiesen haben nicht nur eine, sondern gleich mehrere Karten. Und vielleicht haben Sie schon beobachtet, dass beim Einkaufen nicht nur eine, sondern zwei oder drei Karten ›ausprobiert‹ werden, bis eben endlich eine beim Bezahlen ›geht‹, also an der Kasse akzeptiert wird. Und wenn das bei keiner der Fall ist – tja, dann geht man ohne Einkauf nach Hause. Oder nimmt nur das mit, was unbedingt und nötigst gebraucht wird.

Große Banknoten sind im tagtäglichen Zahlungsverkehr eher ungewöhnlich. Ganz anders, als Sie es von zuhause gewohnt sind, rechnet man zu den ›großen Noten‹ bereits einen 50-Euro-

Schein. Hundert Euro oder gar zweihundert in einer Note kommen so gut wie gar nicht vor im portugiesischen Alltagleben.

Sie wundern sich bestimmt, wenn Sie mit Ihrer Scheck- oder Kreditkarte am Automaten Geld ziehen: Zum einen kann man nur jedes Mal maximal 200 Euro abheben – okay; für Urlauber oder Inhaber einer nicht portugiesischen Karte geht das wenigstens mehrmals hintereinander. Portugiesen (oder *residentes*) mit der Karte einer einheimischen Bank unterliegen da einem Limit: Manchmal können sie sogar nur 150 Euros und diese Summe lediglich zweimal pro Tag am *multibanco* holen.

Zum anderen stellen Sie fest: Wenn Sie beim Geldabholen am Automaten 20-Euro-Scheine bekommen, haben Sie schon beinahe Glück. Es kann Ihnen durchaus passieren, dass er zwanzig 10-Euro-Noten ausspuckt ... Ganz ganz selten mal gibt der *multibanco* einen Fünfziger aus, und Hunderter bekommen Sie nur dann, wenn Sie sich Geld direkt in der Bankfiliale holen.

## PortugalInfo
## Schecks, ec-Karte oder Kreditkarte?

Vielleicht kennen Sie noch die ›gute alte Zeit‹, in der es Euroschecks gab. Seien Sie nicht überrascht, dass es in Portugal immer noch ›ganz normale‹ Schecks gibt. Wenn Sie ein portugiesisches Bankkonto haben, werden Ihnen meist fünf oder zehn Scheckformulare ausgehändigt.

Ungewohnt, aber ich finde es ganz praktisch, wenn ich mal einen Handwerker oder den Kaminholzmann bezahlen muss und nicht vorher schon drei Tage lang auf der Bank Bargeld abholen möchte, um die Summe ›zusammenzubekommen‹. Mein Liebster nutzte Schecks immer (›typisch portugiesisch‹, sagte er), wenn es auf das Ende des Monats zuging und das Bargeld langsam knapp beziehungsweise das Bankkonto nicht mehr so gut gefüllt war. Denn, so lernte ich, Schecks könne man vordatieren, und damit sei – so meinte Tómane augenzwinkernd – für den Empfänger klar, dass er sein Geld bekäme. Aber es würde eben nicht sofort vom Konto abgebucht!

PortugalWissen
## Banking für Analphabeten
Fast 40 Prozent der Portugiesen konnten am Ende der Diktatur, also im Jahr 1974, weder lesen noch schreiben. Selbst die vierjährige Schulpflicht wurde nicht immer eingehalten, gerade in etwas entlegeneren Gebieten wie dem Alentejo und anderen Regionen im Landesinnern. So kommt es, dass viele ältere Leute weder lesen und schreiben können, selbst jüngere haben oft lediglich rudimentäre Kenntnisse. Zu den ›echten‹ Analphabeten gehören nach statistischen Erhebungen derzeit knapp zehn Prozent in Portugal – also etwa eine Million Menschen.

Falls Sie in die Verlegenheit kommen, beispielsweise Ihre Mautgebühr an der Algarve beim nächstgelegenen Postamt zu bezahlen, wird Ihnen vielleicht auffallen: So manches alte Mütterlein und so mancher alte Herr bestätigt den Empfang seiner Rentenzahlung mit einem Fingerabdruck.

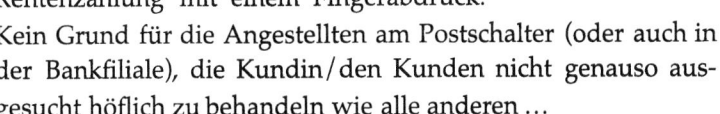

Kein Grund für die Angestellten am Postschalter (oder auch in der Bankfiliale), die Kundin/den Kunden nicht genauso ausgesucht höflich zu behandeln wie alle anderen ...
Was tun, wenn Sie auf einen Portugiesen treffen, der nicht lesen und schreiben kann, dem Sie aber etwas schriftlich mitteilen möchten oder müssen? Behelfen Sie sich mit kleinen Zeichnun-

gen. Besonders gut geeignet sind Piktogramme, wie man sie allgemein kennt – also etwa eine durchgestrichene Zigarette als Symbol für Nichtrauchen.

Eine Freundin musste einmal ihrer Putzfrau im tiefsten bäuerlichen Alentejo absagen, konnte sie jedoch telefonisch nicht erreichen. So behalf sie sich mit der Zeichnung eines Putzeimers samt Besen – durchgestrichen. Es hat geklappt.

Wenn Sie einmal eine portugiesische Strom- oder Telefonrechnung in die Hand bekommen, wundern Sie sich vielleicht über die unkomplizierte Zahlungsmethode. Selbst wenn viele Portugiesen nicht lesen und schreiben können – Zahlen kann wohl jeder verstehen. Bei einer Überweisung – die übrigens an jedem *multibanco*, also an jedem Bankautomaten, ausgeführt werden kann – trägt man deshalb lediglich die fünfstellige Nummer einer *entidade* (dahinter verbirgt sich die Rechnung stellende Behörde oder Firma) sowie die neunstellige Nummer einer *referência* und natürlich die Summe ein. Das war's – der Name des Empfängers oder ein Verwendungszweck sind unnötig. Für Privatüberweisungen reicht die so genannte *Número de Identificação Bancária*, kurz NIB. Wobei das Bankensystem in Portugal selbstverständlich auch die langen IBAN-Nummern kennt und seit 2016 auch verwendet.

## PortugalInfo
## Die alte Währung gibt es noch

Um das Rechnen mit dem Euro zu erleichtern, sind in vielen Geschäften, sogar bei großen Supermärkten und Discountern, die Preise noch immer mit den ›alten‹ *escudos* ausgezeichnet, die bis zur Einführung des Euro im Jahr 2002 portugiesische Währung waren.

Auch eine andere alte Zählweise gibt es noch heute im Alltagsleben: Wundern Sie sich nicht, wenn ein Portugiese von *contos* spricht – und damit der Preis selbst hochwertiger Artikel ziemlich gering erscheint. Luxusgegenstände, Autos, Wohnungen oder Häuser kosten nicht plötzlich weniger, sondern werden – hören Sie bitte genau hin! – nicht in Euro, sondern in *contos* benannt. Ein *conto* entspricht etwa 5 Euro. Nicht nur ältere Portugiesen, auch viele junge rechnen mit *escudos* und *contos*.

## PortugalPatzer № 18
## *›Die Arbeit haben sie bestimmt nicht erfunden!‹*

Vorurteile gibt es viele: Im Süden ist alles leichter, in Portugal lebt sich's billiger!? Schließlich kostet der Kaffee maximal einen Euro, das Glas Bier ebenfalls und das Glas Wein bekommt man manchmal schon für weniger. Das Essen ist so billig – wo gibt's bei uns schon ein komplettes Mittagessen mit Getränk für unter zehn Euro? Und bei der stets vorherrschenden sommerlichen Hitze – da tut doch eh niemand was.

Kann man ja sehen: Die Cafés sind voll, schon morgens. Mittags gehen sie alle essen, und abends sind die Kneipen ebenfalls voll. So schlimm kann es mit der Krise ja wohl nicht sein. Und dauernd wird gefeiert, alle leben in den Tag hinein, keiner sorgt vor für schlechte Zeiten. Kein Wunder, dass Portugal vor ein paar Jahren kurz vor dem Bankrott stand …

Tja, wenn man nur ein paar Wochen Urlaub macht, kann man diesen Eindruck gewinnen. Dann hat man nur diese eine oberflächliche Sicht auf die Dinge. Behauptet einfach, wie vor einigen Jahren sogar die deutsche Bundeskanzlerin, dass die Portugiesen früher in Rente gingen, mehr Feier- und Urlaubstage hätten als andere in Europa.

Die Realität sieht anders aus. Die realen Vergleichszahlen übrigens ebenfalls. Sowohl was den Renteneintritt wie Urlaubs- und Feiertage betrifft. Und sogar die ›ganz normale‹ Arbeitszeit.

PortugalWissen
## Das schlimme Monatsende

Vielleicht ist es Ihnen, liebe Leser, als Besucher in Portugal schon aufgefallen: An den letzten Tagen im Monat sind die Supermärkte und Einkaufszentren fast leer, Bus und Bahn dagegen voll besetzt, vor allem in den Ballungszentren, in Lissabon und Porto.

Kein Wunder: Das Konto neigt sich dem Ende zu, Tanken ist ›nicht mehr drin‹ – vor allem nicht bei hohen Kraftstoffpreisen.

Also besinnt man sich in Portugal auf die öffentlichen Verkehrsmittel und wartet auf die Gehaltszahlung am Monatsbeginn. Kaum sind die Löhne und Gehälter eingegangen, wird wieder eingekauft.

Das ist übrigens mit ein Grund dafür, dass so viele Portugiesen am Bankautomaten lediglich 20 Euro abheben: Vor allem gegen Monatsende ›geht‹ einfach nicht mehr. Mit mehr Geld in der Tasche würde man zudem in Versuchung kommen, mehr auszugeben. Die Kreditkarte ist schon Versuchung genug …

Viele Portugiesen haben nicht nur einen Job, sondern zwei, und das gilt in einer Familie oft für beide Elternteile. Das geht nur, weil die Kinder hier meist ganztags in der Schule sind. Und weil es einen starken Familienzusammenhalt gibt: Da springen Oma oder eine Tante zur Betreuung ein, bis die Eltern vom Job nach Hause kommen.

Trotzdem kommen viele finanziell nicht über die Runden. Auch deshalb lebten viele, und das schon seit Jahren, auf Pump. So lange die Kreditkarte eben reicht(e) – und das klappt eben leider eine ganze Zeitlang gut. Auf Dauer konnte es jedoch nur schiefgehen. Mit ein Grund für die *crise* in Portugal, die noch lang nicht überwunden ist.

PortugalInfo
## Die verlorene Generation

In Lissabon gibt es immer wieder Demonstrationen der *Geração à Rasca*, ›der verlorenen Generation‹, die keinerlei Chancen auf einen Job hat. Die Proteste, die seit März 2011 auch in Spanien aufbrandeten, entstanden spontan über soziale Netzwerke.

Das nach wie vor Schlimme ist, auch nach dem erfolgreichen Verlassen des Euro-Rettungsschirms, dass sich die Situation innerhalb Portugals kaum verändert hat: Für viele Jobs gibt es keine festen Arbeitsverträge, sondern nur befristete. Oder man arbeitet als ›Selbstständiger‹ ohne Vertrag und Anstellung, hat keine soziale Absicherung und natürlich keinerlei Gewähr dafür, nicht von heute auf morgen arbeitslos zu sein. Sehr viele Portugiesen haben keine Fünftagewoche, wie sie für uns selbstverständlich ist. Für viele ist der Samstag ein ganz normaler Arbeitstag.

Mein Liebster hatte dabei noch Glück, wie ich herausfand. Denn Tómane musste zwar hart arbeiten, um einigermaßen gut über die Runden zu kommen. Mit seinem Gehalt aber lag er weit über dem Durchschnitt, weil er gut ausgebildet ist und in seinem Job Auslandserfahrung hat. Und weil seine Firma genau so jemanden wie ihn gesucht hatte.

Wenn das alles nicht der Fall gewesen wäre? Tja, dann hätten wir Pech gehabt. Wären vielleicht nach Deutschland zurückgekehrt oder hätten – wie viele, gerade gut ausgebildete und junge Portugiesen derzeit – einen Job anderswo im Ausland gesucht.

Mein Liebster, Adriana und ihr Mann, mein Holzhändler, mein Vermieter, viele residentes mit portugiesischem Lebenspartner, die Portugiesen, die ich kenne – alle berichten dasselbe: Selbst in einem wirklich guten Job sind im Durchschnitt kaum mehr als 800 Euro im Monat drin. Zwar gibt es vierzehn Gehälter im Jahr, trotzdem ist das ein geringes Einkommen. Denn die Lebenshaltungskosten sind, vor allem in den Städten, kaum geringer als in Deutschland, Österreich oder der Schweiz. Dazu kommt ein Mehrwertsteuersatz von derzeit (Januar 2016) 23 Prozent. Das betrifft fast alle Bereiche und Produkte des Alltagslebens. Eine Familie kann so kaum gut über die Runden kommen, geschweige denn sparen für ›schlechte Zeiten‹, denn die schlechten Zeiten sind schon da.

Auf dem Land lebt man billiger, kann selbst Gemüse und Obst anbauen, ein paar Hühner und Karnickel halten. In der Stadt, wo man entsprechend hohe Mieten bezahlt und eben nicht auf dem Markt preiswert einkaufen kann, sondern auf die Geschäfte in der Umgebung angewiesen ist – da hat man kaum eine Chance.

Kein Wunder, dass viele gut ausgebildete Leute Portugal verlassen und ihr Glück, ihr Auskommen, ein besseres Leben im Ausland suchen. Oft in den ehemaligen Kolonien Portugals, in Mozambique oder in Angola beispielsweise – beides Länder, die in Portugal zurzeit große Investitionen tätigen.

# VIII. ›Morgen, morgen – nur nicht heute … wenn sie denn dann wenigstens überhaupt kämen!‹

Ein paar Tage Urlaub sind ins Land gegangen – und nun haben Sie endlich den ultimativen Beweis: Es gibt doch Gemeinsamkeiten zwischen Spaniern und Portugiesen! In puncto ›vertrösten auf einen anderen Zeitpunkt‹ nämlich. Das kleine Wörtchen für ›morgen‹, auf Spanisch ›*mañana*‹, heißt in Portugal zwar *amanhã*. Das Vorurteil, man würde im Nachbarland ›morgen‹ sagen, wenn man einen Termin vereinbart, diese Zeitbestimmung hieße aber leider in der Realität eher ›St. Nimmerlein‹, bestätigt sich nämlich auch in Portugal. Da sind sie also gleich, die beiden Nachbarn der iberischen Halbinsel!

## PortugalPatzer № 19
*›Sind die eigentlich jemals pünktlich?!‹*

›Wann treffen wir uns denn zur Schlüsselübergabe?‹, hatten Sie die Vermieterin Ihres Ferienhäuschens gefragt. Schriftlich per Mail, mündlich nochmal nach Ankunft vom Flughafen aus per Telefon (glücklicherweise spricht die Dame ja Englisch).

Die prompte Antwort am anderen Ende der Telefonleitung: ›Um 15 Uhr bin ich da, ganz bestimmt!‹ Natürlich verlassen Sie sich darauf. Selbst wenn Ihnen prinzipiell klar ist, dass man in südlichen Gefilden mit Zeitangaben lockerer umgeht und nicht alles so streng sieht. Aber es ist doch wirklich eine Unverschämtheit, finden Sie, als Sie bereits eine Dreiviertelstunde warten und dann endlich – endlich! – die Schlüsselübergabe stattfindet. Und man entschuldigt sich nicht, sondern lächelt nur freundlich. Sie stehen kurz vor einem Wutausbruch, schlucken Ihre Zornesworte aber mühsam runter …

PortugalWissen
## Wer ein Handy hat, wartet kürzer

Pünktlichkeit spielt in Portugal wirklich keine so große Rolle. Trotzdem fällt es gerade uns Urlaubern, Expats und *residentes* aus Deutschland, Österreich und der Schweiz schwer, damit umzugehen, dass 11 Uhr eben nicht 11 Uhr bedeutet, sondern 11.10 oder gar 11.30 Uhr.

Sie können das Laissez-faire mit der Pünktlichkeit beziehungsweise dem Umgang mit der Zeit in Portugal jedoch nicht ändern. Bleibt also nur: Finden Sie sich damit ab! Gewöhnen Sie sich daran, dass jede Zeitangabe eben automatisch und mindestens eine Viertelstunde später bedeutet. Damit will Sie niemand brüskieren oder respektlos behandeln.

Es gibt einen ›Zeitrahmen‹, der in Portugal akzeptabel ist: nämlich bis zu einer halben Stunde nach der vereinbarten Zeit. Mehr wird auch ein

Portugiese als Unhöflichkeit empfinden. Falls man sich aus irgendwelchen Gründen mehr verspätet, ruft man an. Sie sollten das ebenso handhaben. Auch bei uns pünktlichen Mitteleuropäern kann ja mal was dazwischenkommen … Und dann gehört es sich einfach, sogar die ewig zu spät kommenden Portugiesen kurz zu informieren.

Handys scheinen extra für Portugal erfunden worden zu sein: Damit man kundtun kann, wann man zu spät kommt. Das ist nicht zu ändern – auch hier gilt: Gewöhnen Sie sich dran, regen Sie sich nicht drüber auf.

Für private Verabredungen richten Sie sich nach diesen ›Verspätungswerten‹: Bei Bar- und Restaurantbesuchen sind 5 bis 15 Minuten ›über der Zeit‹ in Ordnung; bei einem Mittag- oder Abendessen im Privathaus kommen Sie etwa 10 bis 20 Minuten und bei Partys oder beim Treffen zu einem Drink 15 bis 45 Minuten später.

Halten Sie sich als Gast ebenfalls an diese Richtwerte; andernfalls kann es Ihnen passieren, dass Ihre Gastgeber noch mitten in den Vorbereitungen stecken und ganz und gar nicht mit Ihrem – in portugiesischen Augen: verfrühtem – Eintreffen rechnen.

Bis zu einer Stunde können Sie einplanen, wenn Sie mit einer ganzen Gruppe von Portugiesen losziehen wollen, um eine Bar oder einen Nachtklub zu besuchen.

Bei internationalen Meetings sollten Sie allerdings Vorsicht walten lassen und nicht unbedingt zu spät dazu stoßen: Portugiesen wissen sehr wohl, dass gerade Mitteleuropäer einen exakteren Zeitbegriff haben. Deshalb sind sie da oft ein wenig ›pünktlicher‹ …

PortugalInfo
## Verbindliche Zusagen? Aber immer!

Bei meiner Freundin Adriana habe ich das Thema mal direkt angesprochen. Wir waren verabredet, um 11 Uhr wollten wir uns im Café treffen. Gar nicht mal ›nur privat‹, sondern weil Adriana mich gebeten hatte, ihr bei der Übersetzung einiger ›Spezialausdrücke‹ ins Deutsche zu helfen. Mit anderen Worten – und deshalb war ich besonders sauer: Adriana wollte etwas von mir und ich fand, da könnte sie schon so nett sein und mich nicht warten lassen.

Endlich kam sie in Sichtweite. Ganz und gar nicht hektisch. Sie hatte ihr *telemóvel* am Ohr, plauderte, lachte, winkte mir fröhlich zu. Begrüßte mich – *beijinho*, *beijinho* – und setzte sich. Bestellte in aller Ruhe erst mal eine *bica* und eine *pastel de nata*. Und dann platzte ich ziemlich wütend heraus:

›Sag mal, wieso kommt ihr eigentlich immer und immer zu spät? Ich hab noch kein einziges Mal nicht auf einen Portugiesen warten müssen …!‹

Adriana fühlte sich sichtlich zu Unrecht angegriffen. Natürlich war das Ganze nicht wirklich ›schlimm‹. Aber ich sagte Adriana trotzdem, dass ich den Eindruck hätte – wie Sie als Portugal-Urlauber sicher ebenfalls –, dass Zuspätkommen ein Hobby der meisten Portugiesen sei. Aber es lässt sich nichts daran drehen: Man hat einfach einen anderen Zeitbegriff.

Denken Sie lieber so: Wenn Sie in Portugal Urlaub machen, bekommen Sie eine Stunde geschenkt – wegen des Zeitunterschieds. Auf den Azoren sogar zwei Stunden. Die müssen Sie erst wieder ›abgeben‹, wenn Sie nach Hause fliegen. Das sind eben die Minuten, die Portugiesen gerne für Verspätungen brauchen ...

Vielleicht haben Sie schon den Ausdruck *quinze dias* gehört, der wörtlich übersetzt ›fünfzehn Tage‹ heißt, in Wirklichkeit aber einen Zeitraum beschreibt, der zwischen tatsächlich zwei Wochen und ›niemals‹ alles bedeuten kann. Manchmal ist *quinze dias* zeitnah schon in der laufenden Woche. Oder Sie bekommen einen ersehnten Rückruf schon am selben Abend. Auch das ist eine der Unwägbarkeiten des Zeitbegriffs in Portugal.

## PortugalWissen
## *paciência* heißt das Zauberwort

Die portugiesische Einstellung zur Pünktlichkeit ist schwer nachvollziehbar für jeden ach so korrekten und im Alltag, ja selbst im Urlaub leider oft hektischen Mitteleuropäer. Aber trotzdem muss man sich in Portugal (wie anderswo im Süden) damit abfinden: Halten Sie's also lieber genauso, wie ich es mittlerweile mache: Nehmen Sie es gelassen. Sich aufzuregen bringt nichts. Gar nichts. Sie haben doch Urlaub! Ohne *paciência* kommt man hier nicht gut durchs Alltagsleben. Sondern man macht sich Stress und Ihre Nerven leiden darunter.

Wörtlich übersetzt heißt *paciência* zwar ›Geduld‹, aber im Grunde ist eher Gelassenheit damit gemeint, die Lebenseinstellung nämlich, dass man nicht hektisch und *com forçado* – ›mit Gewalt‹ – etwas erzwingen kann, worauf man im Grunde, wenn man mal in Ruhe drüber nachdenkt, keinerlei Einfluss hat.

Ob man im Stau steht oder in der langen Schlange vor der Fischtheke, ob man sich ›im Amt‹ irgendwo anstellen muss oder an der Kasse im Supermarkt ›nichts geht‹, weil die Kassiererin sich freundlichst und ausgiebig mit den Kunden unterhalten muss: *É a vida!* – ›So ist's im Leben‹, meinen und sagen die Portugiesen. Stets ist *paciência* angebracht. Und es wäre eine grobe Unhöflichkeit, da hektisch agieren zu wollen und auf zügiger Abwicklung zu bestehen. Im Gegenteil: Dann schalten nicht nur Verkäufer und Kellner, sondern auch Staatsangestellte und Beamte erst mal auf stur. Nur eines hilft weiter, und zugegebenermaßen haben es da Frauen manchmal leichter als die Herren der Schöpfung: Mit einem Lächeln, mit einer aus scheinbarer Hilflosigkeit (schließlich sind Sie *uma estrangeira*!) gestellten Frage kommen Sie viel weiter.

Es gibt übrigens eine Anekdote aus Lissabon, die vielleicht eine Erklärung für den lässigen Umgang mit der Zeit ist: Am Arco da Rua Augusta – das ist der Triumphbogen am Eingang zur Praça do Comércio – hat man 1941 eine wunderschöne große Uhr eingebaut. Die ging leider niemals richtig. Ursache war wohl die Feuchtigkeit der Luft vom Tejo her. Der *arco* samt Uhr steht direkt am Handels- und Bankenzentrum, wo Genauigkeit und Pünktlichkeit ja eigentlich wichtig sind. Dennoch gewöhnte man sich daran, dass Uhr und Schlagwerk die falsche Zeit anzeigten. Adriana hat noch eine andere Theorie: ›In unserer Sprache‹, so sagt sie, ›gibt es für Zeit und Wetter dasselbe Wort – *tempo*. Portugiesen können also gar nicht pünktlich sein. Denn nichts ist ja wohl unzuverlässiger als das Wetter!‹

Übrigens beginnen nicht mal Fernsehsendungen in Portugal pünktlich, jedenfalls nicht zu dem Zeitpunkt, den man im Programm abgedruckt findet. Es gibt nur zwei Ausnahmen: Die erste sind die *notícias*, also die Nachrichten. Und die zweite? Fußball! Das ist bei den fußballnärrischen Portugiesen natürlich ein Muss …

## IX. ›Wie bitte?! Zeitungen nur für Fußball? Die sind doch verrückt!‹

Alle zwei Jahre im Sommer kann man (und Frau) ja bestens nachvollziehen, dass Fußball das wohl wichtigste Thema in den Medien ist. Weltmeisterschaft oder Europameisterschaft – das ist ja sogar für weniger Fußballbegeisterte ein Anlass, sich vierundzwanzig Stunden täglich, sieben Tage die Woche für etwa einen Monat mehr oder weniger ausschließlich um diesen Sport zu kümmern.

Selbst meine erste Sprachlehrerin war Fußballfan, und das hat mich bei dieser seriösen Dame doch sehr überrascht. Sie ist eine glühende Anhängerin vom Lissaboner Verein Sporting Clube de Portugal, also eine *sportingista*.

PortugalPatzer № 20
*›Fußball kann doch nun wirklich nicht so wichtig sein!‹*

Auch in Deutschland, der Schweiz oder Österreich spielt Fußball eine wichtige Rolle, vor allem in einem Meisterschaftsjahr. Aber in Portugal gewinnt man schnell den Eindruck: Fußball ist ein immerwährendes und stets aktuelles Thema. Ständig. In allen Nachrichtensendungen, bei allen Tischgesprächen – vor allem immer montags, nach dem Spiel-Wochenende.

Sie haben bisher Ihren Mann/Freund/Lebensgefährten für fußballverrückt gehalten? Er ist ein harmloser Hin-und-Wieder-Zuschauer im Vergleich zu einem portugiesischen Fußballfan! Es gibt eine *crise* im Land? Ja schon, aber wichtiger ist es, ob ›mein‹ Verein gewonnen oder verloren hat. Monatsende – und nur noch wenig Geld im Portemonnaie? Schlimm, aber für eine *bica* und die täglich erscheinende Sportzeitung reicht es immer! Moment mal! Eine ganze Tageszeitung nur zum Thema Sport? Nein.
Nicht eine.
Drei.

PortugalWissen
## Ohne Fußball geht hier nichts!

Gar nichts. Das beweisen – unter anderem! – die drei täglich erscheinenden Sportzeitungen, die sich zwar am Rande auch mit anderen Sportarten beschäftigen, im Grunde aber nur ein Thema haben: Fußball. Die Vereine. Alle. Nicht nur die in der ersten Liga. Die Spieler (und deren Privatleben – auch in der Sportzeitung. Als Spielerfrau in Portugal ist man selbstverständlich eine feste Größe bei allen Promi-Ereignissen und in allen Klatschspalten. Täglich).

Nach dem Fußball kommt erst mal lange nichts. Dann kommt *futsal*. Also Hallenfußball (*futebol de salão*), was ja lediglich eine andere Art von Fußball ist. Danach erst informiert man den geneigten Leser möglicherweise über Ereignisse aus der Welt des Sports, die nicht Fußball betreffen …

Mein Liebster kaufte täglich und regelmäßig ›A Bola‹, hin und wieder als Zweitlektüre zusätzlich ›Record‹. Nie und nimmer jedoch ›O Jogo‹, und das hatte seinen Grund: Mein Liebster ist *benfiquista* – also Anhänger von ›Sport Lisboa e Benfica‹, und die Sportzeitung ›O Jogo‹ gilt als ›Hausblatt‹ des fußballerischen Erzrivalen und Intimfeindes FC Porto.

Tatsächlich wurde die Zeitung sogar genau deshalb im Jahr 1985 gegründet: Weil die *portistas* in Porto den Eindruck gewonnen hatten, ihr Verein käme bei den anderen beiden Zeitungen zu kurz. Oder besser: Er käme nicht so gut weg.

Zwar ist ein Portugiese meist Anhänger seines örtlichen oder heimatlichen Vereins. Das hindert ihn jedoch keinesfalls, noch Fan eines zweiten Clubs zu sein: eben von – genau: Benfica, Porto oder Sporting. Selbst wenn es noch viel mehr Clubs gibt, denn schließlich hat Portugal genauso wie andere Nationen eine erste und zweite Liga (die seit 2015 Liga NOS beziehungsweise ›Liga Orangina‹ heißen) und da drunter gibt es noch eine 3. *Divisão*: die ›Campeonato Nacional de Seniores‹. Irgendwie scheint es stets darauf hinauszulaufen, dass man sich als zweite Liebe für einen der drei Großen entscheidet.

Beim ›großen‹ Stadtderby Sporting vs. Benfica aber und wenn der FC Porto in Lissabon spielt, schimpft man natürlich heftig auf den Gegner. Ich war selbst mal bei einem Match Benfica vs. Porto, und das war schon beeindruckend: das riesige Stadion mit mehr als 65.000 Plätzen, die enthusiastischen und singenden Fans, die ganze Stimmung. Richtig toll fand ich den Adler. Das Wappentier von Benfica gibt es nämlich ›live‹, und vor jedem Spiel im eigenen Stadion fliegt der riesige Vogel ein paar Runden über den Köpfen der Zuschauer. So etwas geht beim FC Porto nicht. Die haben einen Drachen als Wappentier, nennen sich folgerichtig *os Dragões* – nur können sie ihn leider nicht fliegen lassen! Sie merken schon: Ich bin *benfiquista*.

Etwas kam mir damals im Stadion als Fußball-Unwissender merkwürdig vor: Es gab da eine strikt abgesperrte kleine Zone im Zuschauerraum, schwer bewacht von Polizei und Sicherheitskräften. Es handelte sich um die (wenigen und zugeteilten) Sitzplätze für die Anhänger des FC Porto; man wollte von vornherein vermeiden, dass es durch die erhitzten Gemüter zu einer Schlägerei kam. Trotz wüster verbaler Beschimpfungen während des Spiels geschah nichts. Und am nächsten Tag konnte ich in der ›richtigen‹ Zeitung nachlesen: Obwohl Benfica verloren hatte, gab's nach dem Spiel keine Ausschreitungen.

Wobei die Portugiesen es wirklich nicht so furchtbar eng sehen, wenn jemand einem anderen Verein die Treue hält. Das kann man auch sonst überall im Lande beobachten: Man ›darf‹ sich in einer Sportkneipe, in der sich überwiegend *benfiquistas* aufhalten, durchaus als *portista* outen. Das wird akzeptiert. Klar, dass man sich vielleicht anfrotzeln lassen muss – je nach Spielverlauf. Der Ehemann meiner lieben Freundin Doris (die ebenfalls *benfiquista* ist) hat das jahrelang mitgemacht. Er als *portista* musste bei jedem Benfica-Match mitfeiern und natürlich mittrauern, wenn es mal nicht zum Sieg reichte. In der Saison 2015 aber war der Jubel besonders groß. Nicht nur, weil Benfica zum 34. Mal portugiesischer Meister geworden war. Sondern auch, weil Ingolf sich endlich hatte überzeugen lassen, künftig den ›richtigen‹ Verein zu unterstützen, und so zählt er jetzt ebenfalls zu den *benfiquistas*!

PortugalInfo

# Was fürs weibliche Auge: die schnuckeligen Typen der *Selecção*

Dieser kleine Info-Block ist ausschließlich für weibliche Leser, die – da nehme ich mich nicht aus – weniger aus sportlichen, sondern auch aus optischen Gründen Interesse an der Fußball

WM oder EM haben. Bei diesen Spielen kann man das portugiesische Nationalteam nämlich ›auf einem Haufen‹ erleben. Und das ist wirklich sehenswert: So viele hübsche Männer, sagen (selbst ernannte) Fachfrauen, sieht man selten. Luis Figo war mein Schwarm – leider spielt er nicht mehr. Aber es gibt genügend Nachwuchs. Die meisten Spitzenfußballer des Landes spielen in der *Selecção*, während sie in der übrigen Saison leider europaweit verstreut bei diversen europäischen (auch deutschen) Vereinen auf dem Rasen stehen.

Als Cristiano Ronaldo bei der EM 2004 das erste Mal in der Nationalelf spielte, flippten nicht nur in Portugal Tausende weiblicher Teenies (und ›älterer‹ Damen) aus und wurden zu Hardcore-Fußball- oder eher Cristiano-Fans. ›CR‹ – wie man ihn ›expertenmäßig‹ nennt – war und ist einfach zu schön anzusehen, und er kann außerdem noch bestens mit dem Ball umgehen. Selbst wenn er am Anfang seine Karriere als egozentrische Diva verschrien war, in den Träumen zahlloser junger Mädchen (und so manches gay-Boys) spielte er die Hauptrolle. Sämtliche Fußball- und Portugalforen im Internet sahen sich schlagartig mit ›Ronaldinchens‹ konfrontiert, die seitenweise nichts anderes beitrugen als ›er ist so süüüüß‹ oder ›Hach, ich liebe ihn‹. Und ›er kann so schön weinen, wenn sein Team verliert!‹ Für sachliche Diskussionen zum Thema Sport oder Reise war fast kein Platz mehr.

Heute hat sich das beruhigt, am fußballerischen Können von Cristiano Ronaldo gibt es keinen großen Zweifel mehr (das war anfangs sogar in Portugal anders, vor allem, wenn er keine Tore erzielte, die *Selecção* verlor und er wiedermal heulend dastand). Er ist nicht der einzig hübsche Portugiese auf dem Platz: Im Sommer 2016 ist es wieder soweit, die EM findet in Frankreich statt. Schauen Sie mal rein bei einem Match der portugiesischen Nationalmannschaft ...

## PortugalWissen
# Fußball war in der Diktatur wichtig

Musik, Religion und Sport – oder besser: *Fado, Fátima e futebol* – sollten die Bevölkerung ruhig halten. Das waren Wunsch und Anliegen des Diktators Salazar. Sport wurde vor allem nach dem Zweiten Weltkrieg wichtig – als Ablenkung von wirtschaftlicher Not und den Kriegen in den Kolonien.

Die Clubs wurden in gewisser Weise ›geschützt‹, vor allem gilt das wohl für Sporting Lissabon. Der Verein war, so meint der berühmte Schriftsteller António Lobo Antunes, stets der gehobenen Mittelschicht, der herrschenden Klasse und damit Salazar verbunden. Aber auch die anderen Vereine, selbst Benfica, galten als unantastbar – eben, weil von den Problemen im Lande abgelenkt werden  sollte. Salazar lehnte das Gesuch des überragenden Spielers Eusébio, ins Ausland wechseln zu dürfen, dreimal ab. Denn: ›Eusébio gehöre dem portugiesischen Volk‹.

Der zweite Lissabonner Club, SL Benfica, spielte als ›Verein des Volkes‹ eine immens wichtige Rolle. Schon die Vereinsfarbe dürfte für den Diktator Salazar im wahrsten Sinne des Wortes ein rotes Tuch gewesen sein. Erinnerte ihn das doch an die Farbe des Kommunismus. Die Zeitungen durften deshalb während Salazars Herrschaft für die roten Trikots von Benfica nicht das Wort *vermelho* gebrauchen (das für die Kommunisten stand), sondern mussten das Wort *encarnado* benutzen.

Auch die politische Geschichte sprach gegen Benfica. Das Stadion am Campo Grande wurde nämlich – Zufall oder nicht?! – an einem 5. Oktober eröffnet: Am gleichen Tag, an dem im Jahre 1910 die Republik ausgerufen wurde. Der FC Porto machte das geschickter: Das Estádio das Antas – Vorgänger des heutigen Estádio do Dragão – wurde am 28. Mai 1952 eingeweiht: dem Jahrestag der Errichtung des Estado Novo von Salazar.

Das Ende des Zweiten Weltkriegs wurde in Lissabon mit Feierlichkeiten für die Sieger begangen – und im Stadtteil Benfica schwangen die Einwohner die rote Clubfahne als Symbol für die russische Flagge. Die Originalhymne des Vereins heißt *Avante Benfica* – und das Wort *avante* (›Vorwärts‹) ist der klassische Kampfruf der PCP (der *Partido Comunista Português*), also der Kommunistischen Partei, die unter Salazar gnadenlos verfolgt wurde. Heute noch gibt es Anfang September das große Festa do Avante, das von der PCP veranstaltet wird.

Das wohl Wichtigste jedoch sind die Anhänger des Vereins: Benfica ist immer ein armes Arbeiterviertel gewesen. Obwohl Portugal in seinen Kolonien Angola und Mozambique Krieg führte, gab es außerdem Tausende von afrikanischen Fans. Die 90 Minuten eines Fußballspiels waren eben genau die Zeit, in der man alle Sorgen und Probleme vergessen konnte. Lange war der SLB mit 270.000 Mitgliedern der größte Sportverein der Welt (nach dem Guinessbuch der Rekorde 2014), erst seit 2015 ist er hinter dem FC Bayern auf Platz 2 gerutscht. Aber 47 Prozent der Portugiesen sind *benfiquistas*, in Europa ist dies die höchste nationale Quote an Fans.

Benfica ist noch heute einer der beliebtesten Vereine – wohl weltweit. Als der SLB im Jahre 2005 nach elf Jahren Abstinenz wieder portugiesischer Meister wurde, feierte nicht nur Lissabon. Das ganze Land jubelte (sogar in Porto!), und im Fernsehen konnte man selbst in den weit von Portugal entfernten ehemaligen Kolonien und in wohl allen Portugiesisch sprechenden Ländern triumphierende *benfiquistas* sehen.

Mein Liebster und ich waren in dieser Nacht auf dem Heimweg von Grândola nach Cascais – und wir brauchten für die Strecke, die man sonst in eineinhalb Stunden fährt, fast sechs: In

Lissabon waren alle, wirklich alle auf der Straße. Auf der Stadtautobahn ging es nur ›stop and go‹, überall jubelnde *benfiquistas*, die ihre Autos einfach wild am Straßenrand parkten und sich zum Estádio da Luz drängten, um dort bis zum frühen Morgen auf die siegreiche Mannschaft zu warten. Die Polizei feierte mit – und natürlich war der darauffolgende Montag nicht nur in Lissabon ein Feiertag!

## X. ›Immer nur Gegrilltes? Ganz schön langweilig, das portugiesische Essen!‹

Sie lieben Fisch – fangfrisch, lediglich mit grobem Salz bestreut, vom Holzkohlengrill. Selbstverständlich haben Sie schon das berühmte *frango piri-piri* probiert, gegrilltes Hähnchen also, mit scharf gewürztem Öl bestrichen. Aber so langsam vermissen Sie Ihre heimische Küche.

Wofür, bitteschön, haben Sie denn ein Ferienhaus gemietet, wenn Sie nicht wenigstens hin und wieder mal selbst am Herd stehen?! Ist nicht nur preiswerter – Ihnen macht es ja Spaß, selber zu kochen. Vielleicht wollen Sie ein paar neue Bekannte einladen, Portugiesen natürlich – etwa die netten Nachbarn, von denen Sie schon zu einer *sardinhada* gebeten wurden. Aber immer nur Gegrilltes? Langsam bekommen Sie das über! Haben die Portugiesen nicht mehr zu bieten?!

### PortugalPatzer № 21
### ›Niemals gibt es ein lecker Sößchen zum Braten!‹

Sie wollen den Portugiesen mal zeigen, wie man einen richtig saftigen Braten zubereitet, mit viel Soße und endlich mal – das nervt Sie nach 14 Tagen Urlaub nämlich außerdem – was anderes als ständig nur Gegrilltes. Als Beilage gibt es immer Pommes Frites oder Salzkartoffeln, letztere gerne schon ein bisschen kalt.

Nein, so mögen Sie das nicht! Das ist Ihnen einfach zu langweilig. Und der Reis, der hier serviert wird? Der schmeckt daheim ebenfalls viel besser, finden Sie. Außerdem vermissen Sie Soßen, Sie wollen mehr als nur ein bisschen Fleischsaft mit einem Spritzer Olivenöl.

Und Sie sehnen sich nach einem großen bunten Salat. Was Sie bis jetzt angeboten bekamen, ist immer dasselbe: ein paar grüne Kopfsalatblätter mit Tomatenscheiben, vielleicht noch ein bisschen Gurke – das war's. Mit etwas Glück ist ein bisschen grobes Salz drüber gestreut – Essig und Öl müssen Sie selbst dazu mischen.

## PortugalWissen
# Kartoffeln und Reis, Tomaten und andere Gemüse

Es stimmt schon: Kartoffeln isst man hier meist als *batatas fritas* – als Pommes Frites also. Vielleicht mal als *batatas cozidas* (Salzkartoffeln). Selbst die *batatas à murro* (Kartoffeln ›mit Faustschlag‹) – kleine, nach dem Garen ein bisschen ›angematschte‹ Pellkartöffelchen –, die bestens für Soße geeignet wären, serviert man ›trocken‹. Also wieder – genau: ohne Soße. Man grillt gern, man nimmt reichlich Olivenöl. Aber so hin und wieder gelüstet es unsereinen eben doch – vielleicht nach einer solch leckeren Tomatensoße, wie sie beispielsweise in Italien zur Pasta gehört.

Zum Selberkochen ist das alles kein Problem – alle Zutaten finden Sie nicht nur im örtlichen *supermercado*, sondern auf dem ›richtigen‹ Markt. Und einen Bummel über solch einen Bauernmarkt oder die örtliche Markthalle sollten Sie sich wirklich nicht entgehen lassen: Da gibt es Gemüse und Obst der Saison in rauen Mengen und vielen Variationen, vieles außerdem, was man bei uns entweder nur zu sehr hohen Preisen bekommt (frische Feigen etwa) oder etwas, das Sie möglicherweise noch gar nicht kennen.

Unzählige Kohlsorten sind im Angebot, *grelos* (das sind Kohlsprossen, oft sogar noch mit Blütenkospen dran), *chuchu* (eine Kohlrabi ähnlich schmeckende Kürbisart) – und Bohnen. Frische grüne Bohnen sowie getrocknete in allen Farben, Größen und Variationen. Die Portugiesen sind geradezu wild auf Bohnen, vor allem in Eintopfgerichten. Die Einwohner Portos stehen auf *tripas à moda do Porto*, Kutteln mit weißen Bohnen. Sogar getrocknet isst man die Bohnen in Portugal – leicht gesalzen als Snack zum Bier oder Aperitif.

Bei Obst ist's ähnlich – Sie haben eine Riesenauswahl, Früchte gibt es von allen Sorten. Besonders lecker sind die heimischen Orangen, vor allem die zuckersüßen von der Algarve (die kann man im südlichen Portugal oft direkt am Straßenrand kaufen – fünf Kilo kosten da nicht einmal fünf Euro.). Außerdem auf dem Markt zu finden sind *abóbora* (Kürbis) und *marmelos* (Quitten) – die werden Sie auch in vielen Gärten entdecken. Daraus macht jede portugiesische Hausfrau köstlichste Desserts und Marmeladen. Unser deutsches Wort ›Marmelade‹ übrigens stammt aus dem portugiesischen *marmelo* für Quitte.

Zwei kleine Tipps übrigens für den Tomateneinkauf. Wundern Sie sich erstens nicht, dass die noch ziemlich grün angeboten werden. Das ist eine hier übliche Sorte, und es gibt viele Portugiesen, die es lieben, ihren Salat mit diesen eher grünen als roten Tomatenscheiben zu verzehren. Alles Geschmackssache!

Zweitens möchte ich Sie vor dem Fettnäpfchen bewahren, in das ich prompt getappt bin, als ich die ersten Male hier Tomaten kaufte. Ich wunderte mich nämlich sehr, dass sowohl Marktfrauen wie Marktmänner leicht süffisant grinsten, wenn sie das georderte *quilo de tomates* (Kilo Tomaten) überreichten. Meine Sprachlehrerin klärte mich auf: Der Plural des Wortes *tomate* hat in Portugal noch eine völlig andere Nebenbedeutung: Man sagt auch, ein Mann hätte *tomates* – also Hoden. Deswegen kauft ein echter Portugiese – und Sie jetzt ebenfalls! – Tomaten stets in der Einzahl: ›*Um quilo de tomate, se faz favor!*‹ – selbst wenn Sie fünf Kilo ordern.

Hätten Sie übrigens gewusst, dass die Portugiesen die größten Reisesser in Europa sind? Pro Kopf essen sie fünfzehn Kilo jährlich. Reis baut man schon seit der Maurenzeit an, vor allem an den Flussbecken von Mondego, Tejo, Sado und Guidana. Deshalb gibt es viele Gerichte mit Reis, nicht nur als Beilage, sondern als Hauptspeise. Etwa der berühmte *arroz de Tamboril* (Reis mit Seeteufel) oder *arroz de marisco* (Reis mit Meeresfrüchten). Und zu *carapaus fritos* (den kleinen gebraten Stöckermakrelen, die man ›im Ganzen‹ isst) gehört natürlich *arroz de tomate* (Reis mit Tomaten).

PortugalInfo
# Warum es in Portugal keine ›deutschen‹ Soßen gibt

Mit Sahne, Crème fraiche oder gar Schmand gebundene Soßen findet man in Portugal praktisch nicht. Das mag rein ernährungstechnisch gut sein, und der schlanken Linie ist es sicher ebenfalls dienlich. Es hat aber noch andere Gründe, warum man hier (und in anderen südlichen Ländern) so gut wie nie Sahne- oder Buttersoße bekommt: Zum einen verderben diese Zutaten in der Hitze schnell. Früher hatte man, gerade auf dem Land, keine Kühlschränke, und so hat sich diese mitteleuropäische Kochtradition gar nicht erst entwickelt. Zum anderen ist in Südeuropa (wie übrigens in ganz Asien und Afrika, ja der gesamten Südhalbkugel) bei Erwachsenen Laktose-Intoleranz sozusagen der ›Normalzustand‹ – im Gegensatz zur nördlichen Halbkugel und damit auch Mitteleuropa. Dort gehören Kuhmilch und alle daraus hergestellten Produkte zur normalen Ernährungsweise. Wohl aus diesem Grund finden in Portugal (und allen anderen ›laktose-intoleranten‹ Völkern) Rezepte mit Milch, Sahne und ähnlichen Produkten von jeher wenig Anklang.

Mit Käse dagegen sieht es ein bisschen anders aus: Durch den Herstellungs- und Reifeprozess kommt es zu einem geringeren Laktoseanteil und damit besserer Verträglichkeit.

## PortugalPatzer № 22
*›Sieht wie Schuhsohle aus und schmeckt leider auch so!‹*

Sie haben's selbst schon gegessen: *leitão* – Spanferkel – ist in Portugal, vor allem in einer Region des Centro, in der Bairrada, eine echte Spezialität. Alle sind ganz wild drauf. Also sollten die Portugiesen doch wohl wissen, wie wichtig eine gute Kruste ist?! Nun kommt es beim Spanferkel ja gerade auf die Kruste an – aber was ist mit den anderen Fleischgerichten, die Sie im Restaurant bekommen? Irgendwie haben Sie den Eindruck: Manches ist da ganz schön zäh. Wenn Sie selbst beim Metzger einkaufen und die Fleischstücke grillen oder in die Pfanne braten, schmeckt es oft ganz anders, als Sie es von daheim gewohnt sind. ›Zäh wie Schuhsohlen‹, finden Sie. Und kommen zu dem Schluss: ›Die verkaufen uns *estrangeiros* einfach kein gutes Fleisch – weder beim Metzger noch im Restaurant!‹

## PortugalInfo
# Der Einkauf beim Metzger

Sie werden schnell feststellen: Zwar gibt es überall einen *talho* (Metzger), aber wie welches Stück Fleisch genau heißt, das erschließt sich nicht auf Anhieb. Oder worum es sich genau handelt und wie man es zubereitet. *buchechas* etwa – das sind die Bäckchen vom Schwein (*porco*) oder Kalb (*vitela*). Sie sind keinesfalls zum Kurzbraten gedacht, sondern müssen richtig lange geschmort werden (und dann gibt es übrigens ein leckeres Sößchen!).

Manche Fleischstücke werden anders geschnitten – *febras* (Schnitzel) beispielsweise. Und Leber gibt es in wirklich hauchdünnen Scheiben, weil die weniger wie bei uns kurz gebraten eher in Rotwein und Knoblauch geschmort wird. Die heißen dann *iscas,* und sie gehören zur portugiesischen Hausmannskost, die man in Restaurants nur selten findet. Wenn Sie Leber mögen und *iscas* auf der Tageskarte finden: unbedingt probieren! Sie werden übrigens nicht mit Pommes Frites serviert, sondern mit runden, frittierten Kartoffelscheiben.

Krosse Kruste – das weiß man zwar in Portugal zu schätzen. Allerdings nur beim *leitão*, also dem portugiesischen Spanferkel; hin und wieder findet man *pernil de porco* auf der Speisekarte oder an der Metzgertheke, eine Schweinshachse also. Den Schweinsbraten bayrischer Art, also mit rescher und rautenförmig eingeschnittener Haut – den kennt man nicht. Nutzt kein Jammern und Wehklagen, sondern das Gespräch mit dem Metzger, wenn Sie selbst einkaufen gehen. An meinen ersten Schweinsbratenkauf in Portugal erinnere ich mich noch gut: Nur mit Mühe konnte ich den Metzger dazu bringen, dass er die Haut, die ja zur leckeren Kruste wird, eben nicht abschneidet, sondern am Fleischstück lässt. Und beim nächsten Einkauf dort fiel ich aus allen Wolken: Fragte mich der *talho* doch allen Ernstes, ob die Haut denn meinem Hund wohl gut geschmeckt hat? Ich bin zwar tierlieb, aber Schweinsbratenkruste für meine Hunde? Nix da. Die esse ich selber!

Kleiner Hinweis für den Einkauf an der Fleischtheke: Bei den Fleischstücken steht ganz oft dabei, wie man sie am besten zubereitet: *guisar* etwa heißt schmoren, *estufar* dämpfen, *assar* braten, *grelhar* grillen und *fritar* bedeutet ›in der Pfanne braten‹.

Wichtig im Restaurant: Wenn Sie Ihr Steak *mal passado* bestellen, ist's blutig, unser eingedeutschtes ›medium‹ heißt auf Portugiesisch *ao ponto* und ›gut durchgebraten‹ nennt man *bem passado*. Und wenn's geschmeckt hat, geben Sie dem Koch (oder dem Wirt) ein kleines Zeichen. Mit der kleinen Geste, die jeder Portugiese und nun auch Sie kennen: Reiben Sie sich das Ohrläppchen zwischen Daumen und Zeigefinger. Das portugiesische Signal für ›Oh mei, war das lecker!‹

# PortugalPatzer N⁰ 23
## ›Stockfisch – igitt! Wie kann man diesen Stinkefisch nur essen!?‹

Sie gehen nichtsahnend in den Supermarkt, schlendern durch die Gänge, schauen sich um. ›Irgendwie riecht's hier merkwürdig!‹, denken Sie. Und dann biegen Sie um die nächste Ecke und es trifft Sie fast der Schlag: Ausgebreitet und gestapelt liegen auf große Tischen riesige unansehnliche Fischstücke. ›Soll Fisch nicht am besten frisch und vor allem niemals schlecht riechend in die Küche kommen?‹, fragen Sie sich. Davon scheint man noch nie etwas gehört zu haben. Selbst auf dem großen Bauernmarkt entdecken Sie – Sie müssen ja nur Ihrer Nase folgen! – mehrere Verkaufsstände mit diesem Stinkefisch.

Mit Entsetzen stellen Sie fest: Das unansehnliche Zeug wird gekauft. Mit Begeisterung verhandeln die portugiesischen Hausfrauen (und wenigen Hausmänner) mit dem Fischhändler, überlegen, wie viel sie brauchen und welches Rezept sie heute kochen. Sie können nur den Kopf schütteln: ›Das soll man essen können?! Igitt!‹

## PortugalWissen
## 1001 Nacht? Nein: 1001 *bacalhau*-Rezepte!

Bei der ersten Begegnung mit *bacalhau* geht es wohl jedem so: Der ›Duft‹ erschlägt einen förmlich. Als ich *bacalhau* (Stockfisch) in der Fischabteilung im Supermarkt zum ersten Mal gesehen und vor allem gerochen habe, wurde mir ganz schön schwach um Nase und Magen. Verständlich. Ich konnte die Begeisterung meines Liebsten ganz und gar nicht nachvollziehen, denn getrockneter und gesalzener Kabeljau ist weder ein schöner Anblick noch riecht er gut.

›Nur gekocht‹, als b*acalhau cozido,* ist Stockfisch das typische Weihnachtessen der Portugiesen – und ganz gewiss nicht für jeden Gaumen eine Delikatesse. Mein Liebster hat mir das erste Mal noch in Deutschland *bacalhau* serviert – in der (zugegebenermaßen von ihm etwas eingedeutschten) Version *à Bras*. Dabei wird der Stockfisch in kleine Stückchen zerzupft und mit feinsten Kartoffelstreifen, Zwiebeln, Knoblauch und Eiern in der Pfanne gebraten. Die feinen Kartoffelstreifen ersetzte der Liebste durch Pommes Frites – ging auch, aber ist natürlich kein Vergleich mit der ›echten‹ Version! Lecker sind – als ›Einstieg‹ in die *bacalhau*-Szene für jeden Neuling in Portugal – die *pasteis de bacalhau*, kleine ovale Nocken aus Kartoffelteig und Fischstückchen.

Wichtig ist jedenfalls: Der Fisch muss vor dem Zubereiten gewässert werden. Schon beim Kauf lässt man sich *postas* – also dicke Scheiben – abschneiden (das passiert mit einer Art Stichsäge). Dann legt man die Scheiben für mindestens 36, besser 48 Stunden in reichlich Wasser, das man alle paar Stunden (mindestens fünf- bis sechsmal!) wechselt.

Jeder Portugiese isst im Schnitt pro Jahr sieben Kilo ungewässerten und 15 Kilo gewässerten *bacalhau* – damit ist Portugal Weltmeister. Mindestens für jeden Tag des Jahres soll es ein Rezept geben. Und jede portugiesische Hausfrau, die auf sich hält, kennt nicht nur eines, sondern eine ganze Reihe: gekocht, gegrillt oder überbacken, ja selbst roh oder geräuchert (das ist übrigens sehr lecker!). In dicken Scheiben oder als *bacalhau desfiado* zerzupft in kleine Stückchen. Als *petisco* (Appetithappen),

Salat oder Hauptgericht, als Suppe oder angeblich sogar als Dessert. Es dürfte weit mehr als ›nur‹ 365 *bacalhau*-Rezepte geben. Vielleicht sogar mehr als 1001? Sicher ist jedenfalls: Portugal ohne *bacalhau* – das geht nicht, das gibt es einfach nicht!

## PortugalInfo
## Der Einkauf beim Fischhändler

Heute wie früher geht man am besten zum Fischhändler im städtischen *mercado*, obwohl die Supermärkte in Portugal bestens sortiert sind. Sogar die deutschen Discounter haben teilweise eine eigene Theke mit frischem Fisch – nicht täglich, aber wenigstens ein paar Mal in der Woche. Denn: Portugiesen ohne Fisch? Das ist schlicht und ergreifend unvorstellbar. Schließlich isst man hier sogar zum (späten) Frühstück etwas Fischiges – beispielsweise *pasteis de bacalhau*, die leckeren frittierten Kartoffelteig-Stockfisch-Bällchen.

An der Küste finden Sie überall Fischmärkte, auf denen die Fischer morgens den frischen Fang anbieten. Aus dem Meer direkt auf Ihren Teller – besser und frischer können Sie Fisch nicht bekommen.

Sie verbringen Ihren Urlaub nicht an der Küste? Machen Sie es wie die Portugiesen, die mitten im Alentejo oder sonst wo im Landesinnern wohnen – die verzichten ebenfalls nicht auf frischen Fisch. Wenigstens einmal pro Woche fährt der Fischverkäufer mit seinem Kühlwagen die Runde und bietet seine Ware selbst auf entlegensten Höfen an. Selbstverständlich kann man bei ihm Bestellungen aufgeben und wenn auf den nächstgelegenen Fischmärkten Fang und Angebot stimmen, bekommen Sie den gewünschten Fisch in der Folgewoche ins Haus geliefert.

Sardinen sind für jeden Portugiesen ein Muss, und in der Saison duftet es überall nach *sardinhas assadas* (es hat ja seinen Grund, warum dieses Buch die Sardine im Titel trägt!). Gegrillte Sardinen gehören zu den sieben Gewinnern des im Jahr 2011 durchgeführten Wettbewerbs *Sete Maravilhas da Gastronomia Portuguesa* – die ›Sieben Wunder der portugiesischen Gastronomie‹. Ebenfalls nicht zu verachten und kinderleicht zuzubereiten sind *carapaus* (Stöckermakrelen): Man kauft pro Nase etwa zehn kleine Fische, man muss sie nicht einmal ausnehmen. Einfach waschen, in Mehl wenden, mit grobem Meersalz bestreuen und auf den Holzkohlengrill legen. Nach ein paar Minuten wenden, und wenn sie von beiden Seiten leicht gebräunt sind, komplett verzehren. Ein Hochgenuss!

Beim Fischhändler jedenfalls werden Ihnen die Augen übergehen. Vieles kennen Sie vielleicht nur vom Hörensagen oder von Fotos. Da gibt es nicht nur die bekannten Spezialitäten wie *atum* (Tunfisch), *dourada* (Dorade, Goldbrasse) oder *robalo* (Wolfbarsch). Sie können *espadarte* (Schwertfisch) kaufen und *tamboril* (Seeteufel), *chocos* und *lulas* (Tintenfische) oder *polvo* (Krake).

Letzteren braucht man nicht nur für einen ausgesprochen leckeren Vorspeisensalat mit Zwiebeln und Knoblauch, sondern grillt ihn als *polvo à Lagareiro*. Einfach nur mit Knoblauch und Olivenöl; dazu gibt es *batatas à murro*, das sind kleine Pellkartoffeln, die ungeschält auf den Teller kommen. *O murro* heißt ›Faustschlag‹ – in der Küche werden die Kartöffelchen also mit einem kräftigen Fausthieb ›angeditscht‹.

*Lula*s serviert man gerne als *lulas recheadas* – also gefüllt. Und zwar mit den klein geschnittenen Tintenfischarmen, mit ein bisschen Reis und *chouriço*. Auch davon hat jede Hausfrau ihr eigenes Rezept. Immer gibt es aber Reis dazu und eine leckere Soße.

Wie wäre es mit *garoupa* (Zackenbarsch), *lampreia* (Neunauge), *raia* (Rochen) oder *sargo* (Brasse)? Dazu kommen die *mariscos* – Meeresfrüchte: zum Beispiel *perceves* (Entenmuscheln), *sapateiras* (Taschenkrebse) und Muscheln in vielen Varianten. Wer sich an Flussmündungen oder einer der Lagunen des *Alentejo litoral* (also an der Alentejoküste) aufhält, kann *enguias* (Flussaale) bekommen: gegrillt oder in einer köstlichen Fischsuppe werden sie als Spezialität in den örtlichen Lokalen serviert.

Sie sehen: Fisch ohne Ende – nicht nur der ›Stinkefisch‹ namens *bacalhau*. Wer Fisch und Meeresfrüchte mag, kommt in Portugal voll und ganz auf seine Kosten. Und das zu mehr als zivilen Preisen.

## PortugalWissen
## *comer e beber* – traditionelle portugiesische Küche

Das deutsche Sprichwort ›Essen und Trinken hält Leib und Seele zusammen‹ könnte in Portugal erfunden worden sein. Dafür nimmt man sich stets Zeit und Muße, *comer e beber* ist in Portugal immens wichtig. Zum *beber* kommen wir später. Hier geht es jetzt erst einmal um *comer* – also ums Essen.

Die portugiesische Küche ist sehr deftig, eher Bauernküche als gehobene Nouvelle cuisine. Trotzdem lecker, und wenn Sie gerne essen, werden Sie das genauso sehen. Selbst wenn manches gewöhnungsbedürftig ist. Aber vielleicht sind Sie neugierig und probieren gerne mal etwas Neues aus? Dann bestellen Sie auch mal unbekannte Gerichte, die Sie auf der Speisekarte finden!

Stolz ist man in Portugal beispielsweise darauf, dass man nichts ›umkommen‹ lässt – und so dürften die Portugiesen  eines der wenigen Völker auf der Erde sein, die vom Schwein alles essen (das sagt man sonst ja nur den Chinesen nach). Wirklich alles vom Rüssel bis zum Ringelschwänzchen. Die Bewohner im Norden, vor allem in der dortigen Metropole Porto, lieben Kutteln vom Rind. Bei den Leuten im Süden (und da gehört schon Lissabon dazu) heißen sie daher *tripeiros* – Kuttelfresser.

Im Minho – dem ›Garten Portugals‹, ganz nördlich an der spanischen Grenze – gibt es Gerichte, in denen man das Blut des zubereiteten Tieres als Zutat verwendet. Achtung also bei allen Gerichten, die den Zusatz *à moda do Minho* oder *à cabidela* haben. Etwa bei der *lampreia à moda do Minho* (Neunauge – eine Fischart), beim *arroz de frango da cabidela* (Blutreis mit Hühnchen) oder *arroz de coelho à cabidela* (Blutreis mit Kaninchen). Das schmeckt durchaus lecker, man sollte es mal probiert haben, aber jedermanns Sache sind solche Speisen wohl nicht.

Suppen gehören zu den Standardgerichten. Allerdings weniger feine klare Süppchen, sondern eher deftige Eintöpfe. Die *caldo verde* – übersetzt ›grüne Brühe‹ – ist ein portugiesisches Nationalgericht. Es handelt sich dabei um eine sämige Kartoffelsuppe, in der Kohlblätter des *couve galega* in feinste Streifen geschnitten eingelegt und mit gekocht werden. Kurz vor dem Servieren kommen noch eine oder zwei Scheibchen der vorher im Ganzen mitgekochten *chouriço* hinein. Dazu schmeckt *broa*, das typische Maisbrot aus dem Minho. Die Kohlblätter gibt es übrigens in portugiesischen Supermärkten schon fertig geschnitten zu kaufen.

An der Algarve kennt man die *gaspacho*, eine kalte Gemüsesuppe (meist auf Tomatenbasis). Die arme Bevölkerung im Alentejo ›erfand‹ die *açorda*, eine ganz einfache Brotsuppe: Brot vom Vortag in Scheiben schneiden, mit heißem Wasser (oder Brühe) übergießen und mit Knoblauch, Salz und frischen, gehackten Korianderblättern würzen. Wer nicht ganz so arm war, fügte ein pochiertes Ei dazu.

Berühmt ist Portugal für *caldeirada* – ein Eintopf aus Gemüse und Fisch. Unbedingt probieren! Überhaupt sind Eintöpfe vor allem mit Bohnen (*feijoada*) sehr beliebt. Und für die *cozido à portuguesa* gibt es kein Standardrezept: Jede Hausfrau, jedes Restaurant hat da seine eigene Variante. Dieses Wintergericht enthält (wie unsere deftige deutsche Schlachtplatte) verschiedene Sorten Fleisch, Blutwurst, gerne mal Schweinefüße und Schweineohren, Kartoffeln und Karotten, Erbsen und Kohl sowie außerdem Reis. Typischer können Sie in Portugal beinahe nicht essen!

Fleischgerichte gibt es von jeglichem Nutztier: von Geflügel und Karnickel, von Rind und Kalb, vom ›Schwein normal‹ und vom ›Schwein spezial‹ – das *porco preto*, das schwarze Schwein, ist eine besondere Rasse, eine Art Mischung zwischen Hausschwein und Wildsau. Das erzeugt nicht nur leckersten Schinken (*presunto*), sondern schmeckt auch als Schmorfleisch oder Braten bestens. Zicklein als *cabrito assado* sollten Sie unbedingt probieren, genauso wie Lamm (*borrego*) als Kotelett oder Braten. Ein absolutes Muss ist *frango piri piri*: Ich weiß nicht, ob es daran liegt, wie die Portugiesen das Hähnchen aufschneiden und über riesigen Holzkohlebecken grillen oder ob es ›nur‹ das *Piri piri* ist. Jedenfalls gehören die Hähnchen in Portugal zu den Besten, die ich jemals gegessen habe. Etwas ganz Besonderes ist das *carne de porco à alentejana* (Schweinefleisch mit Muscheln, Zwiebeln und Knoblauch), eine Kombination von Fleisch und Meeresfrüchten.

PortugalInfo
# Vegetarier haben's nicht leicht

Eines kann man Portugal leider nicht nachsagen: dass die vegetarische Küche besonders verbreitet ist. In Städten wie Lissabon und Porto, in den Touristenzentren der Algarve hat man sich mittlerweile auf die Wünsche nach vegetarischen Speisen eingestellt, hier findet man durchaus rein vegetarische oder sogar vegane Lokale. Auf dem Land jedoch, in kleinen Gaststätten auf Dörfern etwa, werden Sie als Vegetarier keine große Auswahl finden, sondern eher angestaunt.

Man kann so gar nicht nachvollziehen, wieso man sich mit Beilagen begnügt (denn etwas anderes werden Sie kaum angeboten bekommen): Reis, Kartoffeln (*cozidas* oder *fritas* – also gekocht oder frittiert), kaum Nudeln, wenig Gemüse. Portugal ist auch kein ›Pasta-Land‹, selbst wenn man hin und wieder *esparguete* auf der Karte findet. Diese Spaghetti sind nämlich ganz bestimmt nicht al dente gekocht! Gemischte große Salate? Fehlanzeige – genauso wie Gemüsegerichte. Womit Sie sich behelfen können: Suppe (wobei auch da die ›Gefahr‹ besteht, dass die Basis eine Fleischbrühe ist) oder Omelette. Das gibt es fast in jedem Lokal. Oder Nachtisch zw. Süßspeisen – allerdings nur, wenn Sie zwar fleischlos vegetarisch leben, aber dennoch Eier und Milch auf Ihrem Speiseplan stehen.

# PortugalPatzer № 24
## ›Himmelsspeck ist gar kein Schinken? Warum heißt er dann so?‹

›Ganz schön irreführend‹, finden Sie. Da sitzen Sie in einem Café, in dem es nicht nur Süßes, sondern auch Schinken-Käse-Toast und ähnliche Snacks gibt. Sie studieren die Karte und stellen fest: Im Angebot ist ein ›Himmelsspeck‹. Und weil Sie wissen, dass es in Portugal besonders feinen geräucherten Schinken gibt, freuen Sie sich bei Ihrer Bestellung schon auf den pikanten Genuss. Doch was serviert man Ihnen? *Toucinho do céu* – einen Mandelkuchen! Zwar sehr lecker, aber absolut nicht das, worauf Sie gerade Lust haben. Überhaupt scheinen die ach so katholischen Portugiesen wenig Respekt vor Kirche und Kloster zu haben: Wie sonst kommt es, fragen Sie sich, zu Süßspeisen, die beispielsweise ›Nonnenbauch‹ (*barriga de freiras*) heißen? Und was bitteschön, soll ›Kamelspucke‹ (*baba de camelo*) sein? Das ist doch sicher ein Witz!

## PortugalInfo
### Portugiesen verstehen sich bestens auf Süßes

Überall gibt es *pastelarias* (Konditoreien), in denen man die verführerischsten Leckereien findet. Schon mancher Name eines Cafés lädt so richtig ein – das zeigt beispielsweise allein schon der Blick ins Telefonbuch von Lissabon: Da gibt es das *Lua de Mel* (›Honigmond‹) und das *Pão de Mel* (›Honigbrot‹), die *Pau de Canela* (›Zimtstange‹) und die *Pêra*

*Doce* (›Süße Birne‹), den stolzen *Forno de Paço* (›Backofen des Palastes‹) oder den edlen *Torrão douro* (›Goldener Erker‹); ganz und gar nicht bescheiden gibt sich der *Melhor Bolo de Chocolate* (›Der beste Schokoladenkuchen‹), eher schlicht dagegen der *Bom Bocado* (›Guter Happen‹); fast poetisch die *Pérola de Laranjas* (›Orangenperle‹) und genau passend für all jene, die all den süßen Verführungen gerne nachgeben: die *Pastelaria Tentação* (›Konditorei Versuchung‹). Da fühlt man sich wirklich wie im Schlaraffenland! Es hat schon seinen Grund, warum manches überirdisch gut schmeckt, obwohl es vielleicht unterirdische Namen trägt.

PortugalWissen
# Kleine Einführung in Desserts, Konfekt und Küchlein

Der Name verrät oft die Herkunft: Viele Süßigkeiten stammen aus der Klosterküche. Machen Sie sich den Spaß und nehmen Sie Ihr Wörterbuch zur Hand, wenn es Sie in einer *pastelaria* zum Kaffee nach einer zuckrigen Beilage gelüstet. Oder wenn Sie nach einem (am besten nicht zu üppigen!) Mahl noch einen Nachtisch probieren wollen. Wie wäre es mal mit *papos-de-anjo* (›Engelskröpfe‹) oder dem schon erwähnten *toucinho do céu* (›Himmelsspeck‹) samt *barriga de freiras* (›Nonnenbauch‹)? Dagegen klingen *celestes* (›Himmlische‹) oder *pasteis de Santa Clara* (›Pasteten der Heiligen Klara‹) direkt harmlos – genau wie der *abade de Priscos*: Das heißt übersetzt lediglich ›Pfarrer von Priscos‹ und ist ein äußerst beliebter Pudding im Norden, und zwar in der Region um Braga. Es gibt ein altes portugiesisches Sprich-

wort, das da lautet: ›Coimbra studiert, Lissabon spielt, Porto arbeitet und Braga betet.‹ Neben dem Beten fand man in und um Braga allerdings offensichtlich genügend Zeit, leckere Rezepte zu erfinden ...

In Sintra gibt es süße ›Nackenrollen‹ – *travesseiros* – zu kosten: eine mit Puderzucker bestäubte Blätterteigspezialität. Neben den berühmten *queijadas de Sintra* selbstverständlich – Quarkküchlein mit Eiern gefüllt und Zimt bestreut. Es gibt Schachkuchen (*bolo de xadrez*), ›Erstgeborene‹ (*morgados*) und ›Söhne‹ (*filhos*) ›Gescherte‹ (*tosquiados*), ein ›Bündel Eier‹ (*trouxas de ovos*), ›Sand aus Sines‹ (*areia de Sines*), ›Scheite aus Avis‹ (*cavacas de Avis*). Man isst ›weiche Eier‹ (*ovos-moles*), die aber absolut nichts mit einem 4-Minuten-Frühstücksei zu tun haben, und ›Eierfäden‹ (*fios de ovos*): Das eine ist ein weiches Zucker-Dotter-Gemisch in einer Oblate, das andere ein Gespinst aus Eiern und Zucker. Sogar aus Bohnen machen die Portugiesen was Süßes: nämlich die *pasteis de feijão* – saftig-süße Pasteten, die aus der Gegend um Torres Vedras stammen.

Berühmt und ein absolutes Must in Portugal: die *pasteis de natas*. Die müssen Sie probieren, und wenn Sie Lissabon besuchen, tun Sie das am besten an Ort und Stelle, nämlich in der Casa Pasteis de Belém, direkt neben dem Hieronymuskloster, dessen Mönche diese Blätterteigköstlichkeit nämlich erfunden haben: mit Vanillepudding gefüllt und mit Zimt bestäubt. *Arroz doce* (süßer Reis mit Zimt), *leite-creme* (eine Milchcreme) oder *pudim flan* (Karamellpudding) gibt es in jedem Restaurant als Dessert. Die schon erwähnte ›Kamelspucke‹ (*baba-de-camelo*) ist eine Eiercreme mit Mandeln und Kondensmilch. Und wenn Sie auf der Speisekarte ein *doce da casa* entdecken, greifen Sie zu: Die ›Süßspeise des Hauses‹ können Sie unbedenklich bestellen. Sie ist selbst hergestellt, frisch und meist eine regionale Spezialität. So manches süße Rezept allerdings stammt nicht aus den Klöstern: Die Mauren haben ebenfalls eine Menge süßes Erbe hinterlassen – Marzipan zum Beispiel. Das portugiesische *maçapão* allerdings schmeckt ganz anders als das berühmte Marzipan aus Lübeck. An der Algarve wird es nur aus Zuckersirup und fein gemahlenen Mandeln hergestellt. Manchmal füllt man es dann mit gezuckertem Eigelb. Oder man gestaltet aus dem Teig Früchte und Tiere, ja sogar Schinken und Würste. Dafür gibt es spezielle Kurse bei der Ausbildung zum Patissier. An der Algarve gibt es außerdem ganz besondere Spezialitäten aus Feigen, nicht nur eine spezielle Feigentorte, sondern auch den *queijo de figo* (›Feigenkäse‹), der absolut nichts mit einem Molkereiprodukt zu tun hat, sondern eine Mischung aus Feigen, gemahlenen Mandeln und Schokolade ist.

## PortugalInfo
## Viel Ei, wenig Schokolade

Warum es so viele Süßigkeiten mit Ei gibt? Ganz einfach: Portugal ist bekanntlich katholisch – und man brauchte in den Kirchen und Klöstern stets große Mengen Eiweiß: für die Herstellung der Hostien. In Nonnenklöstern, so sagt man, benötigte man Eiklar zum Stärken der weißen Ordenstracht. Die Eidotter blieben in jedem Fall übrig – und aus ihnen entstanden die Ideen für die herrlichsten Desserts.

Mit Schokolade allerdings haben es die Portugiesen nicht so wirklich. Und das, obwohl im kleinen Örtchen Óbidos (nördlich von Lissabon) alljährlich das Internationale Schokoladenfestival stattfindet – im Jahr 2016 zum vierzehnten Mal. Und obwohl einst portugiesische Kolonien die weltgrößten Kakaoproduzenten waren, nämlich um 1900 die Inselgruppe São Tomé e Príncipe. Trinkschokolade kennt man zwar in Portugal, doch leckere Tafeln sind eher teuer, weil sie meist importiert werden müssen.

# XI. ›Hier ist der Wein so billig. Machen wir's wie die Einheimischen und geben uns mal richtig die Kante!‹

Sicher wissen Sie: Portwein stammt aus Portugal. Klar – liegt ja nahe, so rein namenstechnisch. Bei Ihrem ersten Besuch werden Sie erstaunt sein über die reiche Vielfalt portugiesischer Weine. Und über den Preis: Recht ordentliche Tafelweine sind unter zwei Euro für die 0,75-Liter-Flasche zu haben. Das verführt natürlich dazu, sich mal durchzuprobieren – und schnell hat man ein Glas zu viel getrunken …

## PortugalPatzer № 25
*›Die saufen doch alle – schon zum Mittagessen heben sie einen!‹*

Sie haben es genau beobachtet, bei Ihrem morgendlichen Café-Besuch ebenso wie in der Kneipe, in der Sie zum Mittagessen waren: Da kamen ein paar Arbeiter rein und kippten jeweils einen Schnaps in ihren Kaffee; einmal haben Sie sogar den Postboten dabei ›erwischt‹. Selbst Banker im Anzug und die Polizisten vom Revier gegenüber tranken zu mittags ein oder zwei Glas Wein. ›Und nachher‹, so fragen Sie empört, ›arbeiten die alle ganz normal weiter? Bei uns gäb's das nicht!‹ – da trinkt man tagsüber nicht, gerade im Job. Jetzt ist Ihnen klar, warum es mit Portugal nicht aufwärts geht. Wenn die alle so früh am Tag schon anfangen …

PortugalWissen

## Komasaufen – nein. Alles andere – gerne!

Nicht dass die Portugiesen alle Säufer wären – aber eines sollte Ihnen klar sein: Alkohol gehört stets dazu. Zu jedem Essen. Auch mittags, während der Arbeitszeit. Dennoch sind beileibe nicht alle Portugiesen ständig ›unter Strom‹. Nicht alle, sondern lediglich etwas mehr als die Hälfte – nämlich 56 Prozent der Portugiesen – trinkt überhaupt Alkohol und davon knapp die Hälfte (47 Prozent) täglich. 69 Prozent davon wiederum belassen es bei einem Gläschen – bleiben also gar nicht so viele Portugiesen übrig, die mehr trinken (oder richtig einen heben).

Was man allerdings wenig sieht: sich am Wochenende ins Koma saufende Jugendliche oder Erwachsene. Dem Parlament liegt trotzdem derzeit ein Gesetz vor, das Alkoholgenuss unter freiem Himmel nach 2 Uhr morgens verbietet.

91 Prozent der Portugiesen (in Gesamt-Europa 83 Prozent) sind für Alkoholkontrollen bei Autofahrern. 89 Prozent der Portugiesen sind für Alkoholverbot an Minderjährige, Ausschank wie Verkauf. Weder Wein noch Spirituosen dürfen übrigens an Jugendliche unter 16 Jahre abgegeben werden. Portugal liegt momentan beim Alkoholkonsum auf Platz acht in der Welt, in Europa auf Platz 10 mit einem jährlichen Pro-Kopf-Konsum von 14,55 Litern reinem Alkohol. Das ist nach Daten der WHO aus den Jahren 2000–2005 errechnet worden. Bei Spirituosen aller-

dings landen die Portugiesen weit abgeschlagen auf Platz 24 (mit 2,8 Litern pro Kopf/Jahr) – kurz hinter der Schweiz (Platz 25 mit 3,1 Litern) und Österreich (Platz 26 mit 3,2 Litern) und weit hinter Deutschland (Platz 17 mit 5,4 Litern). Spitzenreiter in Sachen Spirituosen ist Südkorea mit 27 Litern!

## PortugalInfo
## Mineralwasser – mit oder ohne?

Ungewohnt für viele Portugalreisende: Die Portugiesen trinken fast nur Mineralwasser *sem gás* – also ohne Kohlensäure. Das allerdings gibt es überall in Riesenflaschen bis zu fünf Litern – und es kostet wirklich wenig (eineinhalb Liter kauft man im Supermarkt schon ab 14 Cent). Ganz im Gegenteil zu kohlensäurehaltigem Wasser – *água com gás*; das ist wesentlich teurer. Meine Freundin Adriana kennt dazu eine schöne Anekdote: ›Als ich herkam aus Deutschland, kannte ich auch nur 'Bubbelwasser'‹, erzählte sie mir. ›Ist da ja eher üblich. Ich war höchst erstaunt, als mir etliche Portugiesen sagten, solches Wasser sei höchst ungesund. Und als ich nach dem Grund gefragt habe, hieß es: Das würde die Knochen kaputt machen …‹

Stellt sich die logische Frage: Was machen all jene Portugiesen, die Bier oder Cola oder *gasosa* (Zitronenlimonade) trinken? Da ist ja bekanntlich auch Kohlensäure drin. Adriana wusste das leider ebenfalls nicht: ›Wahrscheinlich‹, so meint sie, ›ist Kohlensäure nur im Wasser 'gefährlich'. Das Merkwürdige: Gegen Bauchweh soll *água com gás* übrigens helfen.‹ Glücklicherweise gibt es bei den portugiesischen Weinen solchen Irrglauben nicht. Wohl weil einer der bekanntesten und beliebtesten, nämlich der *vinho verde*, ebenfalls auf der Zunge prickelt.

PortugalInfo

## Wissen Sie, wer Lusus war?

Nein? Dann ist Ihnen der römische Götterhimmel aber nicht sehr vertraut! Lusus soll der Sohn (oder Gefährte, das weiß man nicht so genau) des Weingottes Bacchus gewesen sein. Und falls Ihnen beim Namen Lusus irgendetwas bekannt vorkommt, liegen Sie richtig: Die Römer nannten Portugal, als es noch nicht Portugal war, sondern lediglich eine Provinz des großen römischen Reiches, Lusitanien. Das kennen Sie vielleicht von ›Asterix‹. Es könnte also sein, dass Lusus hier die erste Weinrebe pflanzte. Möglicherweise haben auch Phönizier, Griechen und natürlich die Römer selbst die Hände im Spiel gehabt.

Jedenfalls gibt es Weinanbau schon seit sehr langer Zeit. Und durchaus erfolgreich. Heute findet man mehr als 500 Rebsorten in Portugal. In allen Regionen werden sowohl Weiß- wie Rotweine angebaut, 15 Prozent der Bevölkerung leben vom Weinbau und -handel. Die Portugiesen hatten zudem einen König, der – nach fast 400 Jahren maurischer Herrschaft und damit des Alkoholverbots – den Weinbau wieder aufleben ließ: Dom Dinis (1279–1325) trug zu Recht den Beinamen *Rei lavrador* (›Bauernkönig‹). Unter seiner Regentschaft wurde so schwungvoll Handel mit Wein (und anderen landwirtschaftlichen Gütern) getrieben, dass Portugal eine Handelsflotte aufbauen konnte und zur Weltmacht wurde.

PortugalWissen
# Portugiesischer Wein

In Sachen Wein haben die Portugiesen eine ganze Reihe von Spezialitäten, die es nirgendwo sonst auf der Welt gibt. Nicht ›nur‹ den berühmten Portwein. Es lohnt sich, da mal durchzuprobieren. Je nach der Region, in der Sie sich aufhalten. Sie können in jedem Lokal bedenkenlos einen offenen *vinho da casa* – ob rot oder weiß – ordern. Wenn Sie Glück haben, hat der Wirt sogar eigenen Wein im Keller und freut sich, Sie verkosten zu lassen. Damit Sie gut durch die Weinkarte finden, ein paar Hinweise:

*vinho verde*

›grüner Wein‹; das hat nichts mit der Farbe Grün zu tun, sondern mit dem Alter und der Herkunft. Es handelt sich um jungen (›grünen‹) Wein aus dem Norden. Die Region Minho ist sehr regenreich und wird der ›grüne Garten Portugals‹ genannt. *vinho verde* moussiert leicht; die Kohlensäure wird aber nicht künstlich zugesetzt, sondern entsteht beim Vergären. Es gibt auch roten *vinho verde*, nicht nur weißen.

*vinho tinto*

ist Rotwein und macht (zusammen mit Rosé) etwa 70 Prozent der Rebfläche in Portugal aus. Weine aus den Gebieten Douro, Dão, Bairrada und vor allem Alentejo sind Spitzengewächse.

*vinho branco*

nennt sich der Weißwein auf Portugiesisch. Besonders gut sind die Weißen aus den Gebieten Terras de Sado und der Estremadura.

*Madeira*
ist ein Süßwein, der ›gespritet‹, also mit Weinbrand versetzt wird. Angeblich wurde durch Zufall entdeckt, dass der Transport des Weins per Schiff in die Tropen den Geschmack noch besser machte. Fortan also durften ausgewählte Wein in kleinen Fässern auf Kreuzfahrt gehen – auf die *torna viagem*, eine Seereise nach *ultramar*, in die portugiesischen Überseeprovinzen. Heute macht man das nicht mehr, sondern die ›Madeirisierung‹ wird durch langweilige Lagerung erzielt. Dem Wein würde die Reise sicher mehr Spaß machen!

## PortugalInfo
## Nach einem leckeren Essen: ›Digestif?‹

Portugal hat da eine Menge zu bieten: nicht nur Liköre, sondern ausgezeichnete Brandys. Und unter den Süßweinen gibt es etwa den *ginja* oder *ginjinha* aus Kirschen, der aus der Gegend von Óbidos stammt. Er wird mit oder ohne eingelegte Kirschen genossen. Im Lokal lassen Sie's besser, aber traditionsgemäß, so heißt es, spuckt man die Kirschkerne auf den Boden. Ganz besonders lecker: Manchmal serviert man *ginja* in einem kleinen ›Becher‹ aus dunkler Schokolade. Da hat man dann Dessert und Digestif in einem ...

*Licor Beirão*
ist ein Kräuterlikör; er enthält ausgewählte Pflanzen und Kräuter und wird doppelt destilliert. Das genaue Rezept ist (natürlich!) geheim.

*Amêndoa amarga*
ist ein Mandellikör, der ein bisschen an Amaretto erinnert. Allerdings ist er nicht braun, sondern weiß. Kleiner Tipp: Probieren Sie ihn mit einer Zitronenscheibe und viel Eis!

*Licor de Anis* oder **Anis escarchado**
ist ein Anislikör. Spezialität in Portugal: eine Flasche, in der eine kandierte Anispflanze eingelegt ist.

*Absinto*
besteht aus Wermut, Anis, Fenchel und Kräutern – selbstverständlich eine geheime Rezeptur. In Portugal gibt es Absinth seit den 1920er Jahren, und man trinkt ihn traditionell mit Zucker von einem speziellen Löffel.

*Moscatel*
ist ein Süßwein aus der Muskatellertraube, der ein bisschen nach Honig und Orangen schmeckt.

*Bagaço* oder **aguardente**
heißt eigentlich erst mal ›Schnaps‹, und meist handelt es sich um einen Tresterschnaps – also im Grunde eine Art Grappa.

*Medronho*
stammt aus dem Alentejo und von der Algarve: Er wird aus den Früchten des Erdbeerbaums gemacht und kaum fabrikmäßig hergestellt, sondern meist schwarz gebrannt. Der Staat duldet's, die GNR (Polizei) verkostet mit, denn *medronho* zu brennen ist eine alte Tradition. Es gibt praktisch ausschließlich kleine, private Brennereien. Vor allem in und um Monchique, im Norden der Algarve. Das Pflücken der Früchte ist harte Arbeit, und so lassen viele Landbesitzer mit Medronho-Sträuchern Landarbeiter die mühsame Ernte erledigen und die Früchte zum Brennen bringen. Danach wird geteilt: Jeweils ein Drittel des erzeugten Schnapses bekommen Gutsherr, Pflücker und Brenner.

*Macieira*
hat nichts mit dem gleichnamigen Apfelbaum zu tun, ist also kein ›Apfelbrand‹ wie der französische Calvados, son-

dern ein, wenn er gut gebrannt ist, hervorragender weicher Brandy. Der Name geht auf den ›Erfinder‹ zurück, auf José Guilherme Macieira, der 1885 nach einem Besuch in Frankreich mit der Herstellung von Cognac begann (damals noch keine geschützte Herkunftsbezeichnung). Macieira wurde bei der Weltausstellung in Paris im Jahr 1900 ausgeschenkt.

## PortugalWissen
# Und darauf einen Port!

An allem ist, zumindest im weitesten Sinne, wieder mal der *bacalhau* schuld. Wenn die Portugiesen nicht so scharf auf den gesalzenen Stockfisch wären, hätten sie nicht – bereits im Jahr 1373! – mit den Engländern einen Vertrag geschlossen, der im Gegenzug für Weinlieferungen das Fischen von Kabeljau vor der Küsten Großbritanniens zugestand.

So fing alles an. Zwar war der Portwein noch nicht erfunden, daher nahmen die Engländer mit *Vinho de Lamego* vorlieb, einem lecker Weinchen aus der Stadt Lamego (die in der Nähe des Douro liegt, des Flusses, an dessen Ufern der Portwein heute noch wächst und gedeiht).

In alten Zolldokumenten taucht für die Weine aus dem Dourotal die Bezeichnung *Porto* zum ersten Mal gut 300 Jahre später auf, nämlich 1678.

Die Engländer tranken gerne und suchten nach immer mehr Weinproduzenten – der einzige Haken war: Die edlen Tropfen mussten transport- und lagerfähig sein. Schließlich dauerte die Seereise nach England ein paar Wochen. Und natürlich sollte der Wein nach der Ankunft auf den Britischen Inseln noch genießbar sein und nicht etwa wie Essig schmecken.

Wie überall in Europa war damals daher die erste Wahl: ›Wir gehen ins Kloster – und fragen da mal nach!‹ Und siehe da: Mönche erfanden den Priest-Port – einen Wein, dem sie Alkohol zufügten, um den Gärprozess zu stoppen. 25 Jahre später war Portwein sogar am englischen Hofe beliebt. Selbst Queen Anne, die zu jener Zeit regierte, genoss jeden Tag ein Gläschen (oder mehrere) und sorgte sogleich dafür, dass in einem weiteren Vertrag zwischen England und Portugal unter anderem der Portweinhandel gefestigt blieb. ›Textilien gegen Portwein‹ hieß diesmal die Devise.

Noch heute haben viele der Portweinkellereien englische Namen: Sandeman, Graham, Taylor; aber auch portugiesische Familien stellen Spitzenportweine her: Fonseca, Cálem, Ferreira oder Barros.

Was Königen mundet, sollten Sie ebenfalls probieren. Wenn Sie es nicht nach Porto direkt schaffen, versuchen Sie es in den speziellen Weinhandlungen, die Portwein anbieten. Wissenswert ist:

- Portwein darf ausschließlich aus Portugal kommen – die Bezeichnung ist international geschützt.
- Das Instituto do Vinho Porto (›Portweininstitut‹) hat genaue Qualitätskriterien erstellt. Ein Wein, der sie nicht erfüllt, darf sich nicht Portwein nennen.
- Es gibt lediglich drei Anbaugebiete: Baixa Corgo um die Stadt Peso da Régua, Cima Corgo rund um die Stadt Pinhão und Douro Superior von São João da Pesqueira bis an die spanische Grenze. Nur etwa 40 aus über 500 portugiesischen Rebsorten dürfen für Portwein verwendet werden.
- Portwein ist ein gespriteter Wein: Dem Most wird Weindestillat zugesetzt (›Vinierung‹), um die Gärung zu stoppen. Der Restzucker macht die Süße im Geschmack aus.
- Jeder Portwein lagert mindestens zwei, maximal sechs Jahre im Fass. Nach zwei Jahren wird zum ersten Mal verkostet,

und je nach Qualität noch länger im Fass belassen. Spitzenjahrgänge reifen zum Vintage, der mindestens zehn Jahre lagern muss. Ein Portwein aus einem großen Jahrgang zählt zu den wirklich besten Weinen der Welt.
- Portwein trinkt man als Aperitif, zum Dessert, als Digestif – oder ›einfach nur so‹ zum Genießen. Rote Ports schmecken am besten zwischen 14 und 18, weiße zwischen 10 und 16 Grad.

## PortugalInfo
## Und was ist mit Bier?

Sagres und Superbock – das sind die beiden großen Biere in Portugal, und sie bieten eine ganz ordentliche Auswahl an Sorten an. Es gab und gibt noch ein paar weitere Sorten – etwa Cristal, Cintra, Coral oder Tagus. Für einen Urlauber aus einem Bierland eine eher schwache Auswahl, obwohl Bier in Portugal durchaus eine lange Tradition hat. Schon zu Römerzeiten hat man es im alten Lusitanien getrunken, und heute noch gehört die portugiesische Bierproduktion unter die ersten zwanzig in Europa. Aber Sie fahren ja sicher nicht nach Portugal, um Biersorten zu erforschen …

## Tipps für Ihren Urlaubsaufenthalt

*caneca* nennt man bei der Bierbestellung den Halbliter-Krug. Wenn Sie nur ein kleines Bierchen zischen wollen, verlangen Sie ein *imperial*. Das ist eigentlich eine Biersorte, es hat sich aber eingebürgert, das Wort *imperial* für die Bestellung eines kleinen Biers zu verwenden. Im Norden bestellt man auch ein *fino* – ebenfalls ein kleines Glas. Bier vom Fass nennt man *cerveja de pressão* oder *cerveja de barril*, die Flasche heißt *garaffa*. Sogar ein Radler kennt man: Es heißt *shandy* (aus dem Englischen) oder *panache* (aus dem Französischen).

# PortugalPatzer № 26
## ›Alkohol genieß ich pur – da brauch' ich keine Snacks dazu!‹

Sie haben sich mit neu gewonnenen portugiesischen Freunden zum Essen verabredet. Und man hat vereinbart: Vorher gibt's einen Aperitif in Ihrem Ferienhaus.

Schließlich sind Sie stolz drauf, was Sie dieses Jahr für ein wunderschönes Anwesen zum Urlaub mieten konnten: schicke Wohnräume, perfekt eingerichtete Küche, weitläufige Terrasse mit Meerblick und ein riesiger Pool. Sie überlegen noch: ›Zwei Flaschen Wein sollten reichen – wir sind ja nur zu acht. Also ein Gläschen für jeden, und weil wir nachher richtig toll zum Abendessen gehen, muss man vorher keine Häppchen servieren …‹

## PortugalInfo
## ›Nur‹ Alkohol – das tut man nicht!

Ein Glas Wein oder Bier – und dazu gar nichts zum Knabbern? Das ist in Portugal ein No-go. Ich wusste das anfangs ebenfalls nicht und ich bin heilfroh, dass bei meiner ersten Einladung meine Freundin Adriana dazu kam.

Sie hat mich nämlich vorher aufgeklärt: ›Wenn du etwas zu trinken anbietest‹, sagte sie, ›also etwas Alkoholisches, dann muss man dazu immer etwas zu Knabbern anbieten. Sonst giltst du als Säufer. Vergiss nicht: Wein gehört bei uns zwar immer dazu – aber eben auch etwas zu Essen.‹

Und was stellt man dazu auf den Tisch? Ganz einfach: Ein paar Oliven (*azeitonas*) sind sozusagen ein Muss – und sie sind eine gute Basis für den Alkohol. Man isst gerne *tremoços*. Das sind eingelegte Lupinensamen. Es macht nicht viel Mühe, Salamischeiben, *presunto* – das ist luftgetrockneter Schinken – und ein bisschen Käse herzurichten.

Will man es ganz perfekt machen und sich sozusagen als Neuportugiese beweisen, bietet man *salgadinhos* an: kleine salzig-pikante Gebäckteilchen. Das können *rissois de bacalhau* oder de *camarão* sein (das sind kleine Teigtaschen mit Bacalhau- oder Krabbenfleisch gefüllt); man kann *percebes* servieren oder *caracois* (Entenmuscheln beziehungsweise Schnecken).

Man muss das alles nicht selbst zubereiten – in jedem gut sortierten kleinen *mercado* bekommt man hausgemachte Spezialitäten. Es geht eher um die Geste, seinen Gästen nicht ›nur‹ Wein oder Bier anzubieten, sondern dazu immer eine kleine Leckerei zu reichen.

# XII. ›Als Gast im Restaurant bestimme ich! Da muss der Wirt schon spuren ...‹

Sie haben sich für den gemeinsamen Abend mit Freunden extra ein Lokal ausgesucht, das direkt am Strand liegt. Sie wollen sich heute mal etwas gönnen und sich verwöhnen lassen, sich einfach rundherum wohlfühlen. Wie könnte das nicht der Fall sein – beim Sonnenuntergang direkt am Strand, mit gutem Essen und einem feinen portugiesischen Wein?! Einen Tisch haben Sie nicht reserviert – noch ist keine ›richtige‹ Saison (wie Sie meinen) und deshalb wird schon genug Platz sein.

PortugalPatzer № 27 ›*Ich will aber am Fenster sitzen! Und wieso gibt's nur Papiertischdecken in diesem feinen Restaurant?*‹

Sie stürmen ins Restaurant und setzen sich an einen freien Tisch. Natürlich direkt an der Fensterfront – schließlich wollen ja alle den Blick aufs Meer genießen. Der Kellner schaut zwar irgendwie etwas komisch berührt drein, lässt Sie aber gewähren. Er bringt die Speisekarte und stellt daneben gleich Butter, Brot und Oliven auf den Tisch. Und noch eine ganze Menge an anderen leckeren Kleinigkeiten.

›Ist das etwa alles zum Probieren?‹ fragen Sie. Und greifen zu, denn man weiß ja, wie lange es oft dauert, bis alle bestellt haben und das Essen endlich serviert wird. Hm – schmeckt wirklich gut! Wie freundlich vom Wirt, dass er seinen Gästen etwas zum Verkosten hinstellt.

Ein bisschen mokieren Sie sich allerdings, dass es ›nicht mal Stofftischdecken gibt, sondern nur so Papierfetzen auf dem Tisch‹. Einfach unmöglich für ein gutes Restaurant, finden Sie.

PortugalWissen
## Vorspeisenfalle und andere Stolpersteine

›Wait to be seated‹ – bitte auch in Portugal! Selbst wenn der Tisch, den Sie im Lokal ganz selbstverständlich ansteuern, nicht mit einem Schildchen *reservado* (›reserviert‹) versehen ist. In Portugal ist es üblich, selbst in einer normalen kleinen Kneipe, wenigstens kurzen Blickkontakt zum Kellner (oder zum Chef)

aufzunehmen, bevor man sich einen Tisch aussucht. Selbstverständlich wird man sich bemühen, Ihnen einen Tisch nach Ihren Wünschen zuzuweisen – aber die Höflichkeit gebietet es eben, das mal eben mit dem Kellner abzustimmen. Kein Wunder also, dass der Kellner Sie mit einem etwas unwilligen Blick bedacht hat. Bitte beachten Sie also: In der Regel betritt man ein Lokal und wartet einen Moment, bis man vom (Ober)Kellner oder Chef selbst einen Tisch zugewiesen bekommt.

Selbst in guten Restaurants ist es durchaus üblich, dass der Kellner über die weiße Stofftischdecke eine Papierdecke legt.

Stören Sie sich nicht daran – das hat nichts, aber auch gar nichts mit der Qualität des Lokals zu tun. Sondern spart bei mehr als einem ›Durchlauf‹ der Gäste, dass komplett frisch (und für den Wirt teuer) eingedeckt werden muss. Nach dem Essen werden die Papierdecken entsorgt und der nächste Gast hat so wieder einen sauberen Tisch. Das gilt vor allem für Restaurants, in denen man Fisch oder Meeresfrüchte anbietet: In einer *marisqueira* darf man ja so manches mit Fingern essen oder muss Taschenkrebse oder Hummerscheren öffnen – das spritzt dann schon mal …

Es kann ein böses Erwachen geben, wenn es ans Zahlen geht und all die leckeren Vorspeisen plötzlich auf der Rechnung auftauchen, die vermeintlich ›zum Probieren‹ angeboten wurden. Selbst ›nur‹ Butter, Brot und Oliven werden nicht gratis angeboten. All das ist später auf der Restaurantrechnung zu finden, allerdings meist mit einem so geringen Betrag, dass es nicht wirklich ins Gewicht fällt. Sardinen- oder Tunfischpaste kostet ebenfalls kein Vermögen und schlagen mit ca. 50 Cent pro Päckchen zu Buche. Insgesamt liegt der Preis für Brot, Butter und Oliven – das so genannte *Couvert* – zwischen einem und drei Euro.

Anders ist es mit *entradas* wie *pata-preta* (das ist der unheimlich leckere Schinken vom schwarzen Schwein), kleinen *sardinhas à espanhola* – das sind kleine Sardinen in Tomaten-Zwiebel-Soße –, *salada de atum* (Tunfischsalat) oder *salada de polvo* (Tintenfischsalat), kleinen Pasteten und was es noch so an Leckereien gibt. Käse wird ebenfalls als Vorspeise angeboten (der ›schließt‹ also nicht den Magen, sondern ›öffnet‹ ihn).

Solche *entradas* sind köstlich, aber – teuer. Der luftgetrocknete Schinken kostet pro Portion schon mal acht Euro, und die Sardinen schlagen mit etwa fünf bis sieben Euro zu Buche. Wenn Sie zu zweit oder gar viert essen gehen, wird das kein billiges Mahl. Vor allem, wenn Sie eine Zeitlang aufs Essen warten müssen, Appetit oder gar Hunger haben und deshalb nicht nur eine einzige Vorspeise verzehren ...

Bitte aufpassen: Laut Gesetz muss der Kellner fragen, ob Sie diese Vorspeisen wollen. Falls Sie sicher sind, dass Sie darauf verzichten wollen, sagen Sie einfach *pode levantar se faz favor* (›Das können Sie bitte wieder mitnehmen!‹). Oder *não precisamos das entradas* (›Wir brauchen keine Vorspeise!‹). Manchmal wird die Nachfrage einfach ›vergessen‹, gerade in Touristenhochburgen. Dann müssen Sie die kleinen Leckereien bezahlen. Selbst dann, wenn Sie nur eine einzige Olive vom Tellerchen genommen oder nur ein kleines Sardinchen probiert haben.

## PortugalInfo
## Wenn Sie keinen großen Hunger haben

Fragen Sie ruhig nach einer *meia dose*. Das hat nichts mit Dosenfutter oder Konserven zu tun (wie ich bei meinem ersten Portugalurlaub annahm – ich schäme mich noch heute!), sondern bedeutet schlicht ›halbe Portion‹.

Es ist in den meisten Lokalen übrigens kein Problem, sich zu zweit ein Hauptgericht zu teilen. Die Portugiesen servieren fast alles als riesige Portion. Nicht nur im Alentejo (wo das scheint's besonders dazu gehört), sondern im ganzen Land.

# PortugalPatzer № 28
*›Sind die alle fernsehsüchtig? Nicht mal im Restaurant geht's ohne Glotze!‹*

Sie haben etwas zu feiern und wollen sich kulinarisch etwas gönnen. Also gehen Sie heute mal nicht in die originelle Strandkneipe oder das Frango-piripiri-Lokal. Ein bisschen edler darf's schon sein, und Sie haben sich einen Tipp von Dona Joana geholt, wo man typisch portugiesisch, aber eben besonders fein speisen kann. Ihr Rat war wirklich gut: ein zwar großes Lokal, aber mit vielen Treppchen und kleinen Balustraden, kuscheligen Nischen und kleineren ›Abteilungen‹ mit jeweils nur ein paar Tischen. Sie finden es richtig schön und freuen sich auf den Abend zu zweit, mit ein bisschen Romantik.

Aber was ist das? Kaum hat der Kellner Ihnen die Speise- und die Weinkarte gereicht, Oliven, Butter und Brot auf den Tisch gestellt und nach Ihren Wünschen für den Aperitif gefragt, greift er in seine Tasche und zückt eine Fernbedienung. Sie mögen es kaum glauben und können es noch weniger fassen: Von der Decke des Saals hängen Flachbildschirme – und zwar nicht nur einer, sondern jede ›Abteilung‹ ist perfekt damit ausgerüstet. Damit auch ganz bestimmt jeder Gast in jedem Blickwinkel das TV-Programm sehen kann. Selbst der Ton wird ›eingeregelt‹ – nicht allzu laut, aber doch so, dass man durchaus versteht, was auf dem Bildschirm abgeht.

Sie sitzen fassungslos im Restaurant, den Appetit hat es Ihnen gründlich verschlagen. ›Sind die hier alle TV-süchtig?‹, fragen Sie. ›Das darf nicht wahr sein – überall läuft die Glotze, nirgends hat man mal seine Ruhe!‹

PortugalInfo
## TV-Sucht oder ›nur Gewohnheit‹?

An einer Fernsehsucht kann es nicht liegen. Dagegen sprechen die Statistiken. Klar – auch die Portugiesen schauen jedes Jahr im Schnitt ein paar Minuten länger fern, wie übrigens alle Bürger in Europa. Die Portugiesen liegen jedoch durchaus nicht über dem europäischen Durchschnitt von 213 Minuten am Tag. Die Zahlen sprechen also eher ›für‹ sie: Im Jahr 2010 hat der Durchschnittsbürger in Portugal 209 Minuten am Tag ferngesehen. In Deutschland waren es mehr – nämlich 233 Minuten, in der Schweiz dagegen nur 163 und in Österreich sogar nur 153 Minuten.

Kaum nachvollziehbar, diese Statistik, denn überall läuft der Fernsehapparat: in der Kneipe sowieso, im Dorfcafé, beim Arzt im Wartezimmer, in der Apotheke, sogar im Postamt. Dazu natürlich in allen Privathaushalten, und dies, so scheint es dem Beobachter, mehr oder weniger ständig.

Ich konnte das ja noch in gewisser Weise verstehen, als ich im Jahr 2004 herkam: Da war Portugal Ausrichter der Fußball-Europameisterschaft, und dass da überall geguckt werden musste, war mir klar (und ich schaute ja auch gerne zu). Man lässt es sich eingehen, wenn man in Wartebereichen – also beim Arzt, in der Apotheke oder in Behörden – von einem TV-Gerät unterhalten wird. So verkürzt man sich langweilige Wartezeiten (obwohl man natürlich Zeitung lesen oder in einem Buch schmökern könnte). Aber dass man selbst in etwas ›besseren‹ Lokalen nicht am Fernseher vorbei kommt, hat mich schon sehr verwundert. Zwar schaut angeblich meist eh niemand hin (oder sehr verstohlen eben doch, vor allem wenn Reportagen zum Thema Fußball gesendet werden). Aber wenn wirklich niemand zusehen würde, wären die Flachbildschirme kaum installiert worden.

Woran also liegt's? Meine private Umfrage bei portugiesischen Freunden und Bekannten brachte Folgendes zutage:: ›Wir brauchen diesen ständigen Pegel im Hintergrund‹, meinte mein Liebster. ›Außerdem sind wir alle fußballverrückt, wie du weißt. Und viele Bars haben ja sogar Pay-TV, damit die Gäste die Spiele sehen können.‹

Ein deutscher Bekannter, der schon seit Mitte der 1970er Jahre in Portugal wohnt, hatte eine einleuchtendere Erklärung. Das läge, so sagte er, an der brasilianischen Daily Soap ›Dona Xepa‹, die damals im Fernsehen lief und so beliebt war wie bei uns ›Denver‹ oder ›Dallas‹, nur eben mit viel mehr Emotionen. Brasilianisch halt – und daher sehr begehrt. ›Man kann sich das gar nicht mehr vorstellen‹, erzählte er. ›Die erste Staffel schon hatte weit mehr als 100 Folgen – und die liefen jeden Abend um 21 Uhr, immer montags bis freitags. Das waren echte Straßenfeger, so wie bei uns in Deutschland die Durbridge-Krimis. Kein Mensch saß nach neun Uhr abends in der Dorfkneipe – und deshalb haben sich die Wirte der Restaurants und Bars damals alle Fernsehgeräte angeschafft. Damit die Kunden blieben und nicht zu irgendwelchen Verwandten verschwanden, die einen Fernseher hatten, und bei denen man ›Dona Xepa‹ schauen konnte. Dabei ist's dann eben leider geblieben.‹

Und meine Sprachlehrerin Dona Carmo wusste: ›Ursprünglich waren die TV-Geräte in Bars und Lokalen einfach nur zur Unterhaltung des Gastes gedacht. Damit der länger blieb und noch ein Glas Bier mehr trank. Nicht jeder hatte ja einen Fernseher daheim.‹ Sie hatte außerdem einen Tipp für mich: ›Nutzen Sie das Fernsehen zum besseren Erlernen der Sprache. Nicht nur bei den *notícias* – also den Nachrichtensendungen. Sogar die Werbung kann Ihnen helfen. Denn das ist Portugiesisch, wie es überall gesprochen wird.‹

Nehmen Sie's also sportlich! Sie werden die Portugiesen nicht ändern, indem Sie sich über den laufenden Fernsehapparat beschweren. Hören Sie also weg – oder genau hin: Zum Erlernen der Sprache ist's nämlich wirklich gar nicht so schlecht. Man muss nur aufpassen, dass man eine portugiesische *telenovela* erwischt und keine brasilianische. Die sprechen nämlich ganz anders als die Portugiesen.

## PortugalPatzer № 29
›*Wir wollen keine gemeinsame Rechnung. Wir bezahlen natürlich getrennt!*‹

Sie haben bestens gespeist, saßen nachher noch bei einer Flasche Wein gemütlich zusammen, um den Abend ausklingen zu lassen. Nun merken Sie plötzlich: ›Wir sind die letzten Gäste.‹ Die Kellner bieten nichts mehr zu trinken an, irgendwie scheint man nur darauf zu warten, dass Sie endlich aufbrechen.

›Okay, dann zahlen wir eben – aber bitte getrennt‹, ordern Sie die Rechnung. Schließlich machen Sie das immer so. Wie mit Ihren Freunden üblich wollen Sie die Rechnung aufteilen. Aber das scheint der Kellner nicht begreifen zu wollen und zieht eine saure Miene, als Sie auf getrennter Rechnung bestehen …

## PortugalWissen:
# Getrennt oder zusammen?

›Getrennte Rechnung‹ – das ist in den meisten Ländern verpönt. Es gibt wohl nur eine Nation, in der es so üblich ist wie in Deutschland: in den Niederlanden. Im Englischen sagt man sogar ›lets go Dutch‹, wenn man die Rechnung aufteilt. In Portugal sagt man das nicht, weil man das hier nicht tut. Sie müssen nun aber nicht glauben, dass es bei den Portugiesen am Restauranttisch immer einen Gastgeber gibt, der anstandslos die Rechnung übernimmt. Ganz und gar nicht.

Man teilt die Rechnung durchaus auf – aber durch die Anzahl der Personen. Das geht dann in Ordnung (zumindest dann, wenn alle in etwa das Gleiche hatten und nicht einer nur einen Kaffee getrunken hat). Natürlich rundet man auf, damit genügend Trinkgeld (etwa zehn bis fünfzehn Prozent) dazu kommt.

Was aber eben nicht von gutem Benehmen zeugt, ist pingeliges Nachforschen und Ausrechnen bei Tisch à la ›wer hat was gegessen und wer muss was bezahlen‹. Für solche Runden gibt es im Prinzip dann nur zwei Möglichkeiten:

Sie zahlen alles und zeigen sich spendabel.

Sie zahlen alles, nehmen die Rechnung mit und klamüsern dann zu Hause oder im Hotel alles auseinander und holen sich das Geld von den Mit-Gästen wieder. Kann klappen, muss aber nicht, und hinterlässt in jedem Fall einen knickrigen Eindruck.

Eine dritte Variante funktioniert erfahrungsgemäß in touristisch erschlossenen Gebieten, also etwa an der Algarve oder in Lissabon: Sie sagen dem Kellner bereits bei der Bestellung Bescheid: *queremos a conta separada* (›Wir würden gerne getrennt zahlen!‹) Wenn Sie Glück haben, klappt's auch ... Wenn nicht – siehe Variante 1 oder 2.

Übrigens: In Portugal gilt seit 2008 ein gesetzliches Rauchverbot – in allen Ämtern, am Arbeitsplatz und in Restaurants und Kneipen. Der Wirt kann sich allerdings dafür entscheiden – wenn sein Betrieb weniger als hundert Quadratmeter Fläche hat – das Rauchen zu erlauben. Er muss dann aber eine entsprechend leistungsfähige Luftabzugsanlage installieren.

## PortugalInfo
## ›Há livro de reclamações‹ – ›Es gibt ein Beschwerdebuch‹

Das Zauberwort! Ob Café oder Hotel, ob Taxi, Kino oder Restaurant, ob Postamt oder Boutique: Alle Betriebe und Institutionen, die öffentlichen Service anbieten (dazu gehören tatsächlich auch Polizei und Amtsstuben), müssen in Portugal ein Beschwerdebuch (*livro de reclamações*) führen. Und sie müssen darauf an gut sichtbarer Stelle hinweisen – mit einem exakt in Größe und Form vorgeschriebenen Schild und dem Text *Este estabelecimento dispõe de livro de reclamações* (›Dieses Geschäft führt ein Beschwerdebuch‹).

Das Beschwerdebuch muss jedem Gast beziehungsweise Kunden ›auf Verlangen‹ ausgehändigt werden – und genau das ist es, was Sie tun können, wenn ein Essen, eine Dienstleistung, eine Ware nicht so ist, wie sie sein sollte und wenn eine freundliche Beschwerde nichts gebracht hat. Fragen Sie nach dem *livro de reclamações*. Und Sie werden merken: Allein Ihre Frage wirkt schon ›Wunder‹ – und sorgt dafür, dass eine plötzlich ausgesprochen freundliche Servicekraft oder sogar deren Chef erscheinen, um Sie umzustimmen ...

Und wenn nicht mal das klappt? Dann zieht man die Prozedur durch. Das geht so:

- Sie lassen sich das Beschwerdebuch kommen und füllen den entsprechenden Bogen aus. Achtung: Dafür sollten Sie Ihren Identitätsnachweis (Reisepass, Personalausweis, *cartão de residência*) parat haben. Schließlich muss man nachverfolgen können, wer die offizielle Beschwerde erstellt hat.

- Die Angaben im *livro de reclamações* kann man in Portugiesisch und / oder Englisch machen.

- Lesen Sie alles genau durch, und benutzen Sie zum Eintragen stets einen Kuli – das ist sogar vorgeschrieben, denn Bleistift könnte radiert werden. Natürlich schreiben Sie leserlich, also in Blockbuchstaben. Am besten machen Sie vorher einen Entwurf, damit Sie den Vorfall deutlich und klar schildern. Wichtig: Datum und Uhrzeit nicht vergessen!

- Sie müssen Name und Adresse des Geschäftes angeben und natürlich Ihre eigenen Daten (Name, Adresse und die Nummer Ihres Ausweises).

- ›Beweismaterial‹ sollten Sie aufbewahren – Rechnungen und Quittungen, Verträge, Broschüren, Fotos und so weiter. Gibt es Zeugen für den Vorfall? Dann notieren Sie sich deren Namen, Adresse und Telefonnummer.

Ihr Eintrag wird mit zwei Kopien (beziehungsweise Durchschlägen) erstellt: Das Original bleibt im Beschwerdebuch und darf nicht daraus entfernt werden (Sie können das anhand der laufenden Nummerierung überprüfen). Ein Durchschlag geht an Sie als Gast / Kunde – bitte sorgfältig aufheben! Und die dritte Ausfertigung muss innerhalb von fünf Tagen an die zuständige Behörde weiter geleitet werden.

Diese Behörde ist die ASAE (*Autoridade de Segurança Alimentar e Economia*). Hier wird darüber entschieden, ob Ihre Beschwerde berechtigt ist. Die ASAE legt außerdem fest, ob und welche Strafe verhängt wird.

Der Betrieb, über den Beschwerde geführt wird, hat zehn Tage Zeit, sich zu dem Vorfall zu äußern. Selbst wenn Ihnen das persönlich vielleicht nichts mehr nutzt, weil Sie bald abreisen: Sie ersparen möglicherweise anderen Gästen/Kunden ähnliche Probleme.

Es kommt selten vor, aber wenn es doch passiert: Wird Ihnen das Beschwerdebuch verweigert, können Sie die Polizei rufen. Und danach tragen Sie zwei Beschwerden ein – eine für Ihr ›eigentliches‹ Anliegen, die zweite für die Verweigerung. Sie sollten sich aber in diesem Fall Ihrer Sache schon sehr sicher sein!

Tun Sie sich selbst aber einen Gefallen, und beharren Sie nicht stur auf Ihrem (oft nur vermeintlichen) Recht: In Portugal löst sich – wie überall auf der Welt – so manches Problem mit einem Lächeln in Luft auf. Suchen Sie nicht krampfhaft nach Mängeln, sondern genießen Sie lieber Ihren Aufenthalt.

# XIII. ›Eingeladen bei Portugiesen! Dann sehen wir endlich mal, wie die so wohnen!‹

Mit den Vermietern Ihres Ferienhauses haben Sie wirklich einen Glücksgriff gemacht: Sie sind sich sympathisch, Sie verstehen sich gut – und so bleibt es nicht aus, dass Sie ganz privat von Dona Joana und Senhor da Silva zum Abendessen gebeten werden. Sie erfahren außerdem, dass Sie nicht die einzigen Gäste sind: Es kommen noch ein paar Freunde dazu, und sogar ein deutscher Geschäftspartner von Senhor da Silva hat sich angesagt (worüber Sie insgeheim sehr froh sind – hoffen Sie doch, an diesem Abend beim Smalltalk nicht ausschließlich auf Englisch und Ihre paar Brocken Portugiesisch angewiesen zu sein). Wichtig ist auf jeden Fall, das ist Ihnen klar, dass Sie zu dieser ›offiziellen‹ Einladung mit einem netten Gastgeschenk anrücken.

## PortugalPatzer № 30
### ›Wir bringen einfach Wein mit. Das passt bestimmt!‹

Sie eilen ins nächste Geschäft, um als Mitbringsel für Ihre Gastgeber eine schöne Flasche

Wein zu erstehen. Natürlich greifen Sie nicht zum Sonderangebot für nur ein paar Euro oder gar dem Wein aus dem Tetrapack. Nein, Sie lassen sich nicht lumpen und gehen zum Regal mit etwas edleren Sorten. Kurz streift Sie der Gedanke: ›Reicht Wein eigentlich aus? Oder sollte man noch Blumen für die Hausherrin besorgen?‹, aber dann denken Sie sich: ›Das passt schon, schließlich ist das ja keine hochoffizielle Angelegenheit, sondern nur ein Abendessen unter Nachbarn und Freunden!‹

PortugalWissen
## Die richtigen Mitbringsel

Keine Blumen für die Ehefrau des Gastgebers? Hmm – da sind Sie ziemlich ins Fettnäpfchen getappt. Auch die Flasche Wein ist als Gastgeschenk ein kleiner Fauxpas. Man wird Ihnen zwar sicher verzeihen, schließlich sind Sie ja kein Portugiese. Aber künftig wissen Sie es besser: Wein – also eine ganz ›normale‹  Flasche, selbst wenn sie kein billiger Tropfen ist – gilt in Portugal nicht als ›richtiges‹ Geschenk. Wein gehört nämlich zum Essen einfach dazu. Wenn Sie also eine Flasche Wein mitbringen, deuten Sie damit indirekt an: Der Gastgeber hat keinen guten und/oder passenden im Hause.

Anders ist es, wenn Sie wirklich edlen Rebensaft als Gastgeschenk dabei haben: etwa eine hochwertige Spezialität aus Ihrer Heimat. Noch besser ist es allerdings, einen exquisiten Brandy oder Whiskey mitzubringen.

Blumen für die Dame des Hauses sind beinahe ein Muss. Und zwar ein schön gebundener Strauß oder gar ein Gesteck. Ganz gewiss nicht ein paar Blümchen aus dem Supermarkt oder gar aus dem Garten gerupft. Aber das wissen Sie ja hoffentlich aus der eigenen guten Kinderstube.

Freuen würden sich die Gastgeber sicher über edle Schokolade oder exquisite Pralinen. Die sind in Portugal nämlich nicht so üblich wie bei Ihnen daheim und gelten deswegen als etwas Besonderes. Auch hier gilt: Kaufen Sie nicht im Supermarkt ein und nicht gängige Marken. Sondern nach dem Grundsatz: Wenn schon, denn schon. Konditoreien und Cafés bieten entsprechende Auswahl, genauso wie Spezialgeschäfte beziehungsweise -abteilungen in den großen Kaufhäusern und centros comerciais.

Als *estrangeiro* haben Sie es (zumindest wenn Sie nicht überraschend eingeladen werden, sondern ein bisschen zeitlichen Vorlauf haben) leicht mit einem Gastgeschenk: Mitbringsel aus Ihrer Heimat sind immer gern gesehen. Originale natürlich – also kein angeblich bayerischer Steinkrug, der den Aufdruck ›Made in Taiwan‹ trägt. Und bitte nicht die ›Spezialwochen‹ etwa zum Oktoberfest bei den deutschen Discountern ausnutzen. Da kaufen die Portugiesen nämlich ebenfalls ein …

Das mit dem ›Gastgeschenk aus der Heimat‹ gilt übrigens auch für Einheimische: Jede Region des Landes (und natürlich die Inseln Madeiras sowie der Azoren) hat ihre ganz eigenen Spezialitäten, vor allem natürlich kulinarische. Etwa eine besondere Käsesorte (*queijo*), ein ganz besonderer Schinken (*presunto*) oder eine *chouriço*, von der man als Gast stolz sagen kann: *É da minha terra* – ›Das stammt aus meiner Region‹. Die Vielfalt ist unendlich – und damit kann jeder Gast punkten.

Branntwein (*aguardente*) oder Likör sind ebenfalls ›erlaubt‹. Vor allem, wenn er *caseiro* – hausgemacht – ist. Etwa *Medronho* aus dem Alentejo oder gar aus Monchique, *Amêndoa amarga* (Mandellikör) von der Algarve, ein *Bagaço* (Tresterschnaps), dem Cognac ähnlicher *Macieira* (Branntwein) oder ein *Ginjinha* (›Kirschlikörchen‹) aus Óbidos.

Wichtig: Sie können selbstverständlich ›nur‹ eine Kleinigkeit schenken – wenn sie denn wenigstens hübsch verpackt ist. Und zwar nicht lediglich in Geschenkpapier eingewickelt. Sondern vielleicht in einem Körbchen mit Blumenschmuck oder Früchten. Oder einer originellen Box oder besonders gefaltetem Papier.

Sie wissen, dass Ihre Gastgeber Kinder haben? Dann denken Sie daran, denen ebenfalls eine Kleinigkeit mitzubringen: etwas Süßes beispielsweise.

## PortugalInfo
## Warum Portugiesen ihr Haus zeigen

Sie sind schon ziemlich neugierig, wie Ihre Nachbarn, immerhin ›echte Portugiesen‹, wohl so wohnen. Und Sie haben Glück (und wenn Sie, liebe Leser, ebenfalls einmal bei Portugiesen privat eingeladen sind, werden Sie das bestimmt ebenfalls haben): Sie bekommen Sie eine ›Führung‹ durchs Haus. Jeder Portugiese ist stolz darauf, sein Heim zu präsentieren.

Überrascht werden Sie allerdings sein (wie ich damals auch), wie das in Portugal vor sich geht. Ich hatte mich gleich am nächsten Tag bei meiner Freundin Adriana erkundigt, ob dieses ›Herzeigen‹ wirklich immer auf diese Art und Weise passiert. Weibliche und männliche Gäste besichtigten Haus und Hof ›getrennt‹, und außerdem hatten meine Gastgeber damals nichts ausgelassen – nicht mal die Gästetoilette.

Adriana kannte das genauso: ›In sehr traditionellen Familien oder auf dem Land ist es üblich‹, erklärte sie mir, ›dass die Hausherrin die weiblichen Gäste im Inneren des Hauses herumführt – und da wird dann kein Zimmer ausgelassen.

Wirklich keines – weder die wohlgefüllte Speisekammer noch das Bad samt Gäste-WC oder die Schlafzimmer! Und klar, dass alles tipptopp in Ordnung sein muss! Der Hausherr dagegen zeigt den männlichen Gästen alles, was außerhalb liegt: der Garten, die Garage samt Fahrzeugen, Wirtschaftsräume oder die kleine Werkstatt, wenn er denn eine hat.‹

Es gibt, so lernte ich (und Sie jetzt ebenfalls), in vielen Familien sogar ein Wohnzimmer, das im Grunde nur zu Showzwecken vorhanden ist: Eine ›gute Stube‹, in der alles perfekt aussieht, aber in der man sich normalerweise nicht aufhält. Das wird nicht nur in großen Anwesen so gehandhabt, sondern auch in vielen kleinen Häusern, oft sogar in Stadtwohnungen.

›Meist spielt sich ja sowieso fast alles in der Küche ab‹, meinte Adriana außerdem. ›Oder eben draußen.‹ In vielen Häusern gibt es deshalb eine *cozinha independente* oder *rural* (also eine externe Küche oder besser Kochgelegenheit im Garten oder Hof) und so gut wie überall eine *churrasqueira* (also einen gemauerten Grill). Ohne den geht's einfach nicht. Wo sonst soll der Portugiese Hühnchen und Fleisch, Fisch und vor allem Sardinen grillen!?

Noch etwas wusste Adriana zu berichten: ›Ich habe mal gehört‹, meint sie, ›dass es sogar einen historischen Hintergrund für dieses Zeigen des Hauses gibt. Man führt den Gast nämlich überall herum, um so zu demonstrieren: Hier sind keine Feinde versteckt, hier kannst du dich sicher fühlen!‹

PortugalInfo
# Nicht mit Komplimenten sparen!

Sie werden überwältigt sein, was an diesem Abend alles auf dem Tisch stehen wird: nicht nur viele *entradas* (Vorspeisen), mehrere Fleisch- oder Fischgerichte samt zahlreichen Beilagen als Hauptgang, sondern außerdem etliche *sobremesas* (Desserts) und *bolos* (Kuchen).

Klar, dass Sie ganz begeistert sind und voll des Lobes – in Portugal übrigens ein unbedingtes Muss, solches Lob laut und deutlich zu äußern. Nach einem Rezept zu fragen, kann allerdings eine Benimmfalle sein. Vor diesem Fettnäpfchen warnte Adriana mich sicherheitshalber, als ich staunte, dass die Gastgeberin wohl stundenlang in der Küche gestanden wäre. ›Ganz bestimmt war das so‹, meinte sie nämlich. ›Du kannst aber sicher sein: Sie hatte wenigstens für diesen Abend Hilfe – entweder eine Cousine oder Tante oder sogar eine *empregada* (Hausangestellte). Beziehungsweise ist es oft eher andersherum: Die *empregada* kocht und backt, die Hausherrin steht ihr zur Seite.‹ Gerade in solchen Familien ist das oft der Fall, in denen beide Ehepartner arbeiten gehen (oder man es sich einfach leisten kann, Angestellte zu haben).

Die Frage nach einem Rezept könnte die Gastgeberin also gehörig in Verlegenheit bringen. Also lieber ›nur‹ ein großes Kompliment aussprechen – natürlich auch gegenüber dem Hausherrn für die Auswahl seiner Weine! Es reicht nicht aus, (siehe PortugalPatzer № 22), einfach nur mit einer Geste zu bekunden, wie hervorragend Ihnen das Essen geschmeckt hat.

# XIV. ›Von Emanzipation halten die wohl nicht viel!‹

Bei der Einladung zum Nachbarn ist Ihnen schon aufgefallen: Irgendwie scheint in Portugal eine Trennung zwischen ›Männerwelt‹ und ›Frauenwelt‹ stattzufinden. Wie sonst ließe es sich erklären, dass plötzlich alle Frauen in der Küche sitzen und schwatzen, während die Herren sich's am Esstisch gutgehen lassen und eifrig diskutieren. Sind Damen da etwa ›unerwünscht‹?

## PortugalPatzer № 31
*›Hier müssen die Frauen in die Küche? Wieso machen die Portugiesinnen das mit?‹*

Das wirklich hervorragende Abendessen ist vorbei, die Gastgeberin fängt an, den Tisch abzuräumen. Auch der deutsche Geschäftsfreund von Senhor da Silva springt auf, um mitzuhelfen. Sie fallen aus allen Wolken, als Sie vom Hausherrn den Satz vernehmen: ›Bleiben Sie sitzen – die Frauen machen das schon!‹ Haben Sie sich da etwa gerade verhört? Das kann doch wohl nicht wahr nicht sein: Die Frauen sollen ›arbeiten‹, während die Männer es sich gemütlich machen und noch einen weiteren Digestif trinken? ›So eine Ungerechtigkeit‹, denken Sie sich. ›Von Emanzipation wissen die in Portugal wohl noch nichts!‹ Selbst als Ihnen dann auffällt, dass die Damen in der Küche gemütlich zusammensitzen, können Sie es kaum fassen, dass die so gar nicht auf den Mund gefallene Dona Joana und die anderen weiblichen Gäste das einfach so hinnehmen.

## PortugalWissen
# Warum Frauen und Männer sich nach dem Essen trennen

Kennen Sie die TV-Serie ›Downton Abbey‹? Dann wissen Sie, dass es beim britischen Adel gang und gäbe war/ist, dass die

Gastgeberin nach dem Essen die Tafel aufhebt und die anwesenden Damen ihr in den Salon folgen. Die Herren dagegen verweilen am Tisch, rauchen die eine oder andere Zigarre, trinken den einen oder anderen Whiskey – und folgen erst später. In den USA und anderen Ländern mit angelsächsischer Tradition ist es in konservativen Kreisen heute ebenfalls noch üblich, dass Männer und Frauen nach dem Essen erst einmal ›getrennte Wege‹ gehen.

Für moderne Mitteleuropäer ist das absolut ungewohnt, und als ich das zum ersten Mal erlebte, wäre ich am liebsten einfach am ›Männertisch‹ sitzengeblieben. Stur und bockig – sollten die Portugiesen doch mal sehen, wie das in zivilisierten Gegenden abläuft!

Glücklicherweise tat ich das nicht, sondern befragte am nächsten Morgen meine Freundin Adriana. Ich kam mir regelrecht diskriminiert vor. Adriana versuchte, mich zu beruhigen: ›Dass man sich nach dem Essen trennt‹, sagte sie, ›hängt damit zusammen, dass sowohl Männer wie Frauen sich in Ruhe unterhalten wollen. Das geht eben unbeschwerter, wenn die Kerle unter sich bleiben und wir Mädels ebenfalls. Mir kam das sehr fremd vor, als ich nach Portugal zog; ich bin ja in Deutschland aufgewachsen, das gibt es so etwas nicht. Mittlerweile aber finde ich das ganz gut: Denn genauso wie wir Frauen unseren Tratsch halten – auch über Männer, klar! – machen das die Männer. Da geht's dann um Fußball, um Politik – und dabei fallen manchmal rüde Ausdrücke. Die aber sind Frauen gegenüber einfach unhöflich.‹

Ah, die berühmte portugiesische Höflichkeit also ...

Portugalinfoto
## Schimpfen

Was ›darf‹ man – und was geht gar nicht? Schon die alten Römer kannten sich aus mit Fluchen und Schimpfen. Und nachdem Portugiesisch ja eine romanische Sprache ist und auf Latein basiert, fällt es Ihnen vielleicht gar nicht schwer, Ihre diesbezüglichen spanischen oder italienischen Erkenntnisse mit neu erlernten Wörtern aus dem Portugalaufenthalt zu vereinen und sich so in Sachen ›Schimpfen wie ein Rohrspatz‹ gut informiert zu fühlen. Und das wollen Sie selbstverständlich anwenden.

Das aus dem tiefsten Herzen kommenden ›Scheiße‹ geht im deutschen Sprachraum mittlerweile ja beinahe überall durch – aber in Portugal? Besser nicht. Noch schlimmer sind Ausdrücke, die man so im Vorbeigehen aufschnappt oder wenn

Fußballfans beim Match ihres Vereins mitfiebern. Da sind *idiota* (›Idiot‹) oder *pequeno almoço* (›kleine Portion‹) noch harmlos.

Schlimmer wird es dann mit *Filho da puta* (›Hurensohn‹) oder *Filho da merda* (›Sohn der Scheiße‹). Ganz und gar ›unsagbar‹ sind Ausdrücke wie *vai-te foder* (›geh ficken‹), *fodasse* (›fick dich‹) oder gar *vai pró caralho* (›Verpiss dich‹ – wobei das noch die ›nette‹ Übersetzung ist).

Beim Fußball geht es oft so laut zu, dass Sie gar nicht umhinkönnen, Beschimpfungen dieser Art mitzukriegen. Allerdings haben Sie vielleicht bemerkt, dass manch ein Portugiese einen roten Kopf bekam, als er merkte, dass der eine oder andere weibliche Gast keine *estrangeira* ohne Portugiesischkenntnisse war, sondern genau mitbekam, was da rumgebrüllt wurde ...

Adriana hatte mir damals noch mehr erklärt: ›Portugiesen fluchen – gerade beim Fußball, wenn die Emotionen außer Rand und Band sind. Aber es ist absolut tabu, das in Gegenwart von Frauen zu tun!‹ Und sie warnte mich (und ich Sie jetzt auch) nachdrücklich vor dem umgekehrten Fall: ›Manches geht in Portugal einfach nicht‹, sagte sie. ›Du bist in den Augen jedes Portugiesen absolut und für alle Zeiten unten durch, wenn du – gerade als Frau – bestimmte Worte gebrauchst.‹

Selbst wenn hier sogar schon die kleinen Jungs fluchen. Sie sagen zwar nicht *fodasse* – aber mit einem meist verschmitzten Lächeln *fogo*, wenn etwas nicht so gut läuft. Das heißt zwar nichts anderes als ›Feuer‹, klingt aber im genuschelten Portugiesisch so ähnlich wie das ›schlimme‹ Wort. Damit könnten Sie sich als Frau ebenfalls behelfen, aber besser ist's allemal, Sie lernen wohl oder übel entweder Ihre (portugiesische) Zunge zu hüten. Oder nur noch in anderen Sprachen zu fluchen (aber bitte nicht spanisch oder italienisch, weil – das verstehen die Portugiesen genauso gut!).

Sicher wollen Sie nicht als *mal criada* angesehen werden – also als jemand, der unerzogen ist, der keinerlei Manieren hat. Es klingt jetzt vielleicht albern für Sie – aber eine Dame flucht eben einfach nicht in der Öffentlichkeit. Es soll halt keiner wissen, dass mit Ihnen manchmal nicht gut Kirschen essen ist. Was auf Portugiesisch übrigens hieße, Sie seien eine *flor que não se cheira* (also ›eine Blume, die man nicht riechen kann‹).

Kleiner (und nicht ganz ernst gemeiner Tipp): Wenn Sie unbedingt mal richtig schimpfen müssen, fahren Sie in den Norden Portugals. Dort, so haben mir unabhängig voneinander sowohl Adriana, mein Liebster und meine Portugiesischlehrerin verraten, sei die Sprache nicht so ›fein‹ wie im übrigen Lande. Hier gehört es, so wird behauptet, beinahe zum guten Benehmen, eher rauen und rüden Umgangston zu pflegen … Ob es daher kommt, dass die Leute in und um Porto *tripeiros* (›Kuttelfresser‹) genannt werden, während die Lissabonner ›nur‹ *alfacinhos* (›Salatköpfchen‹) heißen?

PortugalWissen
# Portugiesen sind Machos, keine Paschas

Portugiesen sind Latino-Männer und daher, sozusagen von Natur aus, Machos. Was man aber nicht mit einem deutsch-biederen Pascha verwechseln darf, der sich von seiner Frau die Pantoffeln bringen lässt, sie um frisches Bier an den Kühlschrank schickt und keinen Handschlag im Haushalt tut.

Machos sind nämlich durchaus höflich und zuvorkommend. Tun auch was im Haushalt – zumindest die der jüngeren Generation. Als Frau wird man in Portugal nicht dauernd dumm ›angemacht‹, man pfeift Ihnen nicht hinterher und Sie müssen nicht ständig ›nein danke‹ sagen, um unerwünschte Angebote loszuwerden. Das kennen Sie von anderen Ländern im Süden bestimmt ganz anders. Die Portugiesen scheinen keine Aufreißer zu sein. Sie erobern und flirten eher dezent. Trotzdem sind sie keine Softies, die immer nachgeben, nach dem Motto: ›Hauptsache, es gibt keinen Streit‹ oder ›Du, das müssen wir mal ausdiskutieren‹.

Man kennt nicht das von allen Männern (auch den deutschen) gehasste Credo, an einer Partnerschaft müsse man immerwährend ›arbeiten‹ und das könne man nur, wenn man jahraus jahrein ›Beziehungsgespräche‹ führe. In portugiesischen Beziehungen geht's knallhart zur Sache – aber jeder weiß, wo er steht.

Adriana lässt sich von ihrem Mann auf Händen tragen. ›Nie und nimmer‹, sagt sie, ›würde ich einen platten Reifen selbst  wechseln, im Garten Steine für die Mauer schleppen oder ein Regal zusammenbauen. Selbstverständlich könnte ich das – ich bin ja nicht doof oder schwächlich. Aber das ist – so merkwürdig das in deinen Ohren klingen mag – 'Männersache'. Genauso gibt es eben 'Frauensachen'. Das hat aber nichts damit zu tun, dass ich nicht gleichberechtigt wäre. Und wenn du das tust – also Steine schleppen zum Beispiel – bist du bei den Portugiesen ein bisschen unten durch. Weil du solche Arbeiten selbst machen musst und keinen Mann dazu bewegen konntest, sie dir abzunehmen.‹

Mein ›Ja aber ....‹ wischt sie gleich vom Tisch. ›Nichts aber! Wir respektieren uns gegenseitig – also nicht nur mein Mann und ich, sondern das ist eine prinzipielle Sache. Wir respektieren den Bereich des anderen, die Fähigkeiten, den Freundeskreis – und umgekehrt ist das ganz genauso. Ich habe natürlich die gleichen Rechte wie mein Mann. Das weiß Filipe auch. Ich hab es nur nicht nötig, das dauernd zu betonen und ständig auszuspielen.‹

Das drückt sich übrigens auch in der Kleidung aus. Sie werden in Portugals selten eine Frau sehen und kaum Männer, die nicht gepflegt angezogen sind. Man achtet auf sich – für sich selbst und für den Eindruck, den man bei anderen hinterlässt. Wer in allzu legeren Freizeitklamotten auf die Straße geht, ist entweder Tourist oder *estrangeiro*.

›Wir Frauen dürfen auch überall hin‹, behauptet Adriana.

›Das stimmt doch einfach nicht‹, beharre ich. ›Ich hab es doch selbst schon gesehen, dass in einer Dorfkneipe nur alte Männer saßen und keine einzige Frau. Und angestarrt haben sie mich wie ein Weltwunder!‹

›Klar ist es vor allem auf dem Land ein wenig altmodischer: Da sieht man kaum eine Frau in der Dorfkneipe‹, stimmt Adriana mir zu. ›Das hat aber nichts mit Portugal zu tun. Geh doch mal in einem kleinen Dorf in deiner Heimat in die Kneipe – da wirst du genauso wenige Frauen antreffen.‹ Stimmt. Das erklärte aber immer noch nicht die Sache mit dem Frisörsalon.

## PortugalPatzer № 32
›*Ein Frisörsalon nur für Frauen? Und extra einer für Männer? Das ist doch albern!*‹

Ihre Haare sind verstrubbelt von Sonne, Wind und Meerwasser, Sie beschließen also: ›Ich gehe zum Frisör!‹ Guten Mutes marschieren Sie in den Salon – und dann gibt es genau zwei Optionen: Sind Sie ein Mann, werden Sie höflich begrüßt, aber ein bisschen befremdet angeschaut. Ein kurzer Blick verrät Ihnen: ›Huch, hier sind ja ausschließlich Frauen!‹ Und Sie entschließen sich, den Laden lieber wieder zu verlassen. Nicht ohne den freundlichen Hinweis einer Frisörin im Ohr, dass der *senhor estrangeiro* gleich an der nächsten Ecke einen *barbeiro* fände, und der würde auch die Haare schneiden. ›Wie jetzt?‹, denken Sie sich. ›Es gibt einen extra Frisör nur für Männer? So ein Unsinn!‹

Sind Sie eine Frau, werden Sie ebenfalls freundlich begrüßt und nach Ihren Wünschen gefragt (gut ausgerüstet mit dem kleinen *dicionário* werden Sie schon bekommen, was Sie wollen!). Sie fühlen sich gleich wohl. Nach einem Blick in die Runde allerdings nicht mehr ganz so sehr. Denn außer den beiden Frisörinnen sind noch drei andere Damen an der Arbeit. Und zwar ganz ungeniert. Neben Haarwäsche, -schnitt, -färben und -trocknen passiert noch eine ganze Menge anderer ›Behandlungen‹. Da sitzt eine Kundin mitten im Salon, badet gerade ihre Füße im Wasser und plaudert fröhlich mit allen anderen. Einer anderen wird gerade der Damenbart entfernt, während alle dabei zuschauen und durcheinander schnattern. Sie fragen sich nun schon: ›Kennt man hier nicht wenigstens ein bisschen Diskretion? Wieso machen die Portugiesinnen das in aller Öffentlichkeit?‹ Wobei Sie allerdings zugeben müssen: Die ›Öffentlichkeit‹ besteht nur aus Damen – keine einziger Mann ist zu sehen. Wo gehen denn die Männer zum Haarschneiden hin?

## PortugalWissen
## ›Frauen unter sich‹ – und Männer ebenfalls

Mir ist dieser Unterschied bei meinem ersten Frisörbesuch in Portugal gleich aufgefallen. Und dieser Besuch fand nicht irgendwo auf dem Lande statt, sondern immerhin in Cascais (einem kleinen, aber noblen ehemaligen Fischerdorf in der Nähe von Lissabon, wo sich die Reichen und Schönen tummeln und das berühmte Spielcasino von Estoril gleich in der Nähe ist).

Klar, dass ich mich nach meiner Verschönerung erkundigte, was denn das zu bedeuten habe. Adriana klärte mich auf (und Sie sind jetzt ebenfalls informiert): ›Schönheit‹, sagte Adriana, ›Schönheit ist in Portugal keine geheime Kommandosache. Zumindest nicht unter Frauen‹‹ Männer würden sich eh kaum zum Damenfrisör verirren.

›Selbst zum Abholen nicht‹, kicherte sie.

›Okay, hier in der Region Lissabon und in den Städten ist das sicher lockerer. Das gibt natürlich Unisex-Frisöre oder solche, wo es wie in Deutschland zwei 'Abteilungen' im Salon gibt. Aber du wirst sogar in unserer Hauptstadt noch Viertel finden, wo es – wie auf dem Land – ganz altmodisch zugeht: Der Mann geht zum *barbeiro*, das ist der Herrenfrisör, bei dem er sich auch rasieren lässt. Da trifft man dann keine Frauen, jedenfalls normalerweise nicht.‹

Adriana erzählte dann noch, dass in ihrer ersten Zeit in der portugiesischen Heimat diese ›Geschlechtertrennung‹ beim Frisör für sie ebenfalls neu und ungewohnt war: ›Einmal habe ich meinen Mann Filipe beim *barbeiro* abgeholt – das mache ich nie wieder. Es war wirklich ein bisschen unheimlich. Schon als ich in den Laden trat, verstummten plötzlich alle. Kunden und Frisöre – niemand sprach mehr beziehungsweise nach einer kurzen Pause redeten alle nur noch über ganz banale Sachen wie das Wetter und so. Und als ich dann noch ganz locker sagte, Filipe solle sich's am Hinterkopf nicht zu kurz schneiden lassen, war ich irgendwie komplett unten durch. Das war mir eine Lehre …‹

PortugalInfo
## Kleine Fluchten aus dem Alltag

Sicher sind Sie – wie ich – ein bisschen skeptisch, ob man diese Männer- und Frauen-Abteilungen gut oder schlecht finden soll. Aber irgendwie gefällt mir mittlerweile der Gedanke, dass die Portugiesinnen unter sich keine ›Schönheitsgeheimnisse‹ voreinander haben. Selbst wenn sie einander gar nicht mal kennen – und den Eindruck gewinne ich immer wieder: Während die eine Kundin ihre Pediküre bekommt und die andere gerade bei der Nagelpflege ist, tauschen sich alle miteinander aus, welcher Nagellack in dieser Saison angesagt ist. Gemeinsam wird beratschlagt, welche Farbe die Kundinnen am besten nehmen sollen. Beim Föhnen unterhält man sich genauso offen und leger: lieber Außen- oder Innenwelle? Lieber glatt oder doch besser lockig? Auch das Entfernen der Gesichtshaare per Wachsstreifen – das passiert so selbstverständlich, en passant und professionell.

Das für mich immer wieder Interessanteste: Die Empfehlungen und der gute Rat anderer werden durchaus begrüßt und angenommen. Mir fällt dann stets ein, dass mein Liebster, als wir gemeinsam in Portugal lebten, sich hin und wieder schnell mal zum *barbeiro* zum Rasieren begab. Anfangs hielt ich das für einen Anfall von ›Sucht nach Luxusleben‹. Mittlerweile verstehe ich's besser: Der *barbeiro* ist so eine Art Männertreffpunkt, bei dem man einen schnellen Austausch zum Thema des Tages schätzt, vielleicht eine *bica* trinkt – und dann frisch rasiert und duftend wieder ins Alltagsleben zurückkehrt.

Kleine Fluchten aus der Routine? ›Genau‹, meint Adriana. ›Genauso wie bei uns Frauen eben auch!‹

Probieren Sie's selbst mal aus. ›Kleine Fluchten‹ kann man sogar im Urlaub hin und wieder brauchen. Gönnen Sie sich einen Besuch beim *barbeiro* – vielleicht, wenn Ihre weibliche Begleitung sich allzu lange im Schuhgeschäft aufhält.

## PortugalPatzer № 33
### ›Sex vor der Ehe gibt's hier wohl nicht? Oder warum bleibt die Verlobte nie über Nacht?‹

Mit Dona Joana, der Vermieterin Ihres Ferienhauses und mittlerweile, so kommt es Ihnen vor, fast eine gute Bekannte, verstehen Sie sich bestens. Sie kennen die erwachsenen ›Kinder‹, denn – und das wundert Sie dann doch ein bisschen – sowohl Tochter wie Sohn wohnen zu Hause. Obwohl beide Mitte zwanzig sind. Und obwohl beide einen Freund beziehungsweise eine Freundin haben.

Okay, das mit dem ›Hotel Mama‹ kennen Sie schon auch, aber noch etwas Merkwürdiges fällt Ihnen auf: Der Sohn von Dona Joana und Senhor da Silva ist seit gut einem Jahr verlobt, das haben Ihnen die beiden stolz erzählt. Sie haben die Verlobte sogar kennengelernt: Mehrmals in der Woche ist sie nämlich abends zu Gast bei der Familie. Allerdings fällt Ihnen auf: Über Nacht bleibt sie nie. Auch den Freund der Tochter haben Sie noch niemals morgens schon beim Frühstück gesehen. ›Sind die alle wirklich so streng katholisch?‹, fragen Sie sich. ›Müssen die echt erst heiraten, bevor sie Sex haben dürfen?‹

PortugalInfo
## Von der Ehre der Frauen ...

Natürlich machen die Portugiesen sexuelle Erfahrungen ohne Trauschein. Davon zeugen zahllose knutschende Pärchen in Autos an etwas abgelegenen Strandabschnitten, auf einsamen Waldwegen oder eher unzugänglichen Bergpfaden. Aber einfach mal eben zusammenleben, was bei uns früher ›Ehe auf Probe‹ hieß und heute beinahe eine Selbstverständlichkeit ist – das gibt es in Portugal kaum. Auf dem Land sowieso nicht, aber sogar in ›liberalen‹ Familien in der Stadt ist es ungewöhnlich. Nicht mal beim ›wilden‹ Studentenleben in den Universitätsstädten: Ein portugiesisches Mädchen wird (natürlich!) vor der Ehe Sex haben. Aber mit dem Mann zusammenziehen – das wird sie eher nicht. Meine Freundin Adriana bestätigt mir das, als wir uns – wieder mal – über die Gleichberechtigung in Portugal unterhalten.

›Dass ein Pärchen einfach so zusammenlebt – das ist in Portugal nicht unbedingt üblich‹, sagt sie. ›Ich habe schon Aupairmädchen gehabt, die konnten und konnten nicht begreifen, warum ihr portugiesischer Freund sie zwar zuhause bei seinen Eltern vorstellt, aber dass sie niemals bei ihm übernachten darf. Oder gar mit ihm zusammenwohnen. Selbstverständlich ist das ein bisschen unsinnig, denn natürlich ist allen klar, dass die beiden ein Verhältnis und damit Sex haben. Aber – die Ehre der Frau muss gewahrt bleiben. Und wenn ein portugiesischer Mann es ernst meint, wird er das so durchziehen. Und wenn nicht – tja, dann weiß man eben auch Bescheid.‹

In unseren Zeiten so ein Versteckspiel? Das kommt mir schon ziemlich albern vor. ›Mag schon sein‹, meint Adriana. ›Aber du musst akzeptieren, dass es in der portugiesischen Gesellschaft so zugeht. Das bedeutet ja nicht, dass du als Frau weniger wert bist – ganz im Gegenteil. Du wirst hochgeschätzt – und genau deshalb darf ein geachtetes junges Mädchen seine Ehre nicht verlieren. Logisch, dass man das in Lissabon und anderen großen Städten nicht unbedingt so streng sieht. Aber man muss um diese Regeln wissen, damit man weiß, warum manches passiert. Oder vielmehr: nicht passiert. Meine Aupairs gingen oft mit wirklich netten portugiesischen Jungs aus. Aber sobald es etwas ernster wurde mit der Liebe, wenn es also sozusagen 'offiziell' wurde, gab's Ärger. Weil die Mädchen einfach nicht verstanden haben, obwohl ich es ihnen zu erklären versuchte, dass manches hier eben nicht geht.‹

Mir kommt das nach wie vor ein bisschen bigott und doppelmoralisch vor. Andererseits wurden der Liebste und ich niemals schräg angeschaut. Und heute denke ich mir: Ich muss die portugiesische Gesellschaft nicht ›verbessern‹ – das sollen die Leute schön allein machen. Selbst wenn es noch ein paar Jahre dauern mag. Immerhin: Die Ehe zwischen gleichgeschlechtlichen Paaren gibt es schon seit 2010, seit kurzem ist auch die Adoption erlaubt. Deutschland hinkt da noch deutlich hinterher …

## XV. ›Feiern können die Portugiesen ja! Aber muss jeder Tag ein neuer Festtag sein?‹

Gerade wenn Sie Ihren Sommerurlaub in Portugal verbringen, werden Sie mit Freude feststellen: Hier ist wirklich jeden Tag etwas geboten. Nicht ›nur‹ in der Hauptstadt Lissabon, sondern in allen größeren und kleineren Gemeinden gibt es *feriados municipais* – also kommunale Feiertage. Wenn Sie ab Mai im Lande sind, können Sie praktisch durchgehend bis September feiern. Sommer in Portugal – ein einziges Fest!

PortugalPatzer № 34
*›So viele Heilige und für jeden ein Feiertag? Da bleibt für anderes ja wenig Zeit!‹*

Ihren Städtetrip nach Lissabon haben Sie genau so geplant, dass Sie zu *Santo António* da sind. Haben Sie doch gelesen, dass der zu den *santos populares* gehört, und dass man mal dabei gewesen sein muss, wenn die *lisboetas* den Festtag ihres Stadtheiligen begehen. Wobei die Hauptstadt nicht nur einen, sondern gleich zwei spezielle Heilige hat:

Neben Sto. António wirkt hier auch São Vicente, und natürlich muss man den ebenfalls feiern. Allerdings wundern Sie sich schon ein wenig, was gerade an Sto. António so ›abgeht‹: Viele Stadtviertel machen zu diesem Anlass eine eigene Parade. Zu diesen *marchas populares* sind Zehntausende auf den Straßen, überall duftet es nach Sardinen, alle sind fröhlich und guter Dinge. Es sieht so aus, als ob wirklich keiner Lust hat, jemals wieder zu arbeiten.

›Von Feiern verstehen sie ja was, die Portugiesen‹, freuen Sie sich einerseits. Schließlich gibt es für jeden Tag des Jahres (mindestens) einen Heiligen (oder eine Heilige), und die muss man natürlich mit einem entsprechenden Fest ehren. Andererseits leidet Ihr Ausflug nach Sintra, der Sommerresidenz der portugiesischen Könige unweit von Lissabon, ein wenig darunter, dass man nicht denselben Heiligen feiert: In Sintra ist *São Pedro* der Schutzpatron, und dessen Ehrentag ist am 29. Juni. Es würde auch wenig nutzen, weiter wegzufahren, etwa in den Norden Portugals: In Braga und vor allem Porto wird der heilige Johannes geehrt. Die ganze Stadt macht ein Riesenfest zu Ehren von *São João* – und zwar am 24. Juni. ›Niemals weiß man, ob das Postamt oder die Geschäfte offen haben‹, meckern Sie. ›Ständig ist irgendwo ein Feiertag!‹

## PortugalInfo
# Ein *padroeiro* für jede Stadt und jedes Dorf

Kirche und Staat sind zwar in Portugal strikt getrennt, aber dennoch spielt der katholische Glaube eine wichtige Rolle im Alltagsleben. Los geht die Feiersaison einen guten Monat vor Sommeranfang, nämlich bereits Mitte Mai. Der Grund: Am 13. Mai 1917 hatten drei Hirtenkinder eine Marienerscheinung, in der Nähe der Stadt Fátima etwa 130 Kilometer nördlich von Lissabon), die deshalb der berühmteste Wallfahrtsort Portugals ist. Und deshalb gibt es an diesem Tag die erste wirklich große *romaria* (Wallfahrt) im Jahr. Wallfahrt und Kirchweih sind aber keine rein religiöse Angelegenheit, sondern Anlass für ein großes Dorffest – rund um die Kirche eben. Es gibt außerdem die *santos populares* – Volksheilige, die jeder kennt und die in vielen Gemeinden ganz besonders gefeiert werden. Neben *nossa senhora*, der Heiligen Maria, selbstverständlich.

Santo António und São João – das sind die ›großen‹ Festtage, in Lissabon am 13. Juni und in Porto am 24. Juni. São Pedro und São Paulo zählen ebenfalls zu den Volksheiligen. Sie haben ihren gemeinsamen Ehrentag am 29. Juni. In Lissabon und Porto ist da wirklich etwas los: Feuerwerk, Sardinen und guter Wein gehören selbstverständlich dazu. Die Spezialität in der ›Hauptstadt des Nordens‹ allerdings ist ein bisschen ungewöhnlich: In Porto ist nämlich jeder mit einem Hammer aus Gummi ›bewaffnet‹, den man anderen Mitfeiernden auf den Kopf schlägt. Ein sehr ungewöhnlicher Brauch, der noch gar keine so lange Tradition hat: Irgendwann in den 1960ern hat ein Spielzeughersteller das Ganze ›erfunden‹, die Studenten in Porto fanden es toll – und seitdem gibt es diesen Brauch.

Viel freundlicher ist da doch die Sitte, dass Verliebte sich an den Tagen der *Santos populares* ein kleines Töpfchen mit *manjerico* (Majoran) schenken. Vor allem kurz vor dem Ehrentag von Santo António werden deshalb in allen portugiesischen Supermärkten kleine Töpfchen mit Majoran angeboten, oft mit einem Herzchen verziert.

Santo António ist sowieso für Liebende, Heirat und Hochzeit zuständig, und deshalb werden gerade an diesem Tag in

Lissabon viele Paare getraut. Es gibt dafür sogar ein besonderes Wort im Portugiesischen: Man spricht von der *noivá de Santo António,* von der ›Antonius-Braut‹. Besonders beeindruckend ist solch eine Trauung natürlich in der Sé Patriarcal (die bischöfliche Kathedrale) von Lissabon. Die Stadtverwaltung Lissabon hat vor einigen Jahren eine schöne Tradition wiederbelebt: Brautleuten, die heiraten wollen, es sich aber nicht so recht leisten können, wird eine öffentliche Hochzeit organisiert. In jedem Jahr sind das sechzehn glückliche Paare.

PortugalWissen

## Feiertage in Portugal – welche gibt es?

Die vielen Heiligen-Festtage in den einzelnen Gemeinden und die regionalen *feiras* (Märkten) und *feriados* (Feiertage) können Sie gar nicht alle kennen. Da müssen Sie auf gut Glück schauen, was sich Ihnen so bietet und wo Sie mitfeiern können. Ein Blick ins Internet informiert oder Sie fragen vor Ort bei der Touristeninformation nach. Neben all den kleinen Festen gibt es selbstverständlich landesweite, ›offizielle‹ Feiertage. An ihnen haben kleinere Geschäfte und manche Behörden (etwa das Postamt) nicht geöffnet. Die großen Supermärkte allerdings haben immer offen – lediglich an zwei Tagen im Jahr nicht: Am 25. Dezem-
ber und 1. Januar ist alles, wirklich alles in Portugal geschlossen. Auch die Restaurants, übrigens! Die übrigen Feiertage sind:

**25. April – Dia da Liberdade – Tag der Freiheit**
Nach 41 Jahren Diktatur im *Estado Novo* brachte ein Militärputsch den Portugiesen im Jahr 1974 die Freiheit. Die Nelkenre-

volution (*Revolução dos Cravos*) verlief praktisch unblutig und ist für die meisten Portugiesen heute noch der wichtigste Feiertag. Man spricht gar nicht mal unbedingt vom *Dia da Liberdade*, sondern oft lediglich vom *25 de Abril*. Nur damit Sie wissen, was gemeint ist.

### 10. Juni – Dia de Portugal, de Camões e das Comunidades Portuguesas

›Der Tag Portugals, der Tag von Luís Camoes und der Tag der portugiesischen Gemeinschaft‹: Portugal ist das ›Land der Poeten‹ – und so gedenkt man an diesem Tag des Todes von Luís de Camões, Dichter der ›*Lusiaden*‹ (1580). Nicht nur in Portugal selbst, sondern von Millionen Emigranten auf der ganzen Welt wird der 10. Juni als Feiertag begangen. Während der Herrschaft Salazars wurde dieser Tag *Dia da Raça* (›Tag der portugiesischen Rasse‹) genannt.

Zwei staatliche Feiertage wurden im Jahr 2012 im Zuge der EU-Sparpolitik abgeschafft. Sie wurden allerdings unter der neuen sozialistischen Regierung in diesem Jahr (2016) wieder eingeführt:

### – 5. Oktober: Implementação da República

Errichtung der Republik: An diesem Tag trat im Jahr 1910 der letzte König Portugal, Dom Manuel II. und ging ins Exil nach Großbritannien. Danach war Portugal Republik.

### – 1. Dezember: Restauração da Independência

Wiederherstellung der Unabhängigkeit: Dass Spanier und Portugiesen sich nicht so recht grün sind, wissen Sie ja schon. Damit das ja niemals in Vergessenheit gerät, gibt es diesen Feiertag als Erinnerung daran, dass die spanische Herrschaft über Portugal im Jahre 1640 (nach 60 Jahren) endlich zu Ende ging.

Was – nur die paar Feiertage gibt es in Portugal? Das kommt Ihnen wirklich nicht viel vor. Da stimmt doch etwas nicht, meinen Sie! Doch, es stimmt alles; aber es handelt sich in der obigen Liste lediglich um die staatlichen Feiertage. Selbstverständlich gibt es dazu noch die kirchlichen und zwei internationale *feriados*:

**Karfreitag, den man in Portugal Sexta-Feira Santa nennt.** Ostern heißt übrigens **Páscoa**. Die Portugiesen kennen allerdings weder Oster- noch Pfingstmontag (Pfingsten: **Pentecostes**) als Feiertag.

**1. Mai: Tag der Arbeit – Dia do Trabalhador**

**1. November ist Allerheiligen – Todos os Santos**

**8. Dezember: ›Unbefleckte Empfängnis‹ (Imaculada Conceição)**

**25. Dezember: Weihnachten – Natal.**

Der 26.12. ist in Portugal kein Feiertag, sondern normaler Arbeitstag.

**1. Januar: Neujahr – Ano Novo**

Auch zwei kirchliche Feiertage wurden im Jahr 2012 abgeschafft und jetzt wieder eingeführt. Wobei Sie wissen sollten, dass in vielen kleinen Gemeinden Behörden und Ämter sowie kleine Geschäfte in jedem Fall geschlossen sein können:

– **Corpo de Deus** (Fronleichnam, 60 Tage nach Ostern)

– **Assunção** (15. August, Mariä Himmelfahrt)

Wichtig ist der Vatertag in Portugal. Er wird immer am 19. März (Namenstag des Heiligen Josef – São José) gefeiert. Im Gegensatz zu Deutschland ist es kein ›Trinktag‹ für alle Männer – ob sie nun Väter sind oder nicht. Sondern ein echter Familien-Geschenk-Tag. Die portugiesischen Papas legen Wert darauf, dass ihr Nachwuchs ihnen eine Kleinigkeit bastelt und selbst Jugendliche und bereits erwachsene ›Kinder‹ versäumen es nicht, ihrem Vater an diesem Tag alles Gute zum *Dia do Pai* zu wünschen.

PortugalInfo
# Oft ein besonderes Erlebnis: die ›nicht offiziellen‹ Feste

Es gibt nicht nur die ›offiziellen‹ Feste in Portugal, sondern zudem noch etliche ›außer der Reihe‹. Vor allem im Sommer. Für jeden portugiesischen Künstler ist es eine Ehre, im Juli und August in seiner Heimat aufzutreten. Danach planen etliche Stars sogar ihre internationalen Tourneen.

Viele Gemeinden und Städte veranstalten in diesen beiden Monaten Konzerte, der Eintritt ist oft frei. Die kommunalen Verwaltungen laden ein – und natürlich gibt es viele Sponsoren, große und kleine, regionale und nationale, die das unterstützen. Zum portugiesischen Feiern im Sommer gehören übrigens immer Sardinen. Der Duft der gebratenen Fische liegt bei jedem Fest in der Luft. In vielen Dörfern spendiert der Bürgermeister oder die Gemeinde eine *sardinhada* – ein riesiges Sardinen-Grillfest.

Eines der schönsten Konzerte meines Lebens habe ich in Lissabon im Rahmen einer solch ›kommunalen Sommerveranstaltung‹ erlebt: den Auftritt der großen *fadista* Mariza im Amphitheater von Monsanto: 25.000 Menschen, die so manchen Fado mitsangen. Am nachtschwarzen Himmel im Hintergrund der Bühne die *Ponte de 25 Abril* und am anderen Tejo-Ufer die beleuchtete Statue des *Cristo Rei* – ein unvergessliches Erlebnis mit Gänsehautfeeling.

# PortugalPatzer № 35
## ›Siesta – muss das sein?! Ist so lästig!‹

Sie kennen es sicher aus dem Nachbarland: Zwischen mittags und 15, manchmal sogar 16 Uhr, geht nichts. Der Spanier macht Siesta – und das ist eines der wenigen Dinge, die Portugiesen mit den ungeliebten Spaniern gemein haben. Selbst wenn man hier *sesta* sagt. Es ist ja ganz nett, wenn alles etwas gemächlicher verläuft in den heißesten Stunden des Tages. Aber wenn Sie Wert darauf legen, nicht in großen Supermärkten einzukaufen, sondern kleine Geschäfte bevorzugen, werden Sie zwischen 12 und 15 Uhr oft vor geschlossener Türe stehen. Und das finden Sie unmöglich: ›Viele Leute wollen doch grad in ihrer Mittagspause mal schnell was einkaufen‹, ärgern Sie sich. ›Da haben die einfach zu. Und was mache ich, wenn ich schnell mal ein Medikament brauche oder ein Rezept einlösen will?‹ Denn sogar die Apotheke hat über Mittag einfach geschlossen.

## PortugalWissen
## Die ›heilige‹ Mittagspause

Zwar sind die Portugiesen nicht so siesta-besessen wie die benachbarten Spanier. Aber manchmal nervt es schon, wenn genau jenes Geschäft das Schild *fechado* zeigt, in dem Sie gerade einkaufen wollten. Nehmen Sie's gelassen und machen Sie's wie die Einheimischen. Bei denen ist die Mittagspause zwar einerseits unantastbar – aber andererseits optimal, wenn man bestimmte Dinge schnell erledigen möchte.

Kleines Beispiel gefällig? Aber bitte: In Portugal gehen alle gern vom Job aus zum Mittagessen, und das meist nicht in eine  Kantine oder ähnliches. Sondern eher 'außer Haus', also in ein Lokal, wo es ja überall besonders preiswerten Mittagstisch gibt. Oder sie gehen gleich nach Hause zur Familie. In dieser Zeit sind die großen Supermärkte daher oft schön leer – und man kann prima und ohne langes Anstehen an der Kasse einkaufen.

Wer in Portugal lebt, weiß: Auf Ämtern ist es ebenfalls wichtig, die Mittagszeit einzuplanen. Wenn man nämlich kurz vorher kommt, rutscht man entweder noch schnell rein und wird ohne große Fragerei abgefertigt. Schließlich wollen die Beamten und Angestellten in Behörden ebenfalls Mittag machen. Oder man kann seine *senha* schon für den Nachmittag ziehen. Ich habe das ausprobiert, als ich meinen neuen *cartão de residência* beantragte. Es klappte bestens!

PortugalInfo
# Die Öffnungszeiten

Als Urlauber stellt man sich einfach ein wenig um. Denken Sie ein bisschen portugiesischer, bevor Sie sich aufregen. Ändern können Sie die *sesta*-Zeiten sowieso nicht. *É a vida* – so ist's eben im Leben. Also passen Sie sich am besten an. Ärgern Sie sich – gerade im Urlaub – nicht über geschlossene Geschäfte in der Mittagszeit. Genießen Sie es dafür lieber, noch am späten Abend einkaufen zu können. Wenn es kühler ist – und eben nicht in der Mittagshitze. Genau das ist nämlich der Grund, warum man in allen südlichen Ländern, eben auch in Portugal, *sesta* hält.

Wichtig zu wissen ist außerdem: Kleinere Läden sind samstags oft nur bis 13 Uhr geöffnet. Auch sonntags und an Feiertagen haben viele geschlossen. Fragen kostet nichts: Man macht seinen Laden nicht automatisch ›Schlag zwölf‹ oder abends Punkt 19 Uhr zu. Nicht mal ›im Amt‹. Es passiert durchaus, dass man auf Sie wartet, wenn man weiß, dass Sie erst abends kommen können; wenn das Geschäft also ›eigentlich‹ schon geschlossen hat. Zumindest dann, wenn Sie mit einem Lächeln danach fragen …

Die Postämter sind in Lissabon und anderen Städten von Montag bis Freitag jeweils von neun bis 18 Uhr geöffnet. In kleineren Orten macht man oft später auf: ab 9.30 bis 12.30, dann *sesta*, dann wieder bis 17.30. Lediglich Hauptpostämter und Zweigstellen an Flughäfen sind am Samstag, manchmal sogar sonntags verfügbar.

Bei Apotheken finden Sie an der Türe oder im Schaufenster in Eingangsnähe eine Informationstafel. Auf ihr sehen Sie, welche andere *farmácia* in der Nähe und geöffnet ist. Banken haben von montags bis freitags von 8:30 bis 15:00 Uhr geöffnet. Geld abheben können Sie jedoch 24 Stunden täglich: Wenn Sie das Zeichen ›MB‹ für *multibanco* sehen, finden Sie einen Geldautomaten. Achtung: Sonntagabend und montags könnten Sie Pech haben und der Automat spuckt kein Geld mehr aus …

## PortugalInfo
# Im August geht gar nichts …

Hauptsaison – alle sind verreist. Einerseits kommen Millionen Besucher aus dem Ausland nach Portugal, auf der anderen Seite sind viele, sehr viele Portugiesen in Ferien. Und wo fahren die hin? Genau: oft ebenfalls an die Algarve, wo sich zur Hochsaison schon Hunderttausende tummeln.

Wenn Sie Ihren Urlaub in einem der touristischen Zentren (etwa an der Algarve) verbringen, werden Sie das vielleicht gar nicht mitbekommen. Dort und in den entsprechenden Vierteln der großen Städte sind die Geschäfte wohl meist geöffnet. Aber sowie Sie ein bisschen außerhalb sind (oder beispielsweise in eines der alten Viertel in Lissabon geraten), wundern Sie sich bitte nicht, wenn die Zeitungsfrau den *quiosque* genauso geschlossen hat wie die *tabacaria* oder der *talho* oder das Gemüse-und-Obst-Geschäft. Selbst so manches Café macht im August wenigstens zwei Wochen zu. In den ›normalen‹ Supermärkten dagegen ist extrem viel los: Denn zu den üblichen Einkäufern kommen eben noch die vielen Touristen.

# XVI. ›Warum jammern die denn so beim Singen? Haben die alle Heimweh?‹

Sie sind richtig neugierig auf Ihren ersten Fado-Abend. Danach soll man, so haben Sie gehört, das portugiesische Gefühl der saudade besser nachvollziehen können. Mal sehen, wie das wird.

PortugalPatzer № 36
›Fado – das sind doch Volkslieder? Wie im Musikantenstadel also. Zum Mitklatschen!‹

Sie sind zuversichtlich: Sie singen perfekt unter der Dusche jeden großen Hit, Sie tanzen gerne – das wird bestimmt lustig. Vor allem, nachdem Sie erfahren haben, dass viele junge Leute gerne Fado hören. Mit denen liegen Sie sicher auf einer Wellenlänge.
Gut gefällt Ihnen außerdem, dass Sie nicht in einen ›richtigen‹ Konzertsaal gehen, sondern in eine *casa do fado*, in ein Fadohaus. Denn da soll es ja zu essen und zu trinken geben. ›Da kann ich ein bisschen Volksmusik schon ertragen‹, sagen Sie sich. ›Bestimmt kann man mitsingen. Mitklatschen sowieso!‹

## PortugalWissen
## Vom Gesang der Troubadoure bis zum Fado

Fado sollte man am besten vor Ort hören. Also direkt in einem Fadohaus in Lissabon oder von den Studenten in Coimbra. Und

welcher ist nun der ›echte‹? Fado ist keineswegs nur auf diese beiden Orte beschränkt. Es gibt überall im Lande Fadovereine und spontane Zusammenkünfte, denen gesungen wird und wo man mit etwas Glück wirklich gute Stimmen zu hören bekommt. Übrigens ist es durchaus üblich, dass nicht nur ein oder mehrere Künstler auftreten, sondern sich spontan Zuhörer am Gesang beteiligen. Es gibt zwei Grundrichtungen dieser Musik:

– Der **Fado aus Coimbra** wird heute noch beinahe ausschließlich von Männern gesungen. Das Thema der Lieder ist das Studentenleben, die Jugend, die durchzechten Nächte.

– Der **Fado Lissabons** ist eher schwermütig. Seine Lieder kommen aus den Armenvierteln der Stadt – sie erzählen vom schweren Schicksal, von großen Emotionen, aber auch vom Leben der kleinen Leute.

Fado ist übrigens keine sehr alte Tradition. Die ersten *fadistas*, so nennt man einen Fadosänger (auch die Sängerin), gab es vor gut 170 Jahren, also im 19. Jahrhundert. Es soll aber Troubadoure gegeben haben, die bereits im frühen 13. Jahrhundert *cantigas de amigo* (›Freundeslieder‹) sangen. Sie müssen wohl sehr ähnlich geklungen haben. Ihre Hauptthemen waren wie im Fado alle emotionalen Bereiche des menschlichen Lebens: Liebe und Leid, Sehnsucht und Leidenschaft, Leben und Tod. Manch ein Historiker ist auch der Überzeugung, der Fado ginge zurück auf die traurigen Lieder der Seefahrer und ihrer an Land zurückbleibenden Frauen.

Drei Instrumente gehören traditionell zum Fado: die klassische Gitarre, die *guitarra portuguesa* – eine Gitarre mit zwölf Saiten, die ziemlich bauchig ist und eher wie eine Laute aussieht – und als drittes die Bassgitarre. Alle werden übrigens fast ausschließlich von Männern gespielt – es gibt nur sehr wenige Frauen, die sich da dran wagen. Die Einzige, die momentan professionell die *guitarra portuguesa* spielt, ist Marta Pereira da Costa.

Früher war Fado ausschließlich Männersache. Das ist noch gar nicht so lange her. Die erste Frau, von der man sicher weiß, dass sie Fado gesungen hat, war Maria Severa Onofriana (1820–1846) in Lissabon. Sie war die Geliebte eines Grafen, nämlich des Conde de Vimioso, und durch *A Severa*, wie man sie nannte, wurde Fado in weiteren Kreisen bekannt – beim Adel, bei den reichen Bürgern. So ist aus Melodien und Gesängen des Volkes eine Kunstform entstanden – der *fado profissional*. Im Gegensatz zum *fado vadio*, der bei den meisten Portugiesen tief im Herz verwurzelt ist.

PortugalInfo

## In der *casa do Fado* – im Fadohaus

In Lissabon gibt es etliche *casas do fado*. Es ist nicht ganz leicht, in der portugiesischen Hauptstadt wirklich ursprünglichen Fado zu hören – manches ist sehr kommerziell. Aber wenn Sie mit offenen Auge und Ohren durch die Alfama laufen, den alten Stadtkern aus maurischer Zeit unterhalb des Castelo de São Jorge, werden Sie sicher fündig. Oder schlendern Sie durchs Bairro Alto, das alte Kneipenviertel in der ›Oberstadt‹. Am besten nach 22 Uhr – und dann lauschen Sie einfach mal. Oder fragen Sie nach, wann wo ein Fado-Abend stattfindet. So haben Sie eine gute Chance, den ›echten‹ Fado, den *fado vadio* zu erleben.

Fadohäuser sind Lokale, voll mit Menschen – und wirklich bunt gemischt, Alt und Jung. Es gibt zu essen und zu trinken. Und plötzlich, spät am Abend geht es los: Gitarrenmusik erklingt und aus heiterem Himmel fängt der oder die *fadista* zu singen an. Wechselweise mit einem zweiten *fadista*, den Kellnern und manchmal trägt sogar ein Gast spontan eine Strophe vor.

Ein paar Verhaltensregeln sollten Sie kennen: **Vor** dem Auftritt der *fadistas* wird gegessen und getrunken, da klappert Geschirr und klingen Gläser, da unterhält man sich lautstark. **Während** des Auftritts jedoch ist es mucksmäuschenstill. Respektieren Sie das und unterhalten Sie sich bitte nicht mal leise. Sonst werden Sie mit Zischen zum Schweigen gebracht. ›Mitklatschen‹ ist verpönt – und normalerweise wird der oder die *fadista* nicht dazu auffordern.

Fadokonzerte sind von der Atmosphäre her vielleicht nicht so ursprünglich, aber echter Kunstgenuss. Es gibt eine ganze Reihe hervorragender *fadistas,* die in Portugal auftreten. Die ›Großen‹ kennt man sogar außerhalb des Landes: Mariza und Cristina Branco sind weltbekannt und kommen auf Tourneen auch nach Europa – ebenso wie beispielsweise Mísia, Deolinda oder Dulce Pontes, bei den Männern der Altmeister Carlos do Carmo und der junge Camané. Und das sind beileibe noch nicht alle!

Falls Sie im Juli/August in Portugal sind, haben Sie die Chance, große *fadistas* ›zuhause‹ zu erleben. Und das ist etwas ganz Besonderes! Denn die Portugiesen kennen – im Gegensatz zum internationalen Konzertpublikum – jedes Lied, sie singen mit, weinen mit, leben mit. Und selbst einer großen *fadista* wie Mariza stehen dann spätestens bei der Zugabe des Lieds ›*O gente da minha Terra*‹ (›Ihr Menschen meines Landes‹) die Tränen in den Augen.

In Lissabon gibt es in der Rua de São Bento das Museu Fundação Amália Rodrigues, und an der Rua do Carmo steht jeden Tag ein grüner altertümlicher Lastwagen: Hier können Sie Fado-Musik kaufen und bekommen Sie unter Umständen Tipps für Fado-Lokale.

PortugalWissen
## Guter und böser Fado – und seine Königin
Fado ist nicht jedermanns Geschmack; aber ohne diese Musik wäre Portugal nicht dasselbe. *Fado* und *saudade* – das wehmütige Sehnsuchtsgefühl der Portugiesen – sind untrennbar miteinander verbunden. Fast jeder Portugiese kennt viele dieser melancholischen Lieder und kann sie mitsingen. Selbst wenn er ›eigentlich‹ Fado gar nicht mag.

Wie bei der *saudade* (siehe unten) sind die Gefühle, die diese Musik hervorruft, nur schwer zu erklären. Man kann Fado ein bisschen mit dem afroamerikanischen Blues vergleichen – schwermütig und melancholisch einerseits, aber dennoch voll dem Leben zugewandt. Fado geht direkt ins Herz – so habe ich es selbst erlebt. Auch wenn Sie die Worte nicht verstehen. Fado ist Emotion pur – Gefühle, die jeder kennt und nachvollziehen kann.

Nach der Nelkenrevolution 1974 galt Fado zunächst als Symbol des ›düsteren‹ Portugals, obwohl der Fado unter Salazar nicht unbedingt gerne gesehen war. Es heißt, dass der Diktator befürchtete, der melancholische Gesang würde die Portugiesen zu einem Volk von Pessimisten machen. Doch das war nicht der einzige Grund für die zwiespältige Haltung. Als viel gefährlicher empfand es Salazar, dass Fado dem Ursprung nach proletarischer Herkunft ist: auf dem Land von fahrenden Sängern, die oft blinde Bettler waren; in der Stadt aus dem Dirnen- und Gaunermilieu des Lissaboner Hafens und der umgebenden Viertel, in denen sich die Arbeiter in gewerkschaftlichen und Freizeitclubs zusammenfanden.

In diesen *sociedades recreativas* wurde nicht nur diskutiert, gegessen und getrunken, sondern auch gesungen. Und zwar ein Fado, der in seinen Texten die sozialen Themen der Zeit aufgriff und kritisierte. Dieser *fado operário* – ›Arbeiterfado‹ – sollte sogar, so wurde etwa in einem Flugblatt bereits 1912 gefordert, als ›Mittel des Klassenkampfes‹ verwendet werden.

Einleuchtend, dass einem Diktator das nicht unbedingt in den Kram passte. Der Propagandatrick, den Salazar anwandte, war perfide: Fado als Ausdruck einer Stimmung, die vom Schicksal geschlagen bedeutete (*fado sentido*), war verpönt und wurde systematisch diffamiert, beispielsweise im Staatsrundfunk, als *canções dos vencidos*, als ›Lieder der Besiegten‹. Fado als sehnsüchtiges oder munteres Lied dagegen war erwünscht: Die Texte wurden politisch bereinigt und bestimmte konservative und nationalistische Elemente besonders herausgestellt.

Eines der besten Beispiele dafür, so schreibt Dr. Peter Koj von der Portugiesisch-Hanseatischen Gesellschaft, ist das berühmte Lied ›*Uma casa portuguesa*‹: Heute singt man es wieder, ohne sich der Propaganda-Botschaft Salazars bewusst zu sein. Im Refrain heißt es unter anderem:

> *A alegria da pobreza*
> *está nesta grande riqueza*
> *de dar, e ficar contente.*

*(Die Freude der Armut
Ist der Reichtum zu geben
Und zufrieden zu bleiben.)*

Also ja nichts ändern an den Verhältnissen, nicht aufbegehren, das Volk unten halten. Genau solche Lieder benutzte Salazar, um den Fado zu den drei staatstragenden Säulen zu machen: *fado, futebol e Fátima* galten als unverzichtbare Elemente Portugals.

*fadista* wurde zu seiner Zeit ein ernstzunehmender Beruf, und missbrauchte die Popularität der bekanntesten und beliebtesten Sängerin zur eigenen Imagepflege: Amália trug den Fado hinaus in die Welt, sie feierte Triumphe mit dieser Musik Portugals – und das weit über den Tag der Revolution hinaus.

Amália Rodrigues stammte aus ärmlichsten Verhältnissen und begann ihre Karriere in einem Nachtklub in Lissabon im Jahr 1939. Kurze Zeit später ging sie bereits auf Tournee nach Brasilien und nahm dort die ersten Platten auf. Insgesamt sollen es etwa 170 gewesen sein, sogar in etlichen Filmen spielte sie mit. Ihr letzter öffentlicher Auftritt war bei der Weltausstellung in Lissabon, bei der Expo 1998.

Als Amália 1999 starb, wurde für drei Tage Staatstrauer ausgerufen – und bis heute ist die ›Königin des Fado‹ die einzige Frau, die im Panteão Nacional, dem Pantheon in der Lissaboner Kirche Santa Engrácia, beigesetzt ist. Nachfolgerinnen auf der Bühne gibt es einige – eine der bekanntesten ist wohl Mariza, die aus Mozambique stammt, im Lissabonner Stadtteil Mouraria aufwuchs und dort die ersten Erfolge feierte. Heute noch soll sie, wenn sie in Portugal ist, in ihrem alten Viertel hin und wieder spontan auftreten. Vielleicht haben Sie ja Glück!

## PortugalPatzer № 37
*›Was haben die nur mit ihrer saudade – immer dieses Rumgeheule!‹*

Jeder kennt Liebeskummer, jeder kennt Heimweh. Aber was das mit diesem allgemeinen Weltschmerz soll, der den Portugiesen nachgesagt wird – das können Sie beim besten Willen nicht nachvollziehen. ›Da leben die am Meer – wo unsereins Urlaub macht, und das für teuer Geld‹, ereifern Sie sich. ›Wein und Essen sind billig, die Sonne scheint – ich verstehe nicht, warum die nicht ständig gute Laune haben. Aber nein, immer heißt es: *saudade*!‹ Sie finden außerdem, dass es nicht sehr sinnvoll ist, den lieben langen Tag den vergangenen Zeiten hinterher zu trauern, als Portugal noch ein großes Weltreich war. ›Heut ist das eben nicht mehr so – na und?‹, finden Sie. ›Man muss doch nach vorne schauen. Kein Wunder, dass die in der Krise festsitzen!‹

## PortugalWissen
### *saudade* – das portugiesische Lebensgefühl

Emotionen fühlt man, sie lassen sich nicht ›erklären‹ – und die portugiesische *saudade* hat nichts mit unserem ›Heimweh‹ zu tun (das wäre dann *ele/ela tem saudades da terra*). Linguisten und Dolmetscher, deren Profession ja die Erforschung und das Übersetzen einer Sprache ist, wählten das Wort *saudade* in die Liste der zehn ›unübersetzbaren Wörter der Welt‹. Eine deutsche Jury bekam den Auftrag, vom Berliner Institut für Auslandsbeziehungen, die zehn schönsten Wörter der Welt zu bestimmen. *saudade* steht danach auf Platz sechs.

Selbst wenn Sie Wörterbücher und Lexika studieren und im Internet recherchieren: Überall schafft man es lediglich, sich dem Begriff *saudade* anzunähern – genau erklären kann es niemand. *saudade* wird umschrieben mit Traurigkeit und Wehmut, Sehnsucht oder Melancholie – aber all das trifft es, so geben die schlauen Quellen selber zu, leider nicht genau.

Tja, und nun?

Portugal gilt als das Land der Poeten. Vielleicht sollte man daher einen Dichter sprechen lassen, um das portugiesische Lebensgefühl zu erklären? Fernando Pessoa (1888–1935) schreibt:

> *Saudades, só portugueses*
> *conseguem senti-las bem.*
> *porque têm essa palavra*
> *para dizer que as têm*
>
> (saudades – nur Portugiesen
> können sie richtig fühlen.
> weil sie dieses Wort haben,
> um zu sagen, was sie empfinden.)

Einer der bedeutendsten Dichter Portugals sagt also genau dasselbe wie alle Portugiesen, die Sie vielleicht um eine Erklärung bitten: Dass man dieses Gefühl eben einem Nicht-Portugiesen kaum vermitteln kann.

Meine Sprachlehrerin Dona Carmo und meine Freundin Adriana konnten mir ebenfalls nicht weiterhelfen. ›*saudade* beschreibt die portugiesische Sehnsucht nach etwas Verlorenem, das man herbeisehnt, aber von dem man genau weiß, dass es nicht wiederkehrt‹, meinte Adriana. ›Das kann die Emotion zu einer Person sein, die man geliebt hat. Aber die Liebe fand niemals Erfüllung oder aber sie ging, vielleicht tragisch, zu Ende.‹

Ich kann zwar die Trauer um eine verlorene Liebe nachvollziehen, aber warum, so fragte ich mich und in der nächsten Sprachstunde Dona Carmo, warum trauert man dem immer noch hinterher? Warum schließt man die Sache nicht ab und schaut wieder nach vorne?

›Weil das unsere Mentalität ist‹, sagte Dona Carmo. ›Wir Portugiesen leben in der Vergangenheit – und zugleich in der Zukunft. Manchmal ist uns die Vergangenheit wichtiger. Vielleicht weil wir glauben, in der Gegenwart kein Glück zu finden. Und weil die Zukunft immer das Morgen ist ...‹

Und sie ergänzte: ›Saudade wird oft mit dem amerikanischen ›*I feel Blue*‹ verglichen. Ähnlich wie in den USA gibt es auch bei uns die entsprechende Musik zu diesem Gefühl: Was dort der Blues ist, ist in Portugal der Fado. Wobei weder in Amerika noch bei den Portugiesen die entsprechenden Lieder alle traurig oder schwermütig klingen. Ganz im Gegenteil.‹

# XVII. ›Können die nicht normal Auto fahren?!‹

Sicher haben Sie keine Scheu, sich einen Mietwagen zu nehmen, um ein wenig von der Umgebung kennenzulernen und die eine oder andere größere Tour zu unternehmen. Vielleicht sind Sie sogar mit dem eigenen Wagen angereist. Portugal hat eine Menge zu bieten – nicht nur Strand und Meer, sondern auch Burgen, Schlösser und Klöster, ja sogar ganze Landschaften, die zum Welterbe der UNESCO zählen. Und so fahren Sie nicht über die Autobahn, sondern lieben es, alles auf Nebenwegen im wahrsten Sinne des Wortes zu ›erfahren‹.

## PortugalPatzer № 38
### ›Rasen oder schleichen – was anderes geht wohl nicht?!‹

Schnell stellen Sie dabei fest: Die Portugiesen verhalten sich im Straßenverkehr so ganz anders als Sie es von daheim kennen. Manchmal kommt es Ihnen so vor, als würden Verkehrsregeln gar nicht gelten; dann wieder werden sie so extrem befolgt, dass Sie gefühlte Stunden hinter einem Auto herzockeln müssen, obwohl es doch viel schneller ginge. ›Alles Rowdys hier‹, schimpfen Sie. ›Entweder rasen sie wie ein Formel-1-Pilot oder sie schleichen dahin, als säßen sie noch im Eselskarren. Und wie die parken – man sollte sie alle anzeigen und abschleppen lassen!‹

## PortugalWissen
## Portugiesen im Auto – eine ganz besondere Angelegenheit

Abgesehen davon, dass Sie Ihren Aufenthalt in Portugal lieber genießen sollten als sich über andere Verkehrsteilnehmer und deren Parkgewohnheiten aufzuregen – ein bisschen was ist dran an Ihren Vorwürfen. Die Statistik beweist seit Jahren: Im  europäischen Vergleich sind die Portugiesen unrühmliche und traurige Spitzenreiter, was Unfälle und Verkehrstote angeht. Nicht in allen südlichen Ländern ist das so – die ›Ausrede‹ vom temperamentvollen südeuropäischen Autofahrer gilt also nicht. Spanien etwa steht nach den Zahlen des Schweizer Bundesamts für Statistik erst an Platz 8, auf Platz 7 findet man Frankreich. Italien allerdings – okay: Platz 3. Nach – interessanterweise! – Österreich auf Platz 2 ...

Die Strecke längs durch Portugal, von Valença im äußersten Norden Portugals bis Guia an der Algarve, nicht die Autobahn, sondern die IC 1, die ›alte‹ Landstraße, gehörte früher zu den unfallträchtigsten Straßen Europas. Und das nicht ohne Grund: Nicht nur im Hauptferienmonat August, sondern auch zu allen *mini férias* Rasen die Portugiesen nämlich ›mal eben schnell für ein paar Tage‹ an die Algarve. Klar, dass da eine teilweise nur einspurig ausgebaute Straße mit vielen unübersichtlichen Kurven zu Unfällen führte. Heute gibt es glücklicherweise größtenteils die Autobahn.

Allerdings sind die Zeiten vorbei, in denen man in Portugal ›nach Gefühl‹ gefahren ist. Es gibt hier genauso wie überall eine Straßenverkehrsordnung. Selbst wenn man sich vielleicht nicht sklavisch daran hält, selbst wenn die GNR (*Guarda Nacional Republicana* – also die Polizei) manchmal wegschaut oder ein Auge zudrückt.

Beim Thema ›Geschwindigkeitsbegrenzung‹, vor allem auf Autobahnen und überregionalen Straßen, an Kreuzungen und an Streckenabschnitten, an denen viele Unfälle passieren, gilt jedoch die Sicherheitsaktion *tolerância zero – segurança máxima*. Mehrmals jährlich gibt es von Seiten der Polizei solche besonderen Kampagnen: Etwa die *Operação Férias Seguras* (›Aktion Sichere Ferien‹), in der man einerseits beratend wirkt, andererseits aber *acção tolerância zero* walten lässt. Bei dieser ›Aktion Null Toleranz – höchste Sicherheit‹ gibt es, eben wegen der vielen Unfälle, der vielen Verletzten und Toten im Straßenverkehr, keinerlei Pardon bei Verkehrssünden. Auch nicht beim kleinsten Vergehen. Es wird aber nicht nur zu diesen Zeiten strengstens überwacht: An manchen Straßenabschnitten kann man zum Teil täglich in eine Kontrolle geraten.

PortugalInfo
# Und erst die Parkerei ...

In Lissabon selbst herrscht, wie in jeder Großstadt, nicht nur zur Rush-hour chaotischer Verkehr. Selbst wenn die *polícia municipal* Präsenz zeigt und damit die Falschparker wenigstens ein bisschen zur Räson gebracht werden.

Wobei (wenn ich da von mir ausgehe) Falschparken in Portugal beinahe zu einem Hobby werden kann. Außerhalb der Großstadt geht' s nämlich lockerer zu. Schon in Cascais, wo ich anfangs wohnte und erst recht jetzt in Monchique ›genieße‹ ich es durchaus, dass ich mal schnell mit Warnblinkanlage in zweiter Reihe stehen bleiben kann (und das sogar direkt unter dem Auge des Gesetzes, also vor dem Polizeirevier). Etwa, wenn ich mal schnell in den Zeitungsladen muss oder ein Päckchen in der Post abhole.

Man gewöhnt sich irgendwie daran, dass man selbst auch manchmal zugeparkt wird. Das Problem löst sich schnell auf, wenn man einfach nach ein oder zwei Minuten Wartezeit auf die Hupe drückt. Spätestens nach weiteren paar Minütchen kommt in den allermeisten Fällen der ›Zuparker‹ herbei geeilt und fährt seinen Wagen weg. War er eben nur schnell was ausliefern oder auf eine *bica* im Café ... gelebte *paciência* – Gelassenheit im Alltag, sozusagen.

*PortugalWissen*
# Die wichtigsten Verkehrsregeln

Wer von rechts kommt, der hat Vorfahrt. Das gilt aber nur für motorisierte Verkehrsteilnehmer: Wer mit dem Fahrrad oder einem Fuhrwerk unterwegs ist, muss immer halten beziehungsweise warten!

Verlassen Sie sich aber nicht unbedingt darauf, dass diese Regel eingehalten wird: So mancher Esels- oder Pferdekarren biegt einfach auf die Hauptstraße ein – ohne Rücksicht auf Verluste. Kann gut sein, dass Sie da voll in die Eisen steigen müssen, weil Sie eben drauf vertrauten, dass die ›Immer-Warten-Regel‹ oder wenigstens ›Rechts vor links‹ eingehalten werden. Dazu gibt es – wie in Deutschland – leider Radfahrer, die einfach tun, was sie wollen. Radfahren in einer Stadt wie Lissabon ist zugegebenermaßen manchmal lebensgefährlich. Es gibt sowieso wenig ›normale‹ Radler in Portu-  gal, weit verbreitet sind jedoch die ›sportlichen‹. Gerade an Wochenenden und Feiertagen sind viele ›Sportugiesen‹ per Rad unterwegs. Gerne im Pulk, gerne nebeneinander auf nicht allzu breiten Landstraßen, und wenn Sie niemanden umfahren wollen, halten Sie besser die Augen offen und sind besonders wachsam. Hier eine kleine Übersicht über die gebräuchlichsten Verkehrsschilder:

*Alto/Stop* = Halt
*Atenção/Cuidado* = Achtung / Vorsicht
*Curva perigosa* = gefährliche Kurve
*Dê passagem* = Vorfahrt achten
*Estacionamento proíbido* = Parkverbot
*Ir pela direita/esquerda* = rechts (links) fahren

Was Sie ebenfalls beachten sollten:

– Die Promillegrenze liegt bei 0,5 (Berufskraftfahrer und Führerscheinneulinge drei Jahre lang: 0,2 Promille). Selbst wenn sich viele Portugiesen nicht daran zu halten scheinen (ein oder mehrere Glas Wein gehören ja immer dazu!): Wenn man in der Verkehrskontrolle erwischt wird, ist der Führerschein weg und die Strafe empfindlich!
– Anschnallen ist auf allen Plätzen im Auto Pflicht.
– Überholen auf Landstraßen ist stets ein Risiko, was allerdings keinen Portugiesen stört. Selbst an engen unübersichtlichen Stellen kann es passieren, dass man (oft nach einem Hupzeichen) überholt wird. Und vorher wird gerne dicht aufgefahren, der Blinker links zeigt an, dass überholt werden soll. Bitte ›belehren‹ Sie niemanden, indem Sie extra weit in der Mitte fahren. Das hindert nämlich keinen Portugiesen, Sie zu überholen. Seien Sie im Gegenteil lieber besonders vorsichtig und vorausschauend!

Und wenn man mit einer Panne liegenbleibt? Auf den Autobahnen, die in Portugal Privatunternehmen gehören, gibt es Notrufsäulen – oder man benutzt das Handy. In jedem in Portugal zugelassenen Fahrzeug gibt es an der Frontscheibe eine Notrufnummer, von der jeweiligen Autoversicherung, die einen Abschleppdienst schickt. Ein Auto privat abzuschleppen ist in Portugal verboten!

Bereits seit 2005 muss man bei einer Panne, erst recht bei einem Unfall eine Warnweste in Gelb oder Orange tragen. Sie sollten die Weste immer tragen, wenn Sie unvorhergesehenerweise irgendwo anhalten (müssen) und das Auto verlassen. Ob Sie eine solche Weste dabei haben, wird von der GNR im Rahmen einer ganz normalen Verkehrskontrolle gerne überprüft. Achten Sie also darauf, wenn Sie Ihren Mietwagen übernehmen, dass eine (besser zwei) Westen vorhanden sind.

In Portugal ist es manchmal ziemlich schwierig, eine Bushaltestelle als solche zu erkennen. So etwas wie ein ›Bushäuschen‹ gibt es nämlich nicht überall. Es kann durchaus sein, dass einfach nur ein sehr dezent angebrachtes kleines Schild mit einer Nummer eben die Bushaltestelle ist. Da fragen Sie sich also am besten durch. Oder schauen mit Adleraugen, ob Sie irgendwo eine Ansammlung von Leuten erblicken, die möglicherweise auf einen Bus warten.

PortugalInfo
## Rundherum im Kreisverkehr …

Man kann den Eindruck gewinnen, dass die Portugiesen den Kreisverkehr erfunden haben. Sie beherrschen es jedenfalls perfekt, ohne nur einmal den Blinker zu setzen, genau an der Stelle auszufahren, an der sie das wollen. Ohne Rücksicht auf Verluste – also darauf, was andere im Kreisverkehr wollen.

Sie sind es gewohnt, warten zu müssen, wenn Sie in die *rotunda* einfahren möchten? Das ist auch in Portugal so (wohingegen es die Österreicher genau anders herum kennen: Da warten nämlich die Autos im Kreisverkehr auf die ›Einfahrenden‹). Vielleicht liegt Ihr Problem aber eher darin, dass Sie bei einem mehrspurigen Kreisverkehr absolut nicht kapieren, wann Sie am besten wie herausfahren können und sollen. Ich wurde anfangs jedes Mal – wirklich jedes Mal! – angehupt und mit unschönen Handzeichen bedacht. Mein Liebster war mir da keine Hilfe, der hupte leider selbst. Lediglich die Handzeichen verkniff er sich, zumindest wenn ich dabei war. Allerdings murmelte er schlimme Wörter.

So gilt es offiziell: Die Fahrer im Kreisel haben Vorfahrt – falls Schilder keine anders lautenden Anweisungen geben. Es ist verboten, die äußerste Fahrbahn zu verwenden, ausgenommen, man möchte direkt die nächste Ausfahrt nehmen. Davon ausgenommen sind LKWs, Fahrräder und alle von Tieren gezogenen Fortbewegungsmittel. Aber sie sind verpflichtet, den Fahrzeugen der inneren Spuren das Herausfahren zu ermöglichen.

Will man in einer mehrspurigen *rotunda* beispielsweise an der dritten Ausfahrt raus, ordnet man sich zunächst auf der inneren Spur ein – und setzt den Blinker links. Erst nach der zweiten Ausfahrt blinkt man dann rechts und fährt auf die äußere Spur. Soweit die Theorie. Wer von der GNR erwischt wird – beim Falschblinken oder weil er sich nicht richtig eingeordnet hat –, zahlt bis zu 300 Euro an Bußgeld.

In der Praxis sieht es leider so aus, dass entweder keiner blinkt und/oder manche falsch blinken. Und kaum einer wechselt die Spur so rücksichtsvoll und vorsichtig, wie man sich das als *estrangeiro* vorstellt. Was will man machen? Meist klappt alles trotzdem und es passiert wunderbarerweise gerade an den *rotundas* nicht sehr viel – Unfälle gibt es eher an anderen Stellen.

## PortugalWissen
# Warum man in Portugal möglicherweise lässiger mit dem Gesetz umgeht

Leben – aber eben auch leben lassen: Das ist die Devise der meisten Portugiesen. Im Alltagsleben sollten Sie sich das vielleicht angewöhnen, wenn Sie Portugal besuchen oder eine Zeitlang hier wohnen. Selbst fürs Leben daheim in Deutschland, in der Schweiz oder in Österreich könnte das ganz nützlich sein – und den Umgang miteinander erleichtern. Es gibt in Portugal sicher weniger ›Denunzianten‹ – das mag an der noch nicht allzu lange zurückliegenden Diktatur liegen. Damals hielt man innerhalb der Bevölkerung zusammen, niemand zeigte den Nachbarn wegen seiner politischen Gesinnung an. Man wusste zwar sicher genau, wer welche Meinung vertrat; aber das war kein Grund, ihn zu verraten. Heute gibt es genauso wenig einen Grund dafür, etwa einen Falschparker bei der Polizei zu mel-

den. Gerade wenn er niemanden stört. Jeder weiß doch: ›Falsch geparkt habe ich auch schon mal!‹

Warum die Behörden informieren, wenn der Hausbesitzer nebenan einen Zaun zieht oder einen Schuppen baut, möglicherweise aber keine Baugenehmigung hat? Man schweigt lieber stille. Möglicherweise hat man selbst ja ebenfalls nicht ganz ordnungsgemäße bauliche Veränderungen vorgenommen … Hüten Sie sich jedoch davor, darauf zu vertrauen, dass der etwas legere Umgang mit dem Gesetz immer funktioniert. Im Straßenverkehr klappt es schon mal nicht unbedingt – da kommt es nämlich immer drauf an, welcher Polizist Ihnen begegnet. Der eine ist nett und drückt ein Auge zu, der andere wird dagegen besonders ›kiebig‹, eben weil er einen *estrangeiro* vor sich hat. Also besser an die Gesetze halten und nichts riskieren!

Das gilt genauso für Wohnungs- oder Hausbau. Zwar werden Sie wohl nicht unbedingt vom Nachbarn angezeigt, wenn Sie einen Raum mehr anbauen oder eine Mauer errichten, die nicht im Plan vorgesehen waren. Aber: Die Behörden schauen eben bei einem Fremden möglicherweise genauer hin. Man wird vielleicht für einen Baubescheid länger brauchen oder den Antrag eher ablehnen als bei einem Einheimischen. Schon allein deshalb, weil Ihnen normalerweise die *cunhas* fehlen – eben jene Beziehungen, die jeder Portugiese von Kind an ausbaut und die jede Familie hier hat.

# XVIII. ›Ganz schön rückständig – die glauben noch an Wunder, Hexen und Zauberei!‹

Dass Portugiesen gläubige Katholiken sind, ist Ihnen bekannt. Mehr oder weniger, denken Sie sich, denn die Portugiesen, die Sie bis jetzt getroffen haben, scheinen eher keine eifrigen Kirchgänger zu sein. Allerdings fällt Ihnen beim Schlendern durch Lissabon auf, dass es ein paar merkwürdige Bräuche zu geben scheint. Und das mitten in der Großstadt!

PortugalPatzer № 39
*›Hexen und Flüche, Zauber und Voodoo? Die spinnen doch, die Portugiesen!‹*

Als Sie Ihr Auto in Lissabon parken, ahnen Sie nicht, was Sie erwartet, wenn Sie es wieder abholen. Da klemmt nämlich nicht nur ein Zettel unter die Windschutzscheibe. Allen Ernstes bietet da unter anderem ein Professor Ouro (oder so ähnlich) seine Zauberkünste an. Erst vermuten Sie, es handele sich um einen Künstler, der Zaubertricks vorführen will. Doch spätestens beim zweiten Flyer sind Sie eines Besseren belehrt: Auch auf dem werden dubiose magische Künste angeboten. Für alle Lebenslagen. Und mit Erfolgsgarantie. ›Das ist ja wie im Mittelalter‹, finden Sie. ›Hexen, Zauberer und schwarze Künste – da kann man doch nicht im Ernst daran glauben!‹ Aber als Sie das Ganze Ihrer Ferienhaus-Vermieterin erzählen, wird Dona Joana ganz still. Und Sie merken: Sogar sie scheint diesem abergläubischen Tun anzuhängen …

## PortugalWissen
## Aberglauben und Wunder

Nach ein paar Wochen des Lebens in Portugal, vor über zehn Jahren, habe ich wirklich an meinem Verstand gezweifelt. Oder eher an dem meiner portugiesischen Freunde und Bekannten. Adriana etwa sprach ganz offen davon, dass eine ihrer Tanten verhext worden ist. Ihr Mann Filipe raunte etwas von *macumba*, und mein Liebster war der festen Überzeugung, dass es seiner Mutter gesundheit‑
lich besser ginge, wenn er am Denkmal von Doutor Sousa Martins eine Kerze anzünden würde. Und einen großen Blumenstrauß dort niederlegt. Von meiner Nachbarin wusste ich: Sie geht regelmäßig zur Wahrsagerin und Kartenlegerin, und sie glaubt fest an deren Prophezeiungen. Sogar einer meiner Sprachlehrer erzählte von Flüchen und Gegenflüchen – und meinte das scheinbar völlig ernst.

Hexerei ist hier ein Berufszweig wie beinahe jeder andere. Die Kleinanzeigen der Zeitungen und Gratis-Magazine sind voll mit Werbung für allerlei Angebote, die ›garantiert Erfolg‹ ver‑

sprechen. Und: ›Zahlen Sie erst, wenn der Erfolg eingetreten ist‹, heißt es außerdem.

Selbst die höchst wichtige Welt des portugiesischen Fußballs scheint manchmal der Magie verfallen zu sein. Nicht dem Zauber eines tollen Spielers. Oh nein. Sondern in diesem speziellen Fall den bösen Mächten eines Zauberers namens Pepe, der Portugals Spitzenspieler Cristiano Ronaldo vor ein paar Jahren verhext haben soll, und zwar ›im Auftrag einer berühmten und reichen Frau‹, die mit Ronaldo ein Verhältnis gehabt habe und von ihm betrogen worden sei.

Hexenmeister Pepe hat – so behauptet er stolz – dafür gesorgt, dass Real Madrid bereits zweimal in eine Krise gestürzt sei. Dies geschah im Auftrag unbekannt bleiben wollender Personen; er persönlich, sagte er, habe nichts gegen die ›Königlichen‹ – aber Job sei nun mal Job. Mit Voodoo-Magie gegen Cristiano wollte er es schaffen, dass Real weiterhin chancenlos bliebe.

Magier Pepe reiste sogar extra nach Lissabon und setzte sich ins Estádio da Luz, um seine schwarze Kunst bei einem WM-Qualifikationsspiel auszuüben. Auf die – von Journalisten ernst gemeinte! – Frage erklärte der Hexer durchaus freizügig und bereitwillig, wie er vorgehen werde: Das Wichtigste bei einem Fußballer seien ja die Beine, und da sorge er eben dafür, dass Ronaldo sich verletze.

Mit wohligem Schaudern las ich damals, dass Ronaldo tatsächlich kurz vor dem Spiel eine Knöchelverletzung erlitt und operiert werden musste. Das Werk des Hexenmeisters? Der behauptete das natürlich, und er wollte mit seiner Magie erst aufhören – denn so sei sein Auftrag –, wenn Ronaldos Karriere ruiniert sei. Bis jetzt allerdings sieht es nicht direkt so aus, als habe Magier Pepe Erfolg gehabt ...

Mit *macumba* – ein Wort, das viele Portugiesen vor sich hin murmeln, wenn mal etwas nicht so läuft, wie es soll, hat es eine andere Bewandtnis. *macumba* ist eine Religion mit afrikanisch-brasilianischen Wurzeln. In Portugal leben ja viele Brasilianer (Brasilien war von 1500 bis 1822 portugiesische Kolonie), die das wohl mitgebracht haben. *macumba*-›Experten‹ bieten an, persönliche Probleme mittels Hexerei, Fetische und schwarzer Magie zu lösen.

Der Glaube an diese Mächte ist bei den Portugiesen ziemlich verwurzelt – das hat die Kirche nicht ausrotten können. Portugiesen nehmen alle übersinnlichen Mächte zu Hilfe, die man kriegen kann. Ob das nun *macumba* ist oder eine Pilgerfahrt nach Fátima – irgendetwas wird schon helfen. Was dann wirklich geholfen hat, weiß am Ende keiner …

PortugalInfo:
# Das Denkmal bei der Deutschen Botschaft in Lissabon

Es ist sicher Zufall, dass die deutsche Botschaft in der portugiesischen Hauptstadt direkt am Campo dos Mártires da Pátria steht. Ob es allerdings Zufall ist, dass genau dort eine kleine Wallfahrtstätte ist? Man weiß es nicht.

Tatsache ist jedenfalls, dass sich unweit der deutschen Diplomaten das Denkmal von Doutor Sousa Martins befindet, dass dort Blumen niedergelegt werden und Steintafeln, auf denen sich Hunderte, wenn nicht Tausende von Portugiesen für Wundertaten bedanken. José Tomás de Sousa Martins lebte in der ersten Hälfte des 19. Jahrhunderts (die deutsche Botschaft übrigens hat ihren Sitz im ehemaligen Palácio Valmor erst seit Anfang 1960er Jahre!) und war Arzt und Hochschullehrer für Medizin. Berühmt und im Volk beliebt ist er, weil er sich für seine Patienten, vor allem die

Armen, aufopferte. Er kämpfte gegen die weit verbreitete Tuberkulose und starb 1897 selbst an dieser Krankheit.

Die Menschen behielten Sousa Martins in Erinnerung und verehren ihn heute noch fast wie einen Heiligen. Die Kirche erkennt das zwar nicht an. Aber selbst heute noch soll er vielen Kranken helfen. Deshalb zündet man an seinem Denkmal Kerzen an – und legt Votivtafeln und Blumen nieder, wenn er ›geholfen‹ hat.

PortugalWissen
## Von den Mauren zum Madonna-Wunder

Sie war die schöne Tochter eines maurischen Fürsten, diese Fátima, die dem berühmtesten Wallfahrtsort Portugals den

Namen gab. Sie wurde erst entführt – von bösen christlichen Eroberern im Jahre 1158 – und verliebte sich dann in einen Grafen von Ourém, obwohl sie an ihn verkauft worden war. (Diese Grafen von Ourém müssen ausgesprochen charmant gewesen sein, denn gut 200 Jahre später war ein anderer ein Liebhaber der von Dona Leonore Teles de Menezes, der Königinwitwe. Er wurde umgebracht, weil er Portugal an Spanien verschachern wollte). Die Nachkommen der maurischen Fürstentocher haben den Ort Fátima nach ihr benannt, und sie soll hier begraben sein.

Gut 750 Jahre später, genauer: Am 13. Mai 1917 trat die Jungfrau Maria auf den Plan. Auf einem freien Feld in der Nähe von Fátima, so berichtet die Legende, erschien sie drei Hirtenkindern. Sie befahl ihnen, künftig an jedem 13. eines Monats wiederzukommen, denn sie hätte ihnen etwas mitzuteilen. Aber sie sollten Stillschweigen bewahren – was natürlich nicht klappte. Bereits im Juni versammelten sich ein paar weitere Neugierige, im Juli, August und September waren es dann bereits Menschenmassen. Das reichte der Madonna: Sie kündigte ein Wunder für Oktober an.

Man mag es nun glauben oder nicht: Zehntausende glaubten jedenfalls fest daran, dass sie am 13. Oktober 1917 das ›Sonnenwunder‹ sahen – nämlich die einer Silberscheibe ähnelnde Sonne, die sich wie ein Feuerrad drehte. Schon im Juli hatte die Madonna den drei Kindern die drei Geheimnisse von Fátima anvertraut. Die ersten beiden – niedergeschrieben 1941 – wurden sofort veröffentlicht, das dritte (erst 1944 aufgeschrieben) wurde direkt an den Papst geschickt. Angeblich sollte es eine Warnung vor einem Attentat enthalten. Papst Johannes XXIII. hatte entschieden, das Geheimnis zu bewahren – es wurde erst im Jahr 2000 bekannt gegeben. Da passte natürlich der Attentatsversuch auf Papst Johannes Paul II: am 13. Mai 1981 (einem Fátima-Jahrestag!) gut in die ganze Geschichte.

Heute findet man in Fátima die viertgrößte katholische Kirche der Welt. Die Igreja da Santíssima Trindade steht gegenüber der Basílica Antiga und hat fast 9.000 Sitze. Der Platz zwischen den beiden Kirchenbauten ist größer als der vor Sankt Peter in Rom – und damit der weltweit größte Kirchenvorplatz.

# XIX. Was Sie in Portugal unbedingt erleben sollten

**Im Café frühstücken**
Und zwar am besten in Lissabon. So richtig mittendrin. Einfach sitzen, schauen – und die Stadt und die *lisboetas* (samt Touristen) auf sich wirken lassen. Wenn man dann noch neben seiner *bica* leckere *pasteis de nata* (oder einen pikanten Snack, etwa *rissois*) genießt – dann fängt der Tag richtig gut an!

**Fado hören**
Am schönsten erlebt man Fado in einer urigen Kneipe – und keinem ›Touristenlokal‹. Geheimtipps sind schwierig zu bekommen und meist schnell veraltet. Lieber einen Fado ›auf dem Land‹ genießen, von Laien gesungen – und das voller Inbrunst und echter Begeisterung – als von ›Profis‹, die jeden Abend zehn Auftritte in Lissabonner Fadohäusern abspulen.

**Bacalhau probieren**
Selbst wenn der Geruch im Fischladen ›umwerfend‹ ist – was die Portugiesen in der Küche aus dem gesalzenen Stockfisch zaubern, schmeckt bestens. Wenn Sie sich nicht gleich an ein ganzes Gericht wagen: Probieren Sie *pasteis de Bacalhau* – leckere fritierte Kartoffelteigteilchen mit Stockfisch.

**Beim Fußball mitfiebern**
Dem portugiesischen Fußballfieber können Sie eh nicht entkommen. Also: am besten mitmachen! Sie sollten allerdings wissen, welcher Club in Ihrer unmittelbaren Umgebung angesagt ist.

Nicht dass Sie für die ›Falschen‹ jubeln. Wobei: Wenn Sie das sachverständig tun, nimmt man es Ihnen nicht mal übel …

**U-Bahn fahren in Lissabon**
Nicht weil die Fahrt so toll ist, sondern wegen der wunderschönen und von modernen Künstlern gestalteten *azulejos* (Fliesen), mit denen die Bahnhöfe von Lissabons Metro verziert sind. Die Kunst der Fliesenmalerei hat große Tradition in Portugal, auch an Häusern, in Parks und an Brunnen. Schlendern Sie durch die Altstadt in Lissabon oder in Porto – und staunen Sie.

**Sardinhada mitmachen**
Ohne Sardinen sind die Portugiesen keine Portugiesen. In jeder Straße, in jedem Haus gibt es *sardinhadas* – also ›Sardinen satt‹. Die kleinen Fische werden lediglich mit grobem Salz bestreut und dann auf Holzkohle gegrillt. Der Portugiese isst sie auf Brot und wie chicken wings, nagt sie also einfach ab oder isst sie – je nach Größe – komplett auf. Wenigstens einmal probieren!

**Gelassen reagieren**
Lassen Sie Ihre Hektik zuhause – in Portugal brauchen Sie *paciência*. Das ist nicht nur einfach ›Geduld‹, sondern eher: Gelassenheit. Einem Verkehrsstau können Sie genauso wenig entkommen wie der Schlange an der Supermarktkasse. Also halten Sie's wie die Portugiesen: Warum aufregen?!

**Portugiesisch üben – wenigstens ein paar Worte …**
›Guten Tag‹, ›Bitte‹ und ›Danke‹ und vielleicht noch ein paar allgemeine Floskeln wie ›Entschuldigung‹, ›Wie geht es?‹ – damit überzeugen Sie jeden Portugiesen davon, dass Sie sich auf Land & Leute einlassen. Man freut sich drüber – und honoriert Ihre Bemühungen mit freundlichem Entgegenkommen und viel Hilfsbereitschaft.

**Das Meer bestaunen**
Ob frühmorgens am Fischmarkt oder einfach ›nur‹ an einem der unglaublich schönen Strände: Genießen Sie den Ausblick

auf den Atlantik. Portugiesen können das stundenlang – vielleicht haben sie daher ihre Gelassenheit? Bei mehr als 850 Kilometern Küste allein bei Kontinental-Portugal kein Wunder.

**Nummern ziehen**

Sie werden eh nicht drum herum kommen: Nummern zieht man nämlich überall. In der Apotheke, beim Fischhändler, im Supermarkt an der Fleisch- oder Käsetheke: Ohne *senha* geht es nirgends. Das Spannend-Schöne: Wenn Sie ›Ihre‹ Nummer haben und nicht gleich dran sind, haben Sie Zeit für einen schnellen Kaffee. Oder einen Flirt. Nutzen Sie's aus …

# XX. Womit Sie sich in Portugal ganz bestimmt blamieren

### Die Restaurantrechnung genau aufteilen
Die typisch deutsche Art, bei Tisch die Rechnung auseinanderzuklamüsern, geht gar nicht. In Portugal zahlt einer (oder man teilt die Gesamtsumme durch die Anzahl der Personen), und kein Portugiese wird da hintanstehen und sich ›drücken‹ wollen. Hin und wieder sollten Sie sich ›durchsetzen‹ und die Rechnung begleichen.

### Landessprache – ja oder nein?
Lassen Sie den Einheimischen die Freude, ihre Englischkenntnisse bei Ihnen auszuprobieren. Portugiesen sind stolz auf ihre Weltläufigkeit – und darauf, ein paar Worte Englisch oder gar Deutsch zu können. Nehmen Sie es lächelnd und mit einem lobenden Kompliment hin. Aber insistieren Sie nicht darauf, dass alle gefälligst Portugiesisch sprechen müssen, weil Sie das jetzt grad mal lernen wollen.

### Küsschen und Umarmung ablehnen
Distanz wird in Portugal mit Misstrauen betrachtet. Lassen Sie sich drauf ein, wenn selbst der es Ihnen ein wenig unheimlich ist, dass der Häusermakler oder die Ferienhausvermieterin Sie mit Küsschen begrüßt und mit Umarmung verabschiedet.

### Über Fußball reden, aber keine Ahnung haben
Ohne Fußball geht nichts! Geben Sie sich nicht als Fan von einem der drei großen Vereine (Benfica, Sporting und Porto)

aus, wenn Sie's nicht wirklich sind: Das fliegt schnell auf und damit verlieren Sie Ansehen und Respekt. Sie dürfen durchaus ›keine Ahnung haben‹, aber dann halten Sie den Mund.

**Über Fado lästern**
Es zeugt nicht nur von schlechter Kinderstube, sondern ist wirklich verletzend für Portugiesen, wenn Sie beim Fado nicht ergriffen lauschen. Sondern sich unterhalten (trinken dagegen dürfen Sie), mitklatschen oder gar über die musikalischen Darbietungen kichern.

**Auf portugiesische Verhältnisse schimpfen**
Das dürfen nur die Portugiesen selber. Selbst wenn Sie sich längere Zeit hier aufhalten oder sogar *residente* sind – halten Sie sich zurück. Vor allem mit Äußerungen wie ›bei uns daheim ist das aber besser‹ oder gar ›Portugiesen kriegen sowieso nichts auf die Reihe‹.

**Aberglauben**
Hexerei und Voodoo sind was für Ungebildete? Sie mögen das so sehen, aber sagen sollten Sie es nicht. In jeder Tageszeitung gibt es Hunderte von Anzeigen, in denen Astrologen, Hexen und Zauberer ihre Dienste anbieten. Fast jeder Portugiese glaubt nämlich fest daran, dass man verflucht werden kann oder sich vor Zauberei schützen muss.

**Sich betrinken**
Ein absolutes No-go! Das heißt nicht, dass Sie abstinent bleiben müssen. Genießen Sie Ihren Wein – zum Essen. Trinken Sie danach einen schönen Digestif. Komasaufen jedoch ist verpönt. Auch und gerade dann, wenn Freibier oder -wein ausgeschenkt werden.

**Fernsehen im Lokal abschalten**
Jedes Café, jede Kneipe, selbst ›gute‹ Lokale haben (mindestens) ein TV-Gerät. Und das ist angeschaltet. Immer. Portu-

giesen schaffen es, Essen und Trinken zu genießen, sich zu unterhalten und nebenbei mitzubekommen, was im TV läuft. Die Geräuschkulisse gehört dazu, und Sie werden keinen Wirt dazu bringen, das Fernsehgerät abzuschalten. Versuchen Sie's also gar nicht erst.

**Auf Emanzipation beharren**
Portugiesinnen sind emanzipiert. Sie haben es allerdings nicht nötig, das ständig und immer wieder zu beweisen. Portugiesische Männer wissen das nämlich, und sie handeln danach. Dennoch gehört höflichster Umgang zwischen den Geschlechtern zur Lebensart in Portugal. Man erweist einer Frau damit die Achtung, die ihr zusteht. Sie sollten es besser akzeptieren (und genießen), wenn Portugiesen Sie respektvoll als *Dona* behandeln.

# Sind Sie schon ein bisschen portugiesisch?

Wer zum ersten Mal nach Portugal reist, vielleicht sogar nur zu einem Kurztrip in die Landeshauptstadt, bekommt nur ein wenig mit vom Leben hierzulande, von der Gastfreundlichkeit, von den Menschen, die das kleine Land so liebenswert machen.

Eines ist gewiss: Entweder ist Ihr Aufenthalt nur ein ›ganz normaler Urlaub im Süden‹. Sie haben sich gut erholt, Ihren Aufenthalt genossen und brechen in den nächsten Ferien zu anderen, neuen Ufern auf. Machen ja viele.

Oder Sie sind angefixt – und kommen immer wieder. Nicht nur bei mir hat es mit einem kurzen Aufenthalt angefangen (siehe mein Buch ›Kann denn Fado fade sein?‹, das im Heyne Verlag auch als eBook erschienen ist). Es geht vielen so, dass sie sich in Portugal verlieben, dass sie nicht ›nur‹ Lissabon oder die Algarve erleben wollen. Denn der grüne Norden und seine Hauptstadt Porto haben ebenfalls ihre Reize, genauso wie die ruhigen Weiten des Alentejo oder die vielen Klöster und Kirchen, Burgen und Schlösser im Zentrum. Und die Inseln natürlich: Madeira und die Azoren. Und dann kommt man immer wieder … Ein ganzes Leben reicht nicht aus, um Portugal zu erkunden!

Ein zweiwöchiger Urlaub reicht jedoch durchaus, um sich auf Land und Leute einzulassen. Ein bisschen abseits der ausgetretenen Touristenpfade zu gehen – und das kann man sogar an der im Sommer so überlaufenen Algarve.

Nehmen Sie ein bisschen portugiesisches Leben mit nach Hause: Etwa die Gelassenheit in Situationen, die Sie nicht ändern können. Die Gastfreundschaft, die Ihnen hier überall entgegengebracht wird. Das herzliche Willkommen der Menschen, denen Sie im Café begegnen.

## Man ist Portugiese, wenn man …

Im Internet gibt es eine ganz witzige Checkliste, die Ihnen zeigt, woran Sie erkennen können, dass jemand Portugiese ist. Vielleicht passen ja ein paar Punkte schon jetzt zu Ihnen? Man ist Portugiese, …

**… wenn man mindestens einmal ein Fußballspiel in einem Café miterlebt hast.**
Na – da können Sie sicher mitreden. Bei jedem Besuch in einer Bar, einem Café oder einem Lokal ist im Fernsehen schließlich Fußball zu sehen.

**… wenn man seine Sachen lieber auf *feiras* kauft als in Geschäften.**
Das können Sie bestimmt bestätigen: Es macht einen Riesenspaß und spart außerdem eine Menge Geld, wenn man auf einem der vielen Bauern- und Zigeunermärkte einkaufen geht.

**… wenn man den Sonntag im Einkaufszentrum verbringt.**
Das kommt sicher darauf an, welches Wetter Sie in Ihrem Urlaub hatten und welches Einkaufszentrum Sie besucht haben. Es gibt durchaus das eine oder andere Shoppingcenter in Lissabon, Porto und an der Algarve (ja sogar auf Madeira), wo man sich schon den ganzen Tag aufhalten könnte. Zwischendurch ein Häppchen essen, eine *bica* trinken, Leuten zuschauen – doch

ja: Da kann man selbst als Urlauber sehr portugiesische Attitüden an sich entdecken.

**… wenn man im Oktober bei 25 Grad an den Strand fährt und mit der ganzen Familie mindestens drei Stunden im Auto hockt.**

Das kann nicht einmal ich nach zwölf Jahren in Portugal nachvollziehen. Jeder, der aus eher nördlichen Gefilden kommt, ist es gewohnt, schon den kleinsten Sonnenstrahl auszunutzen. Also: kein Punkt für Sie und mich beim Portugiesisch-Sein!

**… wenn man in der Familie nie akzeptiert, dass man keinen Hunger (mehr) hat.**

Das soll es nicht nur in Portugal geben, aber das können Sie natürlich problemlos übernehmen.

**… wenn man meint, dass *aguardente* die Medizin für alles ist.**

›Ein Schnäpschen in Ehren …‹ oder um den überfüllten Magen zu beruhigen? Kein Problem. Das schaffen Sie locker – und damit haben Sie schon eine Menge gemein mit einem ›echten‹ Portugiesen. Es kann ja auch ein *Cafe com cherinho* sein …

**… wenn man Superbock, *tremoços*, *azeitonas*, *caracóis* und *mariscos* mag.**

Alles Geschmackssache, meinen Sie? Selbstverständlich ›dürfen‹ Sie statt Superbock ein zünftiges *Sagres* genießen! Lupinensamen und Oliven sollten Sie wenigstens mal probiert haben, und dasselbe gilt für Schnecken und Meeresfrüchte. Ich habe sowohl die kleinen *caracóis* probiert wie auch *percebes* – da sind Portugiesen ganz wild drauf. Sie behaupten, ›die Entenmuscheln schmecken wie das Meer‹. Okay, mag ja sein. Mein persönlicher Geschmack ist's nicht, aber dafür habe ich ein Faible für *bacalhau* entwickelt. Ihnen ist der stinkende Stockfisch ebenfalls suspekt? Probieren Sie mal *bacalhaua à Bras* – das hat nicht nur mich, sondern etliche Stockfischgegner überzeugt. Und das, finde ich, zählt doppelt!

**… wenn man problemlos mindestens drei Stunden im Café sitzen kann.**

Das sollten Sie im Urlaub nun wirklich können – und vielleicht vermissen Sie es zuhause dann umso mehr. Vielleicht Ihr erster Weg, *saudade* zu empfinden?

**… wenn man wenigstens einmal im Leben in Fátima war.**

Ich habe mir das mal anschaut, allerdings nicht zu Fuß auf einer *romaria*. Wallfahrten sind eher nichts für mich. Aber ich habe gemeinsam mit meinem Liebsten und seiner Mutter einen Besuch dort gemacht. Auch wenn man selber nicht katholisch ist und mit Religion vielleicht wenig anfangen kann: Beeindruckend sind das riesige Gelände und die vielen inbrünstig Gläubigen allemal.

**… wenn man Verwandte hat, die Maria, Isabel, João, José, António, Joana, Luís … heißen.**

Sie werden doch eine Tante oder Cousine haben, die Maria heißt? Voilà! Der Onkel Sepp in Bayern zählt ebenfalls, und vielleicht haben Sie ja noch einen entfernten Vetter mit Namen Johann. Das kommt Ihnen selbstverständlich zugute!

**… wenn man mitten in der Nacht mit seinen Gästen beim Verabschieden noch weitere 20 Minuten im Treppenhaus plaudert.**

Tschüss sagen im Treppenhaus, auf der Straße, vor dem Lokal, nochmals am Auto – daran kann man sich gewöhnen. In Deutschland, der Schweiz und Österreich empfiehlt es sich, dies zu nachtschlafender Stunde mit der entsprechend diskreten Lautstärke zu tun. Die Nachbarn daheim neigen möglicherweise dazu, sich wegen Ruhestörung zu beschweren …

**... wenn man in seinem Herzen kein anderes Land hat außer Portugal.**

Tja – was soll ich sagen?! Wenn es Ihnen so geht, ist eines klar: Sie sind vom so genannten ›Portugalvirus‹ befallen, einer gar ansteckenden Krankheit, die dazu führt, dass man immer wieder hierher zurück will. Das ist unheilbar. Die einzige Therapie: Kommen Sie wieder! Jetzt wissen Sie endlich, was die Portugiesen mit *saudade* meinen. Weil Sie sie nun selber fühlen …

# Portugiesische Geschichte im Schnelldurchlauf

## Portugal vs. Spanien

Die Vertreibung der Mauren im Zuge der Reconquista (so ab dem 9. Jh.) war eine gute Möglichkeit für Spanien (damals ›nur‹ Asturien-Kastilien), immer wieder mal auf portugiesisches Gebiet zu gelangen und sich dort festzusetzen. Selbst wenn es einen ›Staat Portugal‹ zu dieser Zeit noch gar nicht gab – die Grafschaft Portucale gab es durchaus. Dort herrschte das Haus Burgund, und der erste König Portugals, Dom Afonso Henriques, entstammte dieser Familie, die ab 1143 für knapp zweieinhalb Jahrhunderte lang Portugals Regenten stellte.

Gut 200 Jahre, nachdem Portugal von den Herrschern Europas, vor allem aber vom Papst ganz offiziell als eigenständiges Königreich anerkannt worden war, streckten die Spanier erneut eine gierige Hand nach dem kleinen Staat aus: Der letzte König aus dem Haus Burgund stand 1382 nämlich ohne männlichen Nachkommen da.

Keinen Thronerben – aber dafür hatte Fernando I. vier klangvolle Beinamen: nämlich ›der Höfliche‹ (*O Formoso*) und ›der Schöne‹ (*O Belo*), denn er soll wirklich ein Leckerbissen fürs Auge gewesen sein. In Bezug auf seine Politik ist es dann nicht mehr ganz so schmeichelhaft: Man nennt ihn ›der Unbeständige‹ (*O Inconstante*) und ›der Gewissenlose‹ (*O Inconsciente*) –

weil er in Bezug auf Verträge und Absprachen nicht gerade zuverlässig war und sein Volk in insgesamt drei Kriege mit wahrhaft katastrophalem Ausgang führte: Der portugiesische Thron fiel letztendlich seinetwegen nämlich an Spanien.

## Politik durch Heirat. Ohne Happy End

Als Siege auf dem Schlachtfeld ausblieben, kam Ferdinand auf eine andere Idee: ›Politik durch Hochzeit‹ – leider genauso erfolglos. Alle Versuche, für seine einzige erbberechtigte Tochter Beatriz einen königlichen Gatten zu finden, der zudem noch Portugals Unabhängigkeit garantierte, waren vergebens: Die Ehe mit einem englischen Prinzen kam gar nicht erst zustande, und so blieb ihm am Ende nichts anderes mehr übrig, als Beatriz mit dem kastilischen König João I. zu verheiraten.

Damit wollte Dom Fernando wenigstens den Frieden sichern. Natürlich versicherte João I. hoch und heilig, dass er Portugal nimmer antasten und später ein Sohn von Beatriz König in Portugal würde. Die Braut war bei der Hochzeit noch ein Kind, nämlich erst zehn Jahre alt. Und bis da ein Sohn geboren würde … In solchen Fällen sind nicht nur spanische Könige gern mal ein bisschen vergesslich. Nur eines zählte: Kastilien erwarb durch diese Heirat Ansprüche auf den portugiesischen Thron. Und das nutzten die Spanier wenig später schamlos aus.

Als Ferdinand 1383 starb, regierte seine Witwe, Dona Leonore Teles de Menezes, genau sechs Wochen lang – gemeinsam mit ihrem Liebhaber, einem Grafen von Ourém, der genau wie sie eher der spanischen Sache zugeneigt war. Das Volk war zu Recht sauer und ließ sich das nicht bieten: Die gar nicht so trauernde Witwe wurde aus Lissabon verjagt, der Graf umgebracht. Allerdings nutzte König João von Kastilien die Chance, dass es nun keinen regierenden Fürsten mehr gab. Er stieß mit einem gewaltigen Heer nach Portugal vor. Für ihn, als Ehemann von des verstorbenen Königs Töchterleins Beatriz, war die Sache klar: Der portugiesische König tot, seine Witwe entmachtet und vertrieben – der Weg nach Lissabon und damit auf den Thron damit also scheinbar ein Spaziergang.

Das portugiesische Adelsparlament, der Cortes, hielt davon allerdings wenig: Es bestimmte in Coimbra João von Avis zum ›Verteidiger und König des Vaterlandes‹. Obwohl der gar keine formale Erbberechtigung auf den königlichen Thron hatte und zudem noch unehelicher Herkunft war. Aber alles war besser als ein Spanier!

Eine Zeitlang gab es eine Menge Kämpfe und kleinere Schlachten, zwei Jahre später kam es zur entscheidenden Auseinandersetzung: Am 14. August 1385 traf das gewaltige kastilische Heer von mehr als 31.000 Mann auf die zahlenmäßig weit unterlegenen portugiesischen Truppen. João von Avis hatte nur 6.500 Männer aufzubieten, aber er gewann die Schlacht von Aljubarrota. Die Unabhängigkeit Portugals war zunächst gesichert, alle kastilischen Ansprüche zunichtegemacht. Nicht, dass die Spanier jetzt aufgegeben hätten. Sie legten die Sache nur erst einmal auf Eis.

João von Avis ließ sich als João I. zum portugiesischen König krönen. Zum Andenken an diesen großen Sieg gründete er das Kloster von Batalha (portugies. ›Schlacht‹). Es wurde von der UNESCO auf die Liste des Weltkulturerbes aufgenommen (und lohnt wirklich einen Besuch). Unter dem Haus Avis wurde Portugal zur überragenden See- und Weltmacht.

## Der Ritterkönig stirbt – und Spanien hat es geschafft

Ungefähr weitere 200 Jahre später war es denn mit den ruhigen Zeiten wieder vorbei: Dom Sebastião I. übernahm 1568 als

14-jähriger die Regentschaft. Sein etwas versponnenes Ziel: Er wollte mit Portugal ein großes Reich in Nordafrika zu erobern (siehe auch unten). Der ›Ritterkönig‹ fiel allerdings 1578 in einer Schlacht gegen die Mauren in Marokko. Sein Leichnam wurde nie gefunden. Er war kinderlos, sein Großonkel übernahm für zwei Jahre den Thron, und starb ebenfalls ohne Nachkommen (er war ja schließlich Kardinal!). Die Begehrlichkeiten der Spanier waren erneut geweckt.

Der spanische König Philipp II. – ein Habsburger – machte gleich doppelten Anspruch geltend: Heinrich I. selbst hatte ihn im Testament als Thronerben eingesetzt, über die weibliche Seite stammte er aus dem Hause Avis und hatte damit sowieso reguläre Erbrechte. Nach kleineren Scharmützeln wurde er unter dem Namen Dom Filipe I. vom Adelsparlament in Tomar zum König von Portugal ausgerufen. 1580 waren damit die Kronen von Portugal und Spanien unter den Habsburgern vereint. *Que vergonha* – welche Schande, wie die Portugiesen einhellig meinten.

Die Portugiesen waren ›not amused‹ – und das 60 Jahre lang. Das zeigten sie Filip I. unermüdlich: Immer wieder kam es zu Aufständen gegen den ›spanischen König‹. Richtig schlimm wurde es dann nach seinem Tod im Jahr 1598: Denn Portugal wurde mehr und mehr ein Anhängsel Spaniens, alle alten Versprechungen und Zusagen waren vergessen und nichtig. Etliche Besitzungen in Übersee gingen verloren, zum Beispiel Hormuz, Ceylon und Malakka. Spanien selbst war in den Dreißigjährigen Krieg in Mitteleuropa verwickelt und ruinierte damit die eigenen Staatsfinanzen.

Aber schon damals machte man es wie heute: Ist das Staatssäckel leer, erhöht man die Steuern und hält sich am Volke schadlos. Auch König Filip III. hielt das für eine grandiose Idee, aber nicht nur das: Er befahl den Zusammenschluss der

Armeen Portugals und Spaniens und plante außerdem, die portugiesischen Truppen 1640 gegen Aufstände der Katalanen einzusetzen.

## Nach 60 Jahren: Endlich alles gut – Portugal ist frei

Damals galt Frankreich als einziger großer Widersacher gegen die Habsburger in Europa, und so unterstützten die Franzosen die Portugiesen beim Aufstand gegen die spanische Herrschaft. Der Herzog von Bragança eroberte in einem Blitzangriff Lissabon, stürzte die spanische Statthalterin (eine Herzogin von Mantua), und wurde sofort für diese Heldentat belohnt: Als João IV. rief man ihn zum neuen König aus.

Damit war die sechzigjährige Fremdherrschaft der Spanier in Portugal praktisch beendet. Dennoch gab es noch 25 Jahre lang immer wieder kleinere Scharmützel und Kämpfe, erst 1668 wurde im Frieden von Lissabon die portugiesische Unabhängigkeit endgültig anerkannt. Das Haus Bragança regierte bis ins Jahr 1853. Und spanische Einmischungen gab es nicht mehr – bis heute. Immerhin gut 370 Jahre später.

## Saudade: Warten auf die Wiederkehr von Dom Sebastião

Er war ›Der Ersehnte‹. Der Ritterkönig. Derjenige, der dafür sorgen sollte, dass Portugal ein Weltreich wurde. Und dass vor allem die Spanier (Sie erinnern sich?) nicht auf den Thron gelangten. Leider hat das nicht so ganz geklappt.

Das aber hindert die Portugiesen nicht daran, immer noch davon zu träumen, was denn wohl passiert wäre, wenn ... Deshalb haben sie angeblich alle *saudade*.

Als Sebastião im Jahr 1554 in Lissabon geboren wird, jubelt das Volk. Endlich ist der männliche Thronfolger da, endlich die Angst vorbei, das spanische Königshaus würde den Herrscher in Portugal stellen. Kaum ist Opa Dom João III. gestorben, krönt man Sebastião schnell zum König – da ist er erst drei Jahre jung. Natürlich herrscht er noch nicht persönlich. Das übernimmt erst einmal Onkel Henrique, der Kardinal von Lissabon, zusammen mit Oma Katharina von Kastilien (was bekanntlich in Spanien liegt).

Selbstverständlich wird Sebastião streng gläubig erzogen. Seine Mutter, Joana de Áustria (eine Spanierin!), soll sogar Ignatius von Loyola persönlich gekannt haben und das einzige weibliche Mitglied im von ihm gegründeten Orden der Jesuiten gewesen sein. Von ihr hat der kleine Sebastião allerdings nicht viel, denn sie kehrt wenige Monate nach seiner Geburt an den spanischen Königshof zurück. Aber Onkel Kardinal sorgt ebenfalls für eine gründliche Ausbildung.

Elf Jahre nach der Krönung ist es dann so weit! Endlich! Sebastião übernimmt die Königsgeschäfte und er hat ganz tolle Ideen. Etwa die, dass man Konstantinopel endlich von den Türken befreien müsse. Und bei dieser Gelegenheit wäre es doch eine Spitzensache, in Nordafrika alle Sarazenen zu vertreiben und ein großes neues Reich unter christlicher und vor allem portugiesischer Vorherrschaft zu errichten. Etwa so, wie es angeblich ein legendärer Priesterkönig namens Johannes in Asien gemacht haben sollte. Nach dem hatten die Portugiesen etwa 100 Jahre vorher schon gesucht, und einen anderen Plan gab es ebenfalls schon früher: Zum Beispiel den des Seefahrers Afonso de Albuquerque, der um 1516 Mekka erobern wollte, um es gegen Jerusalem eintauschen zu können. Das gefiel Sebastião ebenfalls – und es wurde in sein großes Vorhaben mit aufgenommen.

Natürlich dauerte es etwas, bis alles wirklich spruchreif war. Zehn Jahre Vorbereitung gingen ins Land, mit Unterstützung von Adel und Handelsherren. Die einen suchten Abenteuer, Ehre und Ruhm, die anderen Reichtum, Einfluss und Macht. Als kleine Trainingsschlacht führte Dom Sebastião 1574 eine kleinere Expedition erfolg- und siegreich nach Marokko.

Vier Jahre später dann schlug er richtig zu: Im Sultanat von Fès gab es ein paar Streitigkeiten wegen der Thronfolge. Eine perfekte Gelegenheit, dachte sich Sebastião, mal eben das gesamte Marokkanische Reich zu übernehmen. Ein Heer von immerhin 18.000 Portugiesen stand bereit, dazu kamen noch 6.000 Muslime eines befreundeten Sultans sowie 40 Kanonen. Siegessicher ließ er bereits eine neue Krone anfertigen – schließlich wollte er Kaiser von Marokko werden – und nahm auf den Schiffen, in denen er nach Marokko übersetzte, Tausende von Gitarren mit: für die Siegesfeier.

Doch das Abenteuer des Ritterkönigs endete in einer Katastrophe: Sein Heer wurde in der Schlacht von al-Qasr al-Kabir vernichtend geschlagen. Von seinen Mannen gerieten 15.000 in Gefangenschaft und 8.000 wurden getötet. Der klägliche Rest entkam – nur 60 Portugiesen soll die Flucht in die Heimat geglückt sein.

Die Leiche des Königs jedoch wurde niemals gefunden – und so entstand der Mythos, dass Dom Sebastião gar nicht gestorben sei. Er würde in einer ›Anderswelt‹ weiterleben, um seinem Volk in späteren Zeiten der Gefahr wieder zu Hilfe zu eilen. Noch Jahre nach seinem Tod gab es immer wieder Hochstapler und Schwindler – mindestens drei davon sind verbürgt –, die sich als wiedergekehrter Sebastiane ausgaben und den Thron Portugals besteigen wollten. Alle endeten auf dem Schafott, sicher auch deshalb, weil mittlerweile, seit 1580 nämlich, die Spanier endgültig die Macht in Portugal hatten. Und sich den portugiesischen Thron ganz gewiss nicht durch irgendeinen angeblichen Ritterkönig wegnehmen lassen wollten.

Die Enttäuschung im Abendland darüber, dass das christliche Kreuz gegen den türkischen Halbmond verloren hatte, saß tief. Nicht nur bei den Portugiesen. Aber bei denen besonders. Und weil ›der Ersehnte‹ so sehr ersehnt worden war, glaubte man im Volk fest daran, dass er niemals gestorben sei und die Schmach der Niederlage einst rächen würde.

Sogar noch unter Salazar wurde die Legende wach gehalten: Der Diktator setzte den ›Sebastianismus‹ gegen Demokratie und andere liberale Ideen ein. Der Mythos vom einst wiederkehrenden Ritterkönig spukt bis heute ein bisschen in den Köpfen der Portugiesen herum. Der Traum vom Weltreich Portugal ist nicht ausgeträumt ...

## Die Zeit der Diktatur unter Salazar

Es gibt heute noch viele Portugiesen, die sich nach der guten alten Zeit sehnen, nach einem Politiker, der ›alles wieder in Ordnung bringt‹, der Portugal vor wirtschaftlichem Niedergang und politischem Schaden bewahrt. Gerade nach der rigiden EU-Sparpolitik unter Aufsicht der Troika. Das schlägt sich aber praktisch nicht in der Parteienlandschaft nieder: Rechte Gruppierungen spielen in Portugal keine politische Rolle, sie sind derzeit nicht im Parlament vertreten.

Salazars Diktatur ist nicht mit der von Franco im benachbarten Spanien, mit dem faschistischen Italien oder dem deutschen Dritten Reich vergleichbar. Der *Estado novo* hatte keinen ideologischen Hintergrund, sondern orientierte sich allein an Salazars Idee, unterschiedlichste Interessengemeinschaften sollten an einem Strang ziehen: Kirche und Militär, Wirtschaft und Großgrundbesitzer sowie die Kolonien – alle vereint für die Größe Portugals.

Es gab im *Estado novo* durchaus Repressionen, Geheimpolizei, Folter, sogar ein Konzentrationslager (siehe unten). Allerdings waren anfangs von all dem nicht unbedingt große Teile der Bevölkerung betroffen. Das änderte sich erst mit den Kolonialkriegen: Das Regime brauchte Soldaten, und Offiziere, die früher traditionsgemäß eher aus Adel und Mittelstand kamen, mussten nun aus den einfachen Soldaten rekrutiert werden; sie stammten also aus Arbeiter- und Bauernfamilien.

## ›Neuer Staat‹ und Geheimpolizei: Salazars Diktatur

Wer zur Zeit der Diktatur Salazars gebildet und intellektuell war, hatte nur zwei Alternativen: Schweigen oder Emigration. Nicht nur manche Trinksprüche waren im *Estado Novo* strikt verboten. António de Oliveira Salazar beherrschte die Politik und damit das Leben in Portugal bis ins Kleinste, und das für mehr als vier Jahrzehnte. Seiner Überzeugung nach waren die Menschen anfällig für politische Demagogie; deshalb versuchte er um jeden Preis, das Volk ›dumm‹ zu halten: Es gab für den Großteil der Bevölkerung lediglich vier Jahre Grundschule, weit mehr als ein Drittel der Portugiesen konnte damals weder lesen noch schreiben. Der Preis dafür war verheerend: Portugal wurde zu einem der ärmsten Länder Europas, Bildungs- und Sozialwesen gab es de facto nicht mehr.

Der im Jahr 1933 proklamierte *Estado Novo* (der ›Neue Staat‹) war ein kirchlich orientierter faschistischer Ständestaat, in dem Salazar seine Ideen durchsetzte. Unter anderem

- kam man ins Gefängnis, wenn man nicht aufstand, sondern sitzen blieb, während die Nationalhymne erklang;
- war es verboten, fremdsprachige – also nicht-portugiesische – Wörter zu verwenden, wenn man für seine Produkte warb oder für das eigene Lokal eine Speisekarte schrieb;

- gab es keine Parteien mehr außer einer: Salazars *União Nacional* (›Nationale Union‹), die als einzige im Parlament vertreten war;
- waren Bespitzelung, Haft und Folter an der Tagesordnung.

## Konzentrationslager und Amnesty International (AI)

Zwischen 1936 und 1974 gab es auf den Kapverdischen Inseln sogar ein portugiesisches Konzentrationslager. Anfangs wurden vor allem politische Oppositionelle aus Portugal dort inhaftiert, zwischen 1961 und 1974 sperrte man dann Mitglieder der Unabhängigkeitsbewegungen in afrikanischen Kolonien ein. Das Lager Tarrafal wurde von der PIDE geführt, dem Nachfolger der geheimen Staatspolizei PVDE (*Polícia de Vigilância e Defesa do Estado*), die Salazar im Jahr 1933 sofort nach Errichtung des Estado Novo gründete. Die Angehörigen der PVDE erhielten ihre Ausbildung teilweise durch die deutsche Gestapo; bei der PIDE (*Polícia Internacional e de Defesa do Estado*), die nach Kriegsende 1946 aus der PVDE hervorging, übernahm die Ausbildung der britische Scotland Yard. Die Täter aus Tarrafal wurden niemals vor Gericht gestellt und mussten sich für ihre Taten nicht verantworten.

Der britische Anwalt Peter Benenson hörte 1961 vom Schicksal zweiter portugiesischer Studenten, die zu sieben Jahre Gefängnis verurteilt wurden, weil sie in einer Kneipe mit dem Trinkspruch ›auf die Freiheit‹ angestoßen hatten. Das reichte aus, um ins Gefängnis zu kommen – das Wort *liberdade* war zu jener Zeit verboten. Benenson hat daraufhin Amnesty International gegründet – als weltweite Organisation für Menschen, die unterdrückt werden, ›weil sie die Stimme für die Freiheit erheben.‹

## Die Kriege in den Kolonien – und das Ende der Diktatur

Noch 1951, als andere europäische Kolonialmächte wie Großbritannien und Frankreich sich langsam an den Gedanken gewöhnen mussten, ihre Kolonien in die Unabhängigkeit zu entlassen, hatte Portugal seine ausländischen Besitzungen zu *províncias ultramarinas* (›Überseeprovinzen‹) erklärt. Damit gehörten diese zwar zum Mutterland, aber ohne dieselben Bürgerrechte zu haben.

Anfang der 1960er Jahre führte dies in den Kolonien zu immer mehr Unruhen, zum Streben nach mehr Selbstständigkeit und schließlich den ersten Unabhängigkeitskriegen. 1961 besetzt die indische Armee Goa – praktisch ohne Gegenwehr Portugals. Fast zeitgleich kommt es in Angola und Guinea-Bissau zu Kämpfen, drei Jahre später in Mozambique. Die Konflikte weiten sich aus, der Kolonialkrieg (*guerra do ultramar*) wütet an allen Fronten. Die Unzufriedenheit innerhalb der Armee wächst: Wehrpflichtige werden in ihrer zweijährigen Dienstzeit in die Kolonialen geschickt und dort als Kanonenfutter verheizt. Immer mehr Portugiesen begehen Fahnenflucht und fliehen lieber ins Ausland als im Lande zu bleiben und zum Militärdienst eingezogen zu werden.

1968 erleidet Salazar einen Schlaganfall und gibt die Regierungsgeschäfte ab. Nachfolger ist Marcello Caetano. Er führt den Krieg fort und verlängert den Militärdienst zuerst auf drei, dann vier Jahre. Caetano benennt die Geheimpolizei um – schafft sie aber nicht ab. Im Gegenteil: Mário Soares (später Ministerpräsident und Staatspräsident) beispielsweise wird 1968 nach São Tomé e Príncipe deportiert; viele Intellektuelle haben Portugal längst verlassen und leben im Exil, Oppositionelle – vor allem Kommunisten und Sozialisten – sind vielfach eingekerkert.

1971 und 1972 kommt es in Mozambique zu Massakern durch die portugiesische Armee. 1972 wird eine Rede des portugiesischen Außenministers vor der UNO wegen der Kolonialpolitik Portugals boykottiert. Im September 1973 erklärt Portugiesisch-Guinea einseitig seine Unabhängigkeit und ändert seinen Namen in Guinea-Bissau.

1974 sind 80% der portugiesischen Armee in den Kolonien stationiert. Die Heimkehrer aus Afrika haben furchtbare Gräuel und Gewalt gesehen und selbst erlebt – und drängen auf eine Änderung in der Politik. Im April 1974 wird in der friedlichen Nelkenrevolution die Diktatur des *Estado Novo* beendet und Staatschef Caetano abgesetzt.

## Nelken für Revolutionäre

Die Blumenverkäuferinnen in Lissabon sind ›schuld‹ am poetischen Namen der weitgehend unblutigen *Revolução dos Cravos*, der Nelkenrevolution vom 25. April 1974: Sie steckten den Soldaten Nelken in die Gewehrläufe. Und es fiel tatsächlich kein Schuss von Seiten der Revolutionäre. Die vier Toten, die es zu beklagen gab, starben durch Schüsse der Geheimpolizei PIDE: Als deren Gebäude gestürmt werden sollte, feuerte man in die heranstürmende Menschenmenge. Die Beamten der PIDE ergeben sich erst am Morgen des 26. April, und die Bevölkerung änderte den Namen der Straße in *Avenida dos Mortos pela PIDE* (wörtlich: ›Straße der Getöteten durch die PIDE‹) um – bezogen sich damit sowohl auf die vier Toten wie auf die zahllosen Opfer in der Zeit der Diktatur.

Putsch und Umsturz wurden vom *Movimento das Forças Armadas* (MFA – ›Bewegung der Streitkräfte‹) geplant und gesteuert. Junge Offiziere, die in den Kolonien im Einsatz gewesen waren, hatten sich zusammengeschlossen und ein sofortiges Ende des

›schmutzigen Krieges‹ gefordert. Andere Kritiker des *guerra do ultramar* wie General Spínola wurden im März 1974 durch Caetano ihres Amtes enthoben; es gab außerdem Gerüchte über eine neue Verhaftungswelle. Deutliche Hinweise, nicht länger zu warten, sondern endlich zu handeln:

Ein Liebeslied ist am Mittwoch, den 24. April 1974, um kurz vor 23 Uhr das Signal. Im Rundfunk erklingt *E Depois do Adeus* (›Und nach dem Abschied‹) – das Signal für die Truppen, sich in Bewegung zu setzen. Ohne Kampf und Blutvergießen übernehmen sie den katholischen Sender Rádio Renascença.

Von dessen Studio aus wird um 0:30 am 25. April ein Lied ausgestrahlt, das für das portugiesische Volk das Signal für die Befreiung von der Diktatur geworden ist: *Grândola vila morena*. Noch heute wird dieses Lied in der Nacht zum 25. April in vielen portugiesischen Gemeinden genau zu dieser Stunde gesungen. Auch bei vielen Protesten gegen die Troika konnte man es hören – und sogar bei einer Demonstration im spanischen Parlament.

Der Text der erstes Strophe wird verlesen – danach hört man das Lied selbst, gesungen von Komponisten und Autor: dem antifaschistischen Liedermacher Zeca Afonso. Noch weiß kein Portugiese genau, was eigentlich passiert ist. Man ahnt, man hofft. Man wartet auf Informationen.

18 Stunden später gibt es den *Estado Novo* nicht mehr – die älteste Diktatur Europas ist gestürzt worden. Junge Offiziere, meist unterer Dienstgrade und einfache Soldaten, haben Ministerien, Rundfunk, Fernsehen und den Flughafen Lissabons besetzt. Praktisch alle Regierungseinheiten, die das Regime zu Hilfe ruft, laufen zur ›Bewegung der Streitkräfte‹ über.

Am 25. April 1974 – heute noch der *Dia da Liberdade* (›Tag der Freiheit‹) – stehen die Lissabonner an den Straßen und jubeln den Truppen zu. Und die roten Nelken werden den Soldaten in die Gewehrläufe und an die Uniformen gesteckt.

Noch vor dem 1. Mai 1974 kehren Oppositionelle und Widerstandskämpfer heim nach Portugal: Der Sozialist und spätere Ministerpräsident Mário Soares kommt aus dem Exil in Paris; der Kommunist Álvaro Cunhal, der mehr als ein Dutzend Jahre in den Kerkern der PIDE verbracht hatte, aus Prag; der Dichter Manuel Alegre aus Algerien, der Wissenschaftler Rui Luís Gomes aus Brasilien und unzählige andere. Die Gefängnisse der PIDE werden geöffnet.

Am 1. Mai selbst ziehen mehr als 100.000 Portugiesen zusammen mit den Soldaten ins Lissabonner Sportstadion (das seitdem *Estádio 1° de Maio* heißt) und feiern die Befreiung von der Diktatur.

# Legenden und Märchen

# Der Hahn von Barcelos

Eine portugiesische Legende berichtet von einem großen Fest, das in Barcelos (im Norden Portugals) stattfand. Ausgerichtet wurde es von einem der reichsten Stadtherren.

*Gäste aus allen Gegenden des Landes waren geladen, nicht nur reiche Männer, Gelehrte und Edelleute, sondern auch Bürger der Stadt und Bauern des Umlands. Die feinsten Speisen wurden serviert und die besten Weine kredenzt, es waren fröhliche Stunden.*
*Ein Bauer aus Barcelos stand kurz vor seiner Pilgerfahrt nach Santiago de Compostela, deshalb schnürte er sein Bündel, um sich nach dem Mahle auf dem Weg zu machen. Doch bereits an der Stadtgrenze wurde er aufgehalten: Die Diener des reichen Herrn hatten bemerkt, dass wertvolles Tafelsilber fehlte und verdächtigten den Bauern. Niemand glaubte seinen Aussagen, und so wurde er vor Gericht gestellt und schuldig gesprochen.*
*Immer wieder beteuerte der Bauer seine Unschuld. So beschloss der Richter, ihm eine letzte Chance einzuräumen: Er sollte beweisen, dass er mit dem den Diebstahl nichts zu tun hatte. Verzweifelt schaute der Angeklagte um sich und erblickte einen toten Hahn, der in einem Korb neben dem Richter lag. In seiner Verzweiflung rief er: ›Ich bin unschuldig. Das ist so wahr, wie dieser Hahn kräht!‹ Kaum hatte er die Worte ausgesprochen, krähte der Hahn, und der Angeklagte wurde in die Freiheit entlassen.*

## Die ›Schneeblüte‹ an der Algarve

Eine große Überraschung erlebt jeder, der Ende Januar, spätestens aber Mitte Februar an die Algarve reist. Wer dem langen, feuchtkalten Winter entfliehen will, auch aus dem Norden Portugals, fährt für ein paar Tage in den Süden.

Der Anblick lohnt, wenn man über die letzten Hügel des Monchique-Gebirges nach Süden kommt und in Richtung Küste schaut: Vor Ihnen liegt der Barrocal, das Bergvorland, in dem sich vor Ihren Augen ein rosa-weißes Blütenmeer ausbreitet! Die Mandelbäume zeigen sich in schönster Pracht. Und in der Ferne schimmert der Atlantik. Einfach märchenhaft. Und die Geschichte dazu genießen Sie am besten gemütlich bei einem Glas Wein …

*In Silves, der ehemaligen arabischen Hauptstadt der Algarve, lebte einst ein hübscher junger Maurenkönig, Ibn-Almundim. Er verliebte sich in die schöne Gilda, die Tochter eines Fürsten aus dem Norden. Die beiden heirateten und liebten sich sehr. Doch kurze Zeit nach der Hochzeit merkte der junge König, dass seine Königin immer trauriger wurde. Er versuchte alles, um sie wieder heiter zu stimmen. Doch sie wollte ihm nicht sagen, warum sie so melancholisch war. Da fragte der König eine Zofe nach dem Grund. Und sie fand heraus, dass die schöne Gilda in der immer währenden Sonne der Algarve die schneebedeckten Hügel ihrer nordischen Heimat vermisste.*

*Monate vergingen, ein neues Jahr begann – und die junge Königin zog sich immer mehr zurück, kam kaum mehr aus ihren Gemächern. Aber eines Tages im Februar führte König Ibn-Almundim seine über alles geliebte Frau auf den Turm der Burg. Und ihr Entzücken war groß: Eine schimmernde weiße Decke breitet sich über Täler und Hügel, bis an den Horizont. Der König hatte Tausende von Mandelbäumen anpflanzen lassen. Der Schnee ihrer Blüten ließ die Algarve weiß erstrahlen.*

*Königin Gildas Traurigkeit und Heimweh waren verschwunden. Und sie lebten glücklich bis an ihr seliges Ende, bekamen viele Kinder und bis heute kommt jedes Jahr im tiefsten Winter die Magie der Mandelblüte an der Algarve aufs Neue.*

## Die Geschichte zur Steinsuppe

Geradezu berühmt ist die *sopa da pedra*, die im Dörfchen Almerim in praktisch jedem Restaurant – und es gibt viele dort! – angeboten wird. Die Geschichte der Suppe soll sich so zugetragen haben:

*Einst kam ein hungriger Mönch ins Dorf zu einem Bauern und bat um Essen. Der Bauer jedoch war geizig und wollte nichts geben. Da holte der Mönch einen Stein aus seiner Tasche.*
*›Ich werde eine Suppe aus diesem Stein machen.‹*
*Klar, dass der Bauer neugierig wurde und er dem Mönch zuschaute. Der Mönch nahm einen Kessel, gab Wasser hinein und dazu den Stein und stellte alles aufs Feuer.*
*Nach ein paar Minuten meinte er: ›Die Suppe ist schon recht gut, aber es fehlt noch etwas. Ein bisschen Kohl, das wäre nicht schlecht ...‹*
*Der Bauer gab den Kohl, der Mönch tat ihn zur ›Suppe‹.*
*Dann kostete er wieder und meinte: ›Das schmeckt schon ganz gut, aber ein paar Kartoffeln und Möhren wären noch besser.‹*
*Nach und nach bekam der listige Mönch so alle Zutaten für eine wirklich leckere Suppe zusammen – sogar Speck erbettelte er sich. Als er aufgegessen hatte, nahm er den Stein aus dem Kessel, wischte ihn sauber ab und steckte ihn in seine Kutte.*

Noch heute wird deshalb in allen Lokalen, die eine *sopra da pedra* servieren, ein Stein in der Suppenschüssel gelegt und damit auch an den Tisch gebracht.

# Überleben in Portugal von A – Z: Das Glossar

| | |
|---|---|
| *A BOLA* | wörtlich ›Der Ball‹. Täglich erscheinende Fußballzeitung – gilt als ›Hauszeitung‹ des SLB, also von Benfica Lissabon |
| *A Brasileira* | berühmtes Literatencafé in Lissabon – ein Muss für jeden Besuch in der portugiesischen Hauptstadt! |
| *à nossa* | wörtlich ›Auf uns!‹ – entspricht unserem ›Zum Wohl‹ oder ›Prost‹! |
| *à saúde* | Zum Wohl |
| *a senhora/o senhor está boa/bom* | ›Es geht Ihnen gut?‹ |
| *abóbora* | Kürbis |
| *abraço* | Umarmung |
| *açorda* | Brotsuppe/Brotbrei aus dem Alentejo, heute im ganzen Land bekannt. Früher das Essen armer Bauern. |
| *adeus* | Auf Wiedersehen, aber eher salopp |

*aficionado/a* — Anhänger. Im Portugiesischen meist auf Stierkampf bezogen, kann aber auch allgemein gemeint sein

*água com/sem gás* — Wasser mit/ohne Kohlensäure. Der Portugiese hält ›Wasser mit‹ entweder für gefährlich (›macht die Knochen kaputt‹) oder aber für Medizin(›hilft gegen Magenschmerzen‹) – suchen Sie sich aus, welche Version Ihnen besser gefällt. Und bestellen Sie dann am besten *sem gás*. Kalt heißt übrigens *fresco*, wohingegen Zimmertemperatur als *natural* bezeichnet wird.

*aguardente* — Wörtlich ›Brennendes Wasser‹ (aus *água ardente*) – Branntwein, Schnaps

*alameda* — Park oder Allee

*alentejano* — Bewohner des Alentejo. Sie gelten als langsam und ein wenig – naja, sagen wir es ehrlich, arbeitsscheu. Was ganz und gar nicht stimmt, selbstverständlich.

*Alentejo litoral* — die Alentejo-Küste; *litoral* heißt Küste, Küstenstrich oder -gebiet

*Alfama* — Stadtteil in Lissabon, zwischen dem Castelo São Jorge und dem Tejo-Ufer. Der Name kommt wohl vom arabischen *Al*-hamma, was Bad oder Quelle bedeutet. In der Alfama befinden sich viele Sehenswürdigkeiten und außerdem etliche Fado-Häuser.

*Algarve* — Südlichste Region Portugals

| | |
|---|---|
| *algárvio* | Bewohner der Algarve. Umgangssprachlich sagt man so auch zu einem ›Schwätzer‹ oder ›Plappermaul‹ – da kann man jetzt drüber grübeln, aus welchem Grund … |
| *alheira* | Wurstspezialität aus mehreren Fleischsorten und Brot sowie Knoblauch – und daher stammt auch der Name *alheira* kommt von *alho* = Knoblauch. Früher war in der *alheira* kein Schweinefleisch, denn sie wurde von portugiesischen Juden ›erfunden‹. Die durften bekanntlich nichts vom Schwein essen. Nach der Inquisition mussten die Konvertiten ›beweisen‹, dass sie der Dorfgemeinschaft angehörten. Früher wurde gemeinsam geräuchert, aber es war eben nicht erkennbar, welches Fleisch die *alheira* enthielt. |
| *alho* | Knoblauch – ein Muss in der portugiesischen Küche! |
| *almoço* | Mittagessen |
| *almoço/jantar volante* | Mittag/Abendbüfett |
| *Amália Rodrigues (1920 – 1999)* | Die ›Königin des Fado‹. Sie machte diese Musik weltweit bekannt. Als sie 1999 starb, wurde eine dreitägige Staatstrauer ausgerufen. Sie ist die einzige Frau, die im Panteão Nacional begraben ist. |
| *amanhã* | Morgen/der nächste Tag |
| *andar* | Stockwerk |

| | |
|---|---|
| *António Lobo Antunes (geb. 1942)* | einer der bekanntesten Schriftsteller Portugals, dessen Werk sich unter anderem mit den Kolonialkriegen beschäftigt. Er selbst war als Militärarzt in Angola. |
| *apelido* | Nachname, Familienname. Das Wort sollten Sie kennen, falls Sie mal in die Verlegenheit kommen, ein Formular auszufüllen. Vorname heißt entweder nur *nome* oder *nome próprio,* auch *prenome* und *primeiro nome* kann man finden |
| *arroz tamboril* | Gericht aus Reis, Stücken vom Seeteufel und Krabben – eine ausgesprochen leckere Angelegenheit! Ebenfalls ein Muss, falls Sie Meeresfrüchte lieben *arroz de marisco* – Reis mit Meeresfrüchten |
| *as melhoras* | ›Gute Besserung‹ sagen Sie, wenn Sie erfahren, dass jemand krank ist und Sie ihm alles Gute wünschen. ›Gesundheit‹ beim Niesen übrigens heißt *santinho/a,* was soviel heißt wie ›kleine/r Heilige/r‹. Der soll wohl bei Schnupfen schützen … |
| *ASEA (Autoridade de Segurança Alimentar e Económica)* | Gewerbeaufsichtsamt – zuständig außerdem für Arbeitssicherheit/-schutz, Markenschutz/Piraterie und Gesundheitsamt |
| *até amanhã* | bis morgen |
| *até já* | bis gleich |
| *até logo* | bis später |
| *avenida* | große Allee, Prachtstraße |

| | |
|---|---|
| *avôs (Plural)* *avó – avô* | Großeltern, Oma und Opa. Kleine Eselsbrücke: Opa hat einen ›Hut auf‹ (nämlich den Zirkumflex über dem kleinen ô) |
| *azeite* | Olivenöl – das portugiesische gehört zu den besten der Welt |
| *azeitonas* | Oliven – gibt es in den vielfältigsten Variationen: grün und schwarz, in Salzlake eingelegt oder in Öl, mit Knoblauch, Kräutern, Zitrone – ganz nach Geschmack. Auf jedem Markt und in den portugiesischen Supermärkten kann man Oliven ›offen‹ kaufen – und vorher natürlich probieren. |
| *azulejo* | Fayencekachel – oft handbemalte Fliesen, typisch für Portugal |
| *bacalhau cozido* | Gekochter Stockfisch (Rezept s. Seite 273) |
| *bacalhau desfiado* | Stockfisch nicht ›am Stück‹, sondern in kleine Stückchen zerzupft und (fast) ohne Gräten |
| *bagaço* | Tresterschnaps |
| *Bairrada* | das ›Spanferkel-Land‹ Portugals in der Região Centro. Alle Portugiesen schwärmen von der Zubereitung. Man ist das Fleisch warm oder kalt, und dazu gibt es eine leckere kalte Tunke, deren Zutaten jeder Metzger beziehungsweise jedes Lokal geheim hält |
| *bairro* | Stadtteil, Stadtviertel |
| *Bairro Alto* | Lissabons ›Oberstadt‹, das berühmte Kneipenviertel |

| | |
|---|---|
| *Baixa* | Innenstadt / Altstadt. In Lissabon die ›Unterstadt‹ – das Geschäftsviertel |
| *balneário* | Umkleidekabine mit Duschmöglichkeit, auch Badeanstalt |
| *bandeira amarela* | Gelbe Flagge am Strand: Plantschen und Baden erlaubt, Schwimmen nicht. Surfer dürfen aber rauspaddeln! |
| *bandeira azul* | Blaue Flagge am Strand: ausgezeichnet wegen sauberem Wasser und gepflegtem Ambiente |
| *bandeira verde* | Grüne Flagge am Strand: Baden und Schwimmer erlaubt – das Meer ist ruhig. |
| *bandeira vermelha* | Rote Flagge am Strand: Schwimmen und Baden verboten. Das gilt nicht für Surfer – allerdings sollten Sie schon geübt in diesem Sport sein, wenn dieses Warnzeichen aufgezogen wird. |
| *barbeiro* | Herrenfrisör – wie früher unser ›Barbier‹, der eben nicht nur Haare schneidet, sondern auch den Bart stutzt beziehungsweise rasiert. |
| *barragem* | Talsperre, Staudamm |
| *Barrocal* | Landstrich zwischen Algarveküste und Monchique-Gebirge |
| *batatas à murro* | Kleine Pellkartoffeln, die ein bisschen ›angeditscht‹ werden, d.h. junge kleine Pellkartoffeln, denen nach dem Kochen ein kräftiger Fausthieb verpasst wird |
| *batatas cozidas* | Salzkartoffeln |

| | |
|---|---|
| *batatas fritas* | Pommes Frites. Wenn die Pommes runde Scheiben sind, nennt man es *batatas fritas rodelas* |
| *beco* | enge Gasse |
| *beijinho* | Küsschen, Bussi |
| *beijo* | Kuss |
| *beijoca* | Schmatzer |
| *bem-vindo/a* | Willkommen |
| *benfiquista* | Anhänger des Vereins SL Benfica – und damit des zweitgrößten (d.h. mitgliederstärksten) Vereins der Welt. Die ›Roten‹ residieren im Estádio da Luz in Lissabon |
| *bica* | der portugiesische Espresso in Lissabon und mittlerweile weiten Teilen des Landes. Könnte einfach nur das Wort für ›Ausguss‹ oder ›(Wasser)Hahn‹ sein. Schöner aber ist die Story beim Portugal-Patzer № 13 … |
| *Bilhete de identidade* (offiziell *Bilhete de Identidade de Cidadão Nacional*) | der portugiesische ›Personalausweis‹, der übrigens stets neben dem Foto auch den Fingerabdruck zeigt. Wird meist B.I. abgekürzt. |
| *boa noite* | Guten Abend/Gute Nacht |
| *boa sorte* | Alles Gute/Viel Glück |
| *boa tarde* | Guten Tag (ab mittags bis Einbruch der Dunkelheit) |
| *boa viagem* | Gute Reise/Gute Fahrt |

| | |
|---|---|
| *bolo de nózes e maçãs* | Apfel-Walnuss-Kuchen |
| *bolo-rei* | wörtlich ›Königskuchen‹ – der traditionelle Weihnachtskuchen in Portugal. In ihm war früher sowohl eine kleine Zinn- oder Porzellanfigur und eine fava (dicke Bohne) eingebacken. Mittlerweile hat man beides verboten, da viele Menschen darauf gebissen haben und dann Zahnprobleme bekamen. |
| *bom apetite* | Guten Appetit |
| *bom dia* | Guten Morgen (sagt man bis etwa mittags) |
| *bom proveito* | wörtlich ›gut verwertet‹. Guten Appetit – wenn jemand so gut und viel gegessen hat, dass er – wie Martin Luther es wünscht – ›rülpset‹. |
| *borrego* | Lamm – maximal ein Jahr alt. Auch Schimpfwort für einen einfältigen, trägen, aber gutmütigen Menschen |
| *broa* | Maisbrot aus dem Norden Portugal. Wird gerne zu *Caldo Verde* serviert |
| *bufete frio* | Kaltes Büfett |
| *cabeleireiro/a* | Frisör/in |
| *cabrito assado* | Gegrilltes Zicklein |
| *café abatanado* oder *café americano* | eine normale, ›deutsche‹ Tasse Kaffee |
| *café cheio* | Espresso, der mit bis zum Tassenrand aufgefüllt wird |

| | |
|---|---|
| *café cheio com água* | Espresso, der mit etwas heißem Wasser aufgefüllt wird |
| *café com cheirinho* | wörtlich ›Kaffee mit Düftchen‹ – ein Espresso mit einem Schuss Bagaço oder Macieira, Medronho (alles Branntweine) oder Whisky serviert wird |
| *café com leite* | große Tasse mit Kaffee und Milch (etwa wie unser Milchkaffee. Auf Madeira nennt man dasselbe auch *Café chinesa* |
| *café curto* | kleiner, sehr starker Espresso |
| *café descafeinado* | ein entkoffeinierter Espresso |
| *café garoto* | in Lissabon ein Espresso, der hauptsächlich aus Milch mit einem Schuss Kaffee besteht. In Nordportugal heißt das *Café Pingo*. |
| *café italiana* | starker Espresso |
| *café pingado* | Espresso mit etwas (*pingado* bedeutet ›getropft" – also ›mit einem Tropfen") Milch abgeschmeckt. Im Norden sagt man dazu *Café cortado* |
| *caldeirada* | Fischeintopf |
| *caldo verde* * | DAS Nationalgericht Portugals – eine feine Kartoffelsuppe mit sehr dünn geschnittenen Kohlstreifen und ein paar Scheiben von *chouriço* |
| *calma* | ruhig, still, gelassen |
| *Câmara Municipal* | Gemeindeverwaltung, Rathaus |
| *caminho* | Weg, Pfad |

| | |
|---|---|
| *Camões (eigentlich Luis Vaz de Camões, (1524 – 10.6.1580)* | Der berühmteste und heute noch verehrte Dichter Portugals, dessen Todestag nationaler Feiertag ist (›*Dia do Camões*‹ oder ›*Dia do Portugal*‹). Sein Werk, ›*Die Lusiaden*‹ (›*Os Lusíades*‹), entstand 1572. Es erzählt in zehn Gesängen von der großen Zeit der portugiesischen Entdecker. Am Cabo da Roca, dem westlichsten Punkt des europäischen Festlandes, unweit von Lissabon, findet man in Stein gehauen einen Satz aus den ›*Lusiaden*‹: ›*Aqui – onde a terra se acaba e o mar começa*‹ (›*wo das Land endet und das Meer beginnt*‹) |
| *campino* | berittener Hirte aus dem Ribatejo |
| *Campo Grande* | wörtlich ›großes Feld – ein Stadtteil in Lissabon |
| *Campo Pequeno* | wörtlich ›kleines Feld‹ – eine Veranstaltungshalle und vor allem die früher königliche Stierkampfarena in Lissabon, heute mit Einkaufszentrum und vielen Restaurants |
| *cantiga de amigo* | wörtlich ›Freundeslied‹, höfische ›Frauenlieder‹ aus dem spanisch-portugiesischen Galizien des 13. Jahrhunderts. Möglicherweise sind diese Lieder die Vorläufer des Fado |
| *carapau* | Stöckermakrele |
| *carapauzinhos* | also die kleine Fische, nennt man auch *joaquizinhos*. Sie werden einfach nur in Mehl gewälzt, frittiert und dann mit Kopf und Schwanz gegessen |

| | |
|---|---|
| *Carlos Paredes* (1925 – 2004) | der wohl berühmteste *guitarrista* Portugals. Ursprünglich stammt er aus Coimbra, lebte aber vor allem in Lissabon. Er schrieb als Komponist zahlreiche Lieder für Amália Rodrigues, die bekannteste Fadosängerin. |
| *caracóis* (Plural) | Schnecken. An vielen Restaurants und Bars sieht man das Schild *há caracóis* – ›es gibt Schnecken‹. Es handelt sich hierbei nicht um die bei uns üblichen großen Weinbergschnecken, die man in Knoblauchbutter gart. Sondern um kleine Schnecken, die in Salzwasser gekocht werden und die man dann mit einem Zahnstocher aus dem Gehäuse zieht und verspeist. |
| *carioca (de limão)* | heißes Wasser mit Zitronenschale – also ein Tee! |
| *carioca de café* | sehr schwacher Kaffee |
| *carne de porco à alentejana* (auch *carne de porco com amêijoas*) | Kombination von Fleisch und Meeresfrüchten: Schweinefleisch mit Muscheln, Zwiebeln und Knoblauch |
| *cartão de residência* | Ausweisdokument für Residenten (also in Portugal lebende Ausländer) |
| *carteiro* | Briefträger |
| *casa do fado* | wörtlich ›Fadohaus‹. Lokal, in dem Fado gesungen, aber auch gegessen und getrunken wird. |
| *casal* | Gehöft |

| | |
|---|---|
| *caseira/o* | hausgemacht, nicht industriell hergestellt. Das gilt vor allem für Nahrungsmittel und Getränke (wie etwa hausgebrannten Schnaps, Käse und vieles mehr) |
| *castanhas (Plural)* | Maroni |
| *Castelo São Jorge* | eine der Sehenswürdigkeiten Lissabons. Die Festungsanlage mit Burgruine wurde schon von den Mauren erbaut und war viele Jahrhunderte auch Königsburg. Von hier aus ist der Blick über die Altstadt einmalig schön. |
| *cavalheiro/a* | wörtlich Ritter, Edelmann, Reiter. Der Stierkämpfer zu Pferd beim portugiesischen Stierkampf |
| *centavo* | kleinste portugiesische Währungseinheit. 100 *centavos* waren 1 *escudo*. Allerdings waren *centavo*-Münzen schon lange vor Einführung des Euros nicht mehr im regulären Gebrauch. Man rundete stets entsprechend auf oder ab. |
| *centro comercial (Plural centros comerciais)* | Einkaufszentrum, Shopping Mall |
| *Certificado de Registo de Cidadão da União Europeia* | Anmeldebescheinigung für Bürger aus der EU, jeweils 5 Jahre gültig |
| *chamo-me …* | Ich heiße … |

| | |
|---|---|
| *chamuça* | Teigtasche mit Hackfleisch (auch vom Huhn), Gemüse und Curry gefüllt – pikant, eine Spezialität aus Indien |
| *chinesa* | Milchkaffee auf Madeira, kommt von den früher benutzten chinesischen Porzellantassen, auf deren Grund eine Chinesin aufgemalt war |
| *chouriço* | spezielle Wurstsorte in Portugal, die es als *chouriço tradicional* in unzähligen Varianten in jeder Region gibt. Etwa *chouriço mouro*, die unserer Blutwurst ähnelt. Oder *chouriço de cebola* – ebenfalls eine Blutwurst, aber mit Zwiebeln. |
| *chuchu* | Kürbisgewächs, das man als Gemüse zubereitet isst, heißt auch Chayote |
| *churrasqueira* | gemauerter Grill |
| *cimbalino* | Espresso in Nordportugal |
| *clínica* | Arztpraxis – einzelner Arzt oder Zusammenschluss mit mehreren Ärzten. Hat nichts mit unserer deutschen ›Klinik‹ zu tun. |
| *clínica dentária/odontologia* | Zahnarztpraxis |
| *com forçado* | mit Gewalt, mit Kraftanstrengung |
| *com licença* | Entschuldigen Sie bitte – wenn man zum Beispiel an jemandem vorbei möchte oder am Telefon beim Verabschieden |
| *comboios* (Plural) | Bahn, Züge. Die CP – von *Comboios de Portugal* – ist die staatliche Eisenbahngesellschaft |

| | |
|---|---|
| *comer e beber* | Essen und Trinken |
| *condomínio* | Wohnanlage |
| *consultório odontológico* | Zahnarztpraxis |
| *continuação de um bom dia* | Einen schönen Tag noch! |
| *conto* | alte Währungseinheit – entspricht etwa 1000 Escudos beziehungsweise 5 Euro. Die zweite Bedeutung des Wortes ist Märchen, Erzählung (von *contar* – zählen, erzählen) |
| *corrida* | Lauf, Rennen. Auch Stierkampf |
| *costa da prata* | wörtlich ›Silberküste‹. Der Atlantikstrand zwischen Lissabon und Porto mit hunderten von Sandbuchten, die zum Schwimmen und Surfen einladen. Oder einfach nur zum Plantschen. Allerdings das Meer ist viel rauer als an der südlichen Algarve! |
| *couve-galega* | Blattkohl, eine Kohlsorte, die etwa mit unserem Grünkohl zu vergleichen ist. |
| *coxinha de galinha/pêra de galinha* | wörtlich ›Hühnchenschenkelchen‹ oder ›Hühnchenbirne‹ – eine frittierte Teigtasche, gefüllt mit Hühnchenfleisch |
| *cozido à portuguesa* | typisches Eintopfgericht mit verschiedenen Fleischarten, *chouriço*, Kohl, Kartoffeln, Karotten und Reis. |
| *cozinha* | Küche |
| *cozinha independente/rural* | externe Küche im Hof oder Garten fürs Grillen und Kochen im Freien, meist in Verbindung mit einer *churrasqueira* |

| | |
|---|---|
| *Cristo Rei* | Nationales Denkmal, die Christusstatue in Almada, 1940 bis 1959 erbaut, nach dem Vorbild der Statue *Cristo Redentor* in Rio de Janeiro. Die Statue steht Lissabon ›gegenüber‹ und blickt über den Tejo auf die Hauptstadt |
| *cumprimentos em casa* | Grüße an Zuhause! Antwort: *serão entregue* – ›Sie werden ausgerichtet!‹ |
| *cunhas (Plural)* | Beziehungen im Sinne von ›Vitamin B haben‹. Die passende Redewendung im Portugiesischen heißt *conseguir alguma coisa por intermédio de cunha*. Eigentlich bedeutet *cunha* ›Keil‹ und die Redewendung bedeutet wörtlich ›eine Sache mittels eines Keils hinbekommen‹ |
| *de nada* | Bitte – als Antwort auf danke |
| *declaração sob compromisso de honra* | eidesstattliche Versicherung / Erklärung |
| *dentista* | Zahnarzt |
| *desculpa* | ›Entschuldigung‹ (wenn man etwas falsch gemacht hat) – höfliche Form beim Duzen |
| *desculpe* | ›Entschuldigung‹ (wenn man etwas falsch gemacht hat) – höfliche Form beim Siezen |
| *dia da liberdade* oder nur *25 de Abril* | 25. April – Feiertag zur Erinnerung an die Nelkenrevolution im Jahre 1974 |
| *dia da mãe* | Muttertag. In Portugal wird er am ersten Sonntag im Mai gefeiert. |

| | |
|---|---|
| *dia de Portugal e de Camões* | 10. Juni – Feiertag zur Erinnerung an den Todestag des Dichters Luís de Camões |
| *dia do pai* | Vatertag – in Portugal immer am 19. März, dem Namenstag des heiligen Josef. Väter werden von ihren Kindern beschenkt, und selbst Jugendliche und erwachsene ›Kinder‹ wünschen dem Vater an diesem Tag alles Gute. |
| *dicionário* | Wörterbuch |
| *direita/o* | rechts |
| *divisão* | Neben der Primeira Liga (die seit 2015 Liga Nos heißt) und der 2. Liga Orangina gibt es noch eine 3. Liga – ähnlich unserer Landes-, Bezirks- und Kreisligen |
| *Dom* | Ehrentitel für Adelige und den König |
| *Dona* | Anrede. *Dona* wird stets mit dem Vornamen oder dem kompletten Namen *Senhora Dona* + Vorname gesagt |
| *dorme bem e sonhos cor-de-rosa* | wörtlich ›Schlaf gut und rosa Träume‹, entspricht unserem ›Schlaf gut und träum was Schönes‹ |
| *dose* | Portion – keinesfalls mit der deutschen Konservendose zu verwechseln |
| *doutor/a* | Doktor/in |
| *é a vida!* | Wörtlich ›Das ist das Leben!‹ – meint aber eher ›So ist's im Leben – da kann man nichts machen!‹ Die achselzuckende Reaktion der Portugiesen auf alles, was man eh nicht ändern kann … |

| | |
|---|---|
| *é da minha terra* | wörtlich ›das ist aus / von meiner Erde‹, also ›aus meiner Heimat‹ |
| *é verdade!* | Das ist wahr, das ist richtig |
| *EDP – Energias de Portugal, früher Electricidade de Portugal* | Energie- beziehungsweise Stromversorger in Portugal |
| *ementa* | Speisekarte |
| *emigrantes (Plural)* | ›Emigranten‹ – Bezeichnung der einheimischen Portugiesen für all jene Landsleute, die im Ausland leben und arbeiten |
| *empada de galinha* | Pastete mit Hühnchen |
| *empregada doméstica* | Hausangestellte |
| *engenheiro* | Ingenieur |
| *entidade* | wörtlich Stelle, Behörde, auch Wesen, Betreiber (zum Beispiel eines Internetdienstes). Auf portugiesischen Rechnungen, die man mit *multibanco* bezahlt, die offizielle Nummer, die codiert die entsprechende Behörde oder Firma benennt. |
| *entrada* | Vorspeise |
| *Entrecampos* | U-Bahn-Station in Lissabon zwischen Campo Grande und Campo Pequeno |
| *escudo* | die alte Währung Portugals vor Einführung des Euro. 100 PTE (portugiesische Escudo) = ca. 0,5 Euro |
| *esquerda/o* | links |

| | |
|---|---|
| *está/estás desculpado/a* | Sie sind / Du bist entschuldigt |
| *Estado Novo* | Der ›Neue Staat‹ war die Idee des Diktators Salazar, in der er Kirche und Militär, Wirtschaft und Großgrundbesitzer sowie die Kolonien miteinander auszugleichen hoffte – durch rigorose Einschränkung der Bürgerrechte und unter Einsatz der Geheimpolizei PIDE |
| *estás bom/boa* (gesprochen tasch boh/boa) | ›Geht es dir gut?‹ |
| *estou sim* | wörtlich ›Ich bin es – ja‹. So meldet man sich am Telefon. Auch Antwort auf ›*estás bom/boa?*‹ |
| *estrada* | Straße |
| *estrangeira/o* | Ausländerin / Ausländer |
| *Expat/s* | Abkürzung von ›expatriat‹. Ursprünglich nennt man so Angestellte in einer international tätigen Firma, die für ein bis drei Jahre an eine ausländische Zweigstelle gesandt werden. Mittlerweile hat es sich eingebürgert, alle, die in einem anderen Land leben und arbeiten, als ›Expats‹ zu bezeichnen. |
| *factura* | Rechnung – und man wird in Portugal oft gefragt, ob man wirklich eine braucht. Braucht man keine, heißt das ebenso oft: Man zahlt keine Mehrwertsteuer, und die beträgt momentan 23% (Stand Februar 2016). |

| | |
|---|---|
| *fadista* | Fadosänger/in |
| *fado* | die Musik, für die Portugal berühmt ist. Wichtigste Vertreterin war Amália Rodrigues |
| *fado profissional* | der ›professionelle‹ Fado, der von Berufssängern und in Konzertform aufgeführt wird |
| *fado vadio* | der ›herrenlose‹ Fado, der spontan in den Kneipen von ›ganz normalen Leuten‹ gesungen wird |
| *farinheira* | Wurstspezialität, ein bisschen an die deutsche ›Grützwurst‹ erinnernd. Sie enthält Weizenmehl. |
| *farmácia* | Apotheke – erkennbar an der Leuchtreklame eines grünen Kreuzes |
| *farrapo velho/ roupa velha* | wörtlich ›alter Lappen/altes Kleid‹ – Gericht aus Resten (zum Beispiel nach Heiligabend) |
| *Fátima* | der berühmteste Wallfahrtsort Portugals. Hier soll 1917 drei Hirtenkindern die Jungfrau Maria erschienen sein und ihnen die ›drei Geheimnisse‹ anvertraut haben. |
| *feira* | Markt, Messe |
| *feriado* | Feiertag |
| *feriado municipal (Plural feriados municipais)* | kommunaler Feiertag – also der ganz spezielle Festtag eines Ortes: der Tag der Stadterhebung, Geburts- bzw. Todestag einer Lokalgröße oder – meistens – der Festtag des Heiligen, der von der Kirche an diesem Tag im Jahr geehrt wird |

| | |
|---|---|
| *Festa Avante* | großes Musikfestival der Kommunistischen Partei Portugals, immer Anfang September bei Lissabon |
| *festas juninas,* auch *festas dos santos populares* | wörtlich ›Junifeste‹ (oder Sonnwendfeste) der Heiligen António und João sowie Peter und Paul |
| *fiador* | Bürge |
| *finanças,* eigtl. *Serviços de Finanças* | Finanzbehörden, Finanzamt |
| *forcado* | wörtlich Heugabel, Mistgabel; beim portugiesischen Stierkampf der ›Fußkämpfer‹, der dem Stier ohne Waffen, ›zu Fuß‹ gegenübertritt. Der Name kommt daher, weil er von den Hörnern des Stieres wie von einer Heugabel aufgenommen wird. |
| *frango com piripiri* | Hähnchen piripiri – ein unbedingtes Muss in Portugal. Vorsicht: scharf! |
| *futsal,* eigtl. *futebol de salão* | Hallenfußball |
| *G.N.R. = Guarda Nacional Republicana* | Staatspolizei, untersteht dem Innen- und dem Verteidigungsministerium |
| *G.N.R. BF = Guarda Nacional Republicana Brigada Fiscal* | Staatspolizei – Abteilung für Zoll- und Steuerangelegenheiten |

| | |
|---|---|
| G.N.R. BT = Guarda Nacional Republicana Brigada Trânsito | Staatspolizei – Abteilung für Verkehrsangelegenheiten |
| galão | Milchkaffee, in einem Glas serviert, aus 2/3 Milch und 1/3 Kaffee besteht. |
| galão clarinho | Kaffee und Milch mit einem größeren Anteil an Milch |
| galão forte | Kaffee und Milch mit einem größeren Anteil an Kaffee |
| gasosa | Limonade |
| gaspacho | kalte Gemüsesuppe |
| geração à rasca | ›Verlorene Generation‹ – eine Demonstrationsbewegung, die es mittlerweile in vielen europäischen Ländern gibt. Studenten und junge Akademiker protestieren gegen die Chancenlosigkeit. Mit dem Lied *Parva que sou* (etwa ›Wie blöd bin ich eigentlich?‹) traf die Gruppe Deolinda genau den Nerv der Demonstranten |
| ginjinha/ginja | Likör aus Sauerkirschen, der ursprünglich aus Óbidos stammt. Schmeckt besonders lecker, wenn er aus einem ›Becher‹ aus dunkler Schokolade getrunken wird |
| Grande Lisboa | Großraum Lissabon – Teil der Região Lisboa, zu der außerdem die Halbinsel Setúbal gehört. Die Unterregion Grande Lisboa umfasst acht Landkreise, darunter Cascais, Mafra und Sintra. Hier leben gut 2 Millionen Menschen. |

| | |
|---|---|
| *grão* | Kichererbsen, Korn |
| *grelos* | Steckrübenblätter, Keim – Knospen – Triebe |
| *guerra do ultramar* | die Kolonialkriege in den ›Überseeprovinzen‹ (*províncias ultramarinas*) Portugals |
| *guitarra portuguesa* | portugiesische Gitarre – ein Instrument mit zwölf Saiten, das mit seinem bauchigen Corpus eher einer Laute ähnelt |
| *guitarrista* | Gitarrenspieler |
| *há livro de reclamações* | ›Es gibt ein Beschwerdebuch‹ |
| *herdade* | ›Erbhof‹, früher Bauernhof, der von Abgaben gegenüber dem König befreit war. |
| *Implementação da República* | 5. Oktober – Feiertag zur Erinnerung an die Errichtung der Republik 1910 |
| *IPO = Inspecções Periódicas Obrigatórias* | der portugiesische TÜV, bei dem Kraftfahrzeuge regelmäßig zur technischen Hauptuntersuchung (HU) vorgeführt werden müssen und dann eine Plakette erhalten. |
| *iscas (Plural)* | (Schweine)Leber – und zwar in hauchdünne Scheiben geschnitten und geschmort in Rotwein, Knoblauch und mit einem Lorbeerblatt. Leckerst! |
| *jantar* | Abendessen |
| *José (Zeca) Afonso (1929 – 1987)* | einer der bedeutendsten Sänger und Komponisten Portugals. Sein Lied *Grândola vila morena* war das Signal für die Revolution 1974. Während der Diktatur lebte er zeitweise im Exil, u.a. in Mozambique |

| | |
|---|---|
| *José Saramago* (1922 – 2010) | der wohl bekannteste Schriftsteller Portugals, 1998 wurde ihm der Nobelpreis für Literatur verliehen |
| *José Tomás de Sousa Martins* (1843 – 1897) | Arzt und Medizinprofessor, der sich besonders um Armen kümmerte und gegen die Tuberkulose kämpfte. An seinem Denkmal am *Campo dos Mártires da Pátria* in Lissabon werden Tag für Tag Votivtafeln und Blumen niedergelegt beziehungsweise Kerzen angezündet. Sousa Martins hilft nämlich gegen alle möglichen Leiden und bringt Gesundheit. |
| *lampreia* | Neunauge, aalartiger Speisefisch |
| *Lapa* | Stadtteil in Lissabon, in dem sich viele Botschaften, das Parlament und der Sitz des Premierministers befinden |
| *largo* | Platz |
| *leitão* | Spanferkel. Das *leitão de Bairrada* soll das beste sein – es gehört zu den ›7 kulinarischen Wundern‹ in Portugal |
| *Licor Beirão* | Kräuterlikör mit geheimen Zutaten, der als Digestif beliebt ist. |
| *Liga de Orangina* | Name der ehemaligen *Liga de Honra*, also der 2. Fußball-Liga Portugals. Wie bei der 1. Liga ist dies der Markenname des Sponsors, nämlich des Herstellers einer Orangen-Mandarinen-Limonade. |
| *Liga NOS* (*früher Liga Sagres*) | derzeitiger Name der *Primeira Liga* im portugies. Fußball. Sie hieß, je nach Sponsor, seit 2002 *SuperLiga Galp Energia*, *Liga betandwin.com*, *bwin Liga* und *Liga Sagres* |

| | |
|---|---|
| *linguiça* | geräucherte Rohwurst, die vor dem Essen in Scheiben geschnitten und in der Pfanne angebraten wird |
| *linha* | wörtlich Faden, Linie. Auch der Küstenabschnitt zwischen Lissabon und Cascais wird so genannt |
| *Linha Amarela* | gelbe Linie der Metro Lissabon von Odivelas nach Rato |
| *Linha Azul* | blaue Linie der Metro Lissabon von Amadora Este bis Santa Apolónia |
| *Linha Verde* | grüne Linie der Metro Lissabon von Cais do Sodré nach Telheiras |
| *Linha Vermelha* | rote Linie der Metro Lissabon von São Sebastião bis Oriente und seit 2013 auch bis zum Flughafen |
| *lisboetas* | Lissabonner – alle, die in der Stadt Lissabon wohnen bzw. geboren sind |
| *loja* | Geschäft, Laden |
| *loja de animais* | Tierhandlung, Zoogeschäft |
| *loja do cidadão* | eine Art ›Bürgerbüro‹ als Anlaufstelle für diverse offizielle Dokumente Ausweispapiere, Eintragungen, KFZ-Schein etc. |
| *lote* | Parzelle, Grundstück |
| *Macieira* | Branntwein, seit 1865 als Marke aus Portugal eingetragen |
| *Macumba* | ursprünglich eine afro-brasilianische Religion. Die Portugiesen bezeichnen mit *macumba* aber im Grunde alle Zaubereien, Flüche und anderes Hexenwerk der schwarzen Magie |

| | |
|---|---|
| *mãe, mamã* | Mutter, Mama |
| *marchas populares* | Aufmärsche und Prozessionen zu Ehren der Volksheiligen |
| *Maria Severa Onofriana, ›A Severa"* | die erste *fadista* Portugals – zumindest die erste historisch bestätigte. Maria Severa lebte von 1820 bis 1846, starb also in jungen Jahren. Noch heute tragen Frauen, die *fadistas* sind, ihr zu Ehren einen schwarzen Seidenschal mit schwarzen Fransen. |
| *meia de leite* | eine große Kaffeetasse mit halb Milch und halb Kaffee |
| *marisqueira* | Meeresfrüchterestaurant, Fischrestaurant |
| *Mariza (eigentlich Marisa dos Reis Nunes, geborten 1973)* | die derzeit weltweit wohl bekannteste *fadista*. Mariza gilt als würdige Nachfolgerin von Amália. Sie ist regelmäßig auf Tournee, auch in Deutschland. Wenn Sie Fado mögen – ein Muss! |
| *marmelo* | Quitte – daraus wird eine köstliche schnittfeste Quittenmarmelade gemacht, die eine typische Spezialität Portugals ist. Unser Wort ›Marmelade‹ übrigens stammt genau daher. |
| *matar o bicho* | wörtlich ›Das Tier töten‹ – sich ein Schnäpschen genehmigen, einen heben. Aber auch etwas essen – den kleinen Hunger stillen |
| *medronho* | ein Branntwein aus den Früchten des Medronhostrauchs oder -baums (Erdbeerbaum) |

| | |
|---|---|
| *meia dose* | halbe Portion – nicht etwa Essen aus der Konservendose |
| *menino Jesus* | ›der Knabe Jesus‹ – das Christkind |
| *migas* | wörtlich ›Krümel‹. Ein Brotbrei, der als Beilage zu Fleisch, aber auch mit Krabben gegessen wird. Als Beilage wird *migas* fast wie bayerischer Semmelknödel gemacht, allerdings mit viel Knoblauch und frischem Koriander. Danach aber nicht in Salzwasser gegart, sondern in der Pfanne ›gebraten‹. |
| *Minho* | regenreiche Region in Nordportugal, auch ›der grüne Garten Portugals‹ genannt. Hierher stammt der *vinho verde* |
| *mini férias* | Kurzurlaub, gerne an so genannten ›Brückentagen‹ |
| *missa do galo* | wörtlich ›Messe des Hahns‹ – die Mitternachtsmette an Heiligabend |
| *Monsanto* | große bewaldete Parkanlage in Lissabon, unter anderem mit einem Amphitheater. |
| *monte* | wörtlich Hügel, Haufen; Landhaus |
| *moradia* | Einfamilienhaus, Wohnsitz |
| *moto* | Motorrad, kommt vom Wort *motocicleta* |
| *mouros* | wörtlich ›Mauren‹. So nennen die ›Nordlichter‹ Portugals die *algarvios* – ach eigentlich schon alle Leute, die südlich des Tejo wohnen … |
| *muito prazer* oder *prazer* | ›Sehr erfreut‹ (beim Vorstellen) |

| | |
|---|---|
| *multibanco* | abgekürzt: MB – Bankautomat, aber auch die Zahlungsweise per Bankkarte. Man fragt etwa ›*há multibanco?*‹ wenn man wissen möchte, ob ein Geschäft oder Restaurant ans Bankkartensystem angeschlossen ist. Die meisten sind es |
| *não* | Nein |
| *não faz mal* | Das macht nichts, das ist nicht schlimm – auch als Antwort auf ein ›Entschuldigung‹ |
| *não há problema* | ›Kein Problem‹ – ebenfalls eine Antwort auf ›Entschuldigung‹ |
| *não precisamos das entradas* oder *por favor leve a entrada* oder *pode levantar se faz favor* | Alles dem Sinne nach ›Wir möchten keine Vorspeise.‹ Wichtig, wenn Sie in einem Restaurant essen gehen und Sie die oft teuren *entradas* nicht haben wollen. Achten Sie darauf, dass die Tellerchen vom Kellner sofort abserviert werden – sonst taucht manches auf der Rechnung auf, auch wenn Sie nichts gegessen haben … |
| *Natal* | Weihnachten – genauer der 25. Dezember, der ein Feiertag ist, an dem alles in Portugal geschlossen hat |
| *NIB = Número de Identificação Bancária* | Kontonummer, die man in Portugal bei Überweisungen eingibt. Die NIB reicht zur Identifizierung des Kontos aus. Seit Februar 2016 allerdings gilt auch in Portugal die internationale IBAN (die hier *Número Internacional de Conta Bancária* heißt). |

| | |
|---|---|
| *NIF = Numero Identificação Fiscal*, abgekürzt auch *Número Contribuinte* | Steuernummer, die jeder Portugiese schon als Kind zugeteilt bekommt und sein ganzes Leben lang behält. Diese ist auf dem *cartão contribuinte* vermerkt – ein scheckkartengroßes Kärtchen, das man stets bei sich führen sollte. |
| *noite de consoada* | Heiligabend am 24. Dezember |
| *noiva/o ( …de Santo António), noivos (Plural)* | Braut / Bräutigam ( … die am Tag des heiligen Antonius heiraten), Brautpaar |
| *notícias* | Nachrichten in TV, Zeitung oder Internet |
| *O JOGO* | wörtlich ›Das Spiel‹. Täglich erscheinende Fußballzeitung – gilt als ›Hauszeitung‹ des FC Porto |
| *o meu nome é* | Mein Name ist … |
| *obrigada* | Danke (wenn es eine Frau sagt) |
| *obrigado* | Danke (wenn es ein Mann sagt) |
| *oficina* | Werkstatt – sowohl die kleine heimische Werkstatt, die viele Portugiesen haben als auch die ›offizielle‹ Werkstatt etwa eines Autohauses. |
| *olá* | Hallo |
| *óleo* | Öl – alle Ölsorten außer Olivenöl |
| *orçamento* | Kostenvoranschlag |
| *paciência* | wörtlich ›Geduld‹ – tatsächlich aber ein Ausdruck für Gelassenheit und die allgemeine Einstellung ›Man kann's eh nicht ändern, warum also aufregen …!‹ |

| | |
|---|---|
| *padroeiro* | Patron oder Schutzheiliger einer Stadt oder Gemeinde |
| *paginas amarelas* | die ›Gelben Seiten‹ in Portugal – also das Branchenbuch |
| *pai, papã* | Vater, Papa |
| *pai natal* | wörtlich ›Vater Weihnacht‹ – der portugiesische Weihnachtsmann |
| *Panteão Nacional* | Pantheon in der Kirche Santa Engrácia in Lissabon. Hier sind die ›großen Portugiesen‹ beigesetzt – zuletzt der berühmte Fußballer Eusébio |
| *pastéis de bacalhau* (Singular *pastel de bacalhau*) | Stockfischpastete aus Kartoffelteig und zerzupftem Fisch, frittiert |
| *pastéis de nata* (Singular *pastel de nata*)* | DIE portugiesische Spezialität ein kleines Törtchen aus Blätterteig, mit Vanillepudding gefüllt und Zimt bestreut. |
| *pastel de Belém* | die Original *pastel de nata*! Sie wurde von den Mönchen des Hieroymusklosters erfunden. Klar, dass man die überall im Lande sofort nachmachen wollte – und so entstand die *pastel de nata* (siehe unten das Rezept), die heute zu den ›7 kulinarischen Wundern Portugals‹ zählt |
| *pastelaria* | Patisserie, Konditorei – die wohl berühmteste *pastelaria* in Portugal ist das Casa Pastéis de Belém Von hier stammen die besten und die originale *pasteis de nata* – einfach leckerst! Unbedingt probieren! |

| | |
|---|---|
| *pata-preta* | wörtlich ›schwarze Pfote‹ – dabei handelt es sich um Schinken vom ›schwarzen Schwein‹, das in Portugal ja *porco preto* heißt. |
| *patrão/patroa* | Besitzer/in, Geschäftsinhaber/in, Unternehmer/in. Wird gerne für kleinere Betriebe verwendet. Manchmal sagt man auch *mestre,* was unserem ›Meister‹ – also beispielsweise ›Handwerksmeister‹ – entspricht. Die Anrede ist dann *mestre Joã* |
| *pensão* | Pension, Hotel garni |
| *pequeno-almoço* | Frühstück |
| *percebes (Plural)* | Entenmuscheln – gelten in Portugal als DIE Delikatesse überhaupt und werden sowohl als Vorspeise im Restaurant angeboten wie zuhause gegessen. Muss man wenigstens mal probieren, aber nicht unbedingt auf Dauer mögen. |
| *perfumaria* | Parfümerie |
| *petisco* | Kleiner Appetithappen |
| *PIDE = Polícia Internacional e de Defesa do Estado* | ab 1945 bis 1974 die Geheimpolizei in Portugal, Nachfolger der PVDE *Polícia de Vigilância e Defesa do Estado* |
| *piso* | Stockwerk |
| *PJ = Polícia Judiciária* | Kriminalpolizei, untersteht dem Justizministerium |

| | |
|---|---|
| *pode ser (ausgesprochen pod-sér)* | kann sein, möglicherweise |
| *pois* oder verdoppelt als *pois pois* | Allerweltsfloskel, die immer irgendwie passt – im Sinne von etwa tja, na ja, nun etwa, selbstverständlich, aber, also, nicht wahr, Ja bitte, genauso ist es, jaja, ja klar – auch mit ironischem Unterton. Es kommt immer auf die Betonung und den Zusammenhang an. |
| *Polícia Florestal – CNGF = Corpo Nacional da Guarda Florestal* | Polizei für Wald- und Naturschutz |
| *Polícia Marítima* | Polizei für Wasser und Hafen, untersteht dem Verteidigungsministerium |
| *Polícia municipal* | kommunale Stadtpolizei, in Lissabon und anderen großen Städten. Zuständig für Verkehr, Hotellerie, Tourismus, Märkte etc. |
| *por favor, se faz favor* | Bitte (um etwas) |
| *por ordem* | der Reihe nach |
| *portista* | Anhänger des Vereins FC Porto – die *dragões* sind erbitterte Feinde der *benfiquistas*. Mit der Vereinsfarbe Blau spielen sie im Estádio do Dragão in Porto. |
| *posso?* | Wörtlich ›Kann ich …‹, etwa wenn man einen Sitz in der U-Bahn belegen will |

| | |
|---|---|
| *praça* | Marktplatz, Platz |
| *praceta* | Kleiner Platz |
| *praia* | Strand |
| *presunto* | geräucherter beziehungsweise luftgetrockneter Schinken Berühmt sind der Presunto de Barrancos (aus dem Alentejo und vom ›Schwarzen Schwein‹, das mit Eicheln gefüttert wird) und der Presunto de Chaves, der aus dem Norden stammt |
| *produto nacional* (Plural *produtos nacionais*) nationale | also einheimische – Produkte. Sind in den allermeisten Fällen preiswerter als importierte Waren, gerade bei Lebensmitteln. |
| *professor/a* | Lehrer/in – also nicht, wie fälschlicherweise viele glauben, ›Professor‹! |
| *pronto* | wörtlich bereit, rasch, umgehend. *já pronto* – etwa ›es ist fertig‹, ›ich bin fertig‹. Im Umgangssprachlichen eine Unterstreichung dessen, was man eben gesagt hat |
| *PSP = Polícia de Segurança Pública* | Polizei für öffentliche Sicherheit, meist für städtische Belange |
| *quarto* | Zimmer, Schlafzimmer |
| *queijo* | Käse – und davon gibt es in Portugal unzählige Sorten. Dier Portugiesen behaupten natürlich, sie hätten den besten Käse der Welt. |

| | |
|---|---|
| *queijo da Serra* | spezieller Käse aus der Serra da Estrela im Zentrum Portugals: Innen weich, außen aus dicke Haut – und man isst den cremigen Käse nur mit einem Stückchen Brot – köstlich! Auch dieser Käse gehört zu den *Sete Maravilhas da Gastronomia Portuguesa*, den sieben kulinarischen Wundern Portugals |
| *queremos a conta separada* | ›Wir möchten gerne getrennt bezahlen‹ – sagt man bitte gleich am Anfang des Essen, sonst wird alles auf eine Rechnung geschrieben |
| *quilo* | Kilo auf Portugiesisch – zwar gibt es in der modernen Schreibweise durchaus ›Kilo‹. Aber mit ›Qu‹ ist es ebenfalls gebräuchlich. |
| *quinta* | Bauernhof, auch Gutshof. Das Wort kommt wohl (sagen portugiesische Sprachforscher) vom lateinischen *quintana*, was so viel wie ›kleiner Markt im Lager‹ bedeutet. Als andere Deutung für das Wort kennt man auf Madeira, dass die Pächter des Landbesitzers früher den fünften Teil (*quinta parte*) an den Gutsherren abgeben mussten. |
| *quinze dias* | wörtlich ›15 Tage‹, in der Realität aber eine Zeitangabe zwischen tatsächlich zwei Wochen oder dem St. Nimmerleinstag |

| | |
|---|---|
| *quiosque* | Der Kiosk auf Portugiesisch: man kennt hier nämlich ›eigentlich‹ kein ›K‹. Alle ›K‹-Wörter im Lexikon stammen nicht aus dem Portugiesischen. |
| *rabanadas* | in Butter ausgebackene und mit Zimt und Zucker bestreute Weißbrotscheiben ein Muss für Weihnachten in jeder portugiesischen Familie. *rabanadas* schmecken in etwa wie unsere ›Armen Ritter‹. |
| *recibo* | Empfangsbescheinigung, Quittung |
| *Record* | täglich erscheinende Fußballzeitung – gilt als ›Hauszeitung‹ von Sporting Lissabon |
| *referência* | Referenznummer – entspricht der Rechnungsnummer im portugiesischen Banksystem. |
| *Região Alentejo* | Region Alentejo – eine der fünf Regionen Portugals (Festland) Der Alentejo hat seinen Name von den Römern: *além do Tejo* bedeutet nichts anderes als ›jenseits des Tejo‹. Die heutige Region allerdings liegt auch ›oberhalb‹, d.h. nördlich des großen Flusses. |

| | |
|---|---|
| *Região Algarve* | Region Algarve – eine der fünf Regionen Portugals (Festland). Diese Region im äußersten Süden Portugals ist eine Besonderheit – nicht nur von der Geschichte her, sondern auch verwaltungstechnisch. Denn hier vereinen sich Region, Unterregion und historischer Distrikt zu einer Einheit. Geografisch unterscheidet man in der Algarve zwei Teile: Barlavento (›in Windrichtung liegend‹) nennt man den Teil vom äußersten Zipfel im Südwesten, dem Cabo São Vicente, bis etwa der Mitte der Algarve. Es gibt Steilküste und zahlreiche Buchten mit wundervollen Sandstränden. Sotavento (›dem Wind abgewandt‹) ist die so genannte Sandalgarve, der Teil der Küste, die sich bis zur spanischen Grenze hinzieht |
| *Região Centro* | Region Zentrum – eine der fünf Regionen Portugals (Festland). Umfasst in etwa die Distrikte von Aveiro über Coimbra bis Leiria. Lissabon und das Umland der Hauptstadt haben eine eigene Região |
| *Região Grande Lisboa* | Diese Region gibt es erst seit 2002. Sie umfasst neben der Stadt Lissabon auch Teile von Setúbal auf der südlichen Seite des Tejo. |
| *Região Norte* | Region Norden – eine der fünf Regionen Portugals (Festland). Umfasst in etwa die Distrikte von der spanischen Grenze über Porto bis Aveiro |

| | |
|---|---|
| *rés-do-chão* | Erdgeschoß |
| *residente* (Plural *residentes*) | in Portugal lebende Ausländer |
| *Restauração da Independência* | 1. Dezember – Feiertag zur Erinnerung an die Wiedererlangung der Unabhängigkeit von Spanien im Jahr 1640 |
| *retrosaria* | Kurzwarengeschäft |
| *Revolução dos Cravos* | Nelkenrevolution – der praktisch unblutige Putsch junger Offiziere gegen das Regime Salazar im Jahr 1974 |
| *rissol de bacalhau* (Plural *rissóis de bacalhau*) | Teigtaschen mit Stockfischfüllung |
| *rissol de camarão* (Plural *rissóis de camarão*) | Teigtaschen mit Krabbenfüllung |
| *romaria* | Wallfahrt, Kirchweih – einer der Hauptgründe für kommunale Feste und Feiern in Portugal |
| *rotunda* | Kreisverkehr |
| *rua* | Straße. Auch allgemein ›draußen, nicht im Hause‹. Mit dem Hund geht man nicht ›Gassi‹, sondern *vamos para rua* |
| *sala* | Wohnzimmer |
| *salgadinhos* . | kleine salzige Pastetchen, die man zu Wein und Bier serviert. Das können *rissóis* sein oder *pasteis de bacalhau* oder Ähnliches |

| | |
|---|---|
| *salvador* | Rettungsschwimmer |
| *sanduíche* | Sandwich |
| *Santo António* | Stadtheiliger unter anderem von Lissabon. Ehrentag 13. Juni |
| *Santos populares* | Die Volksheiligen Antonius, Peter und Paul sowie Johannes. Sie werden in Portugal in sehr vielen Gemeinden verehrt – neben anderen selbstverständlich, die man dann eben auch feiert |
| *São João* | der Heilige Johannes – Stadtheiliger von Porto und vielen anderen Gemeinden. Ehrentag 24. Juni |
| *São Pedro (e São Paulo)* | der Heilige Peter (und sein meist kaum erwähnter Mit-Heiliger Paul) – Stadtheilige von zum Beispiel Sintra, Évora, Póvoa de Varzim und anderen Gemeinden Portugals. Ehrentag 29. Juni |
| *São Tomé e Príncipe* | Inselgruppe vor Afrika, portugiesische Kolonie bis 1975. Auf den Inseln spielt zum Thema Kakao-Plantagen der sehr lesenswerte Roman ›Am Äquator‹ von Miguel Sousa Tavares. |
| *sardinhada* | Auf Holzkohle gegrillte Sardinen in größerer Menge |
| *sardinhas assadas* | gegrillte Sardinen – einer der sieben Gewinner des im Jahr 2011 durchgeführten Wettbewerbs *Sete Maravilhas da Gastronomia Portuguesa* – ›7 Wunder der portugiesischen Gastronomie‹ |

| | |
|---|---|
| *saudade* | Im Grunde ein unübersetzbares portugiesisches Wort – auf Deutsch kommen ›Sehnsucht‹ und/oder ›Wehmut‹ in der Bedeutung noch am nächsten, die Wehmut, sich nach etwas Verlorenem zu sehnen ... Der Portugiese meint damit zum Beispiel die Sehnsucht nach großen, vergangenen Zeiten; nach der Weite des Horizonts; nach der Heimat, wenn er in der Fremde lebt; nach einer Liebe, die erloschen ist und nicht wiederkehrt – Poesie pur, für einen Nicht-Portugiesen fast nicht nachzuvollziehen! |
| *saudades da terra* | Heimweh |
| *Sé, z. B. Sé Patriarcal de Lisboa* | Kathedrale, Dom. Die Sé in Lissabon ist die Kathedrale des Patriarchen von Lissabon |
| *Sebastianismus* | die Idee, dass irgendwann einmal der 1578 verschollene Ritterkönig Dom Sebastião wiederkehrt und Portugal zu seiner wahren Größe zurückführt. |
| *SEF = Serviço de Estrangeiros e Fronteiras* | Ausländerbehörde |

| | |
|---|---|
| *selecção* . | das Fußball-Nationalteam Portugals – im Gegensatz zu *seleção* – das sind nämlich die Brasilianer. ›Offiziell‹, nach der neuen Rechtschreibung in Portugal (so etwas gibt es hier nämlich auch) schreibt man es so wie die brasilianische Mannschaft |
| *senha* | (Platz)Nummer, Schein |
| *senhor* | Anrede ›Herr‹ – wird mit dem Nachnamen kombiniert |
| *senhora* | Anrede › Frau‹ – wird stets mit Vor- und Nachnamen kombiniert |
| *senhora Dona* | Anrede ›Frau‹ – wird mit Vornamen (und manchmal Nachnamen) kombiniert. Sehr höfliche, ehrerbietige Anrede für Frauen |
| *Serra da Estrela* | Gebirgszug im Zentrum Portugals, höchste Erhebung auf dem Festland. Im Winter sogar Skigebiet! |
| *sesta* | die portugiesische Siesta – also die Mittagsruhe zwischen etwa 12.30 und 15.00 Uhr. Wobei das in der Stadt nicht so strikt eingehalten wird auf dem Land. Größere Läden und Supermärkte haben meist geöffnet, kleinere schließen. |
| *Silves* | Stadt an der Algarve, ehemalige arabische Hauptstadt der Region Al-Gharb |
| *sim* | Ja |
| *sim senhor/ senhora* | wörtlich ›ja mein Herr/meine Dame‹. Hört man in Portugal ständig als Betonung einer Aussage – etwa wie ›genau‹ oder ›eben‹ im Deutschen |

| | |
|---|---|
| *sinal* | Anzahlung. Auch Signal, Zeichen |
| *Sô* | Anrede ›Herr‹ (Kurzform von Senhor) + Vorname |
| *sobreiro* | Korkeiche. Portugal ist weltweit führend in der Korkproduktion. Mehr als 50% der Korken stammen von hier. Eine Eiche muss mindestens 20, besser 30 Jahre alt sein, bis man sie zum ersten Mal schält. Dieser ›männliche Kork‹ taugt noch nicht für die Schampusflasche – der ist erst bei der 3. Schälung soweit |
| *sobremesa* | Nachtisch, Dessert |
| *sopa da pedra* | Steinsuppe – berühmt dafür ist der kleine Ort Almerim im Ribatejo |
| *sportingista* | Anhänger des Vereins Sporting Lissabon. Die ›Grünen‹ – auch *leões* (Löwen) genannt – spielen im Estádio José Alvalade |
| *sua vez* | wörtlich ›Ihr Mal‹ , im Sinne von ›Sie sind dran‹ beim Anstellen in einer Reihe |
| *Sumol* | bekannte Marke in Portugal, deren Name Synonym für Limonade geworden ist |
| *Superbock* | Biersorte in Portugal |
| *tabacaria* | Tabakgeschäft |
| *talho* | Metzger |
| *talvez* | vielleicht |
| *Tarrafal* | portugiesisches Konzentrationslager zu Zeiten Salazars auf Cabo Verde, einer früheren Kolonie Portugals vor der Küste Afrikas |

| | |
|---|---|
| *telemóvel* | Mobiltelefon, Handy – ohne das kein Portugiese wirklich existieren kann. Stets sollte es das Neueste sein, und meist hat ›man‹ nicht nur eines, sondern zwei oder drei: eins für den Job, eines privat – eines möglicherweise ›extra‹ für die Familie oder für Freunde/Freundinne |
| *telenovela* | Fernsehserie – Seifenoper, etwas, was in Portugal zum Alltag dazugehört. Ob *Morangos com Açúcar* (›Erdbeeren mit Zucker‹) oder *Laços de Sangue* (›Blutsbande‹) – zum Lernen der Sprache sind sie beinahe ideal. Zumindest wenn man die in Portugal produzierten Serien schaut, nicht die brasilianischen … |
| *televisão* | Fernsehen |
| *tempo* | Zeit, Wetter – dasselbe Wort für etwas, das genaue Angaben benötigt und für ein unzuverlässiges Naturphänomen … vielleicht liegt's daran, dass Portugiesen niemals pünktlich sind? |
| *tipo* | Typ, bei Wohnungen Bauweise. Deshalb findet man bei Wohnungen die Bezeichnung ›T1‹, ›T2‹ etc. Das bezeichnet die Anzahl der Schlafzimmer; das Wohnzimmer (*sala*) wird dabei nicht mitgezählt, auch Küche und Bad/WC nicht |
| *tolerância zero – segurança máxima* | Verkehrsaktion ›Null Toleranz – höchste Sicherheit‹ |

| | |
|---|---|
| *torna viagem* | die ›Seereise‹ für den Madeirawein, durch die er früher seinen besonderen Geschmack bekam. Heute wird er nur noch drei bis fünf Monate speziell gelagert. Wesentlich langweiliger als eine Kreuzfahrt |
| *torrada* | Toast mit Salzbutter bestrichen. Wenn Ihnen *pão de forma* angeboten wird, ist's normales Toastbrot, bei *pão caseiro* dagegen um selbstgebackes, ›hausgemachtbes‹ Brot – ungleich besser! |
| *tosta mista* | Toast mit Schinken und Käse überbacken |
| *tourada* | Stierkampf, auch Stierherde |
| *Trás-os-Montes* | wörtlich ›Hinter den Bergen‹ – da wohnt in Portugal aber nicht Schneewittchen wie im deutschen Märchen. Trás-os-Montes heißt ein Gebiet im äußersten Nordosten des Landes, an der spanischen Grenze. Hier finden sich die Distrikte Bragança und Vila Real. Umgangssprachlich sagt man auch: Wer aus dem Trás-os-Montes kommt, lebt ›hinterm Mond‹. |
| *travessa* | Quer- oder Verbindungsstraße |
| *tremoços* | eingelegte Lupinensamen – Achtung: Die Haut wird nicht mitgegessen (obwohl man sie essen könnte). Findet man in Portugal als kleinen Snack zum Bier. |
| *tripas à moda do Porto* | Kutteln mit weißen Bohnen – wegen dieses Gerichts nennt man die Portoeneser auch *tripeiros* |

| | |
|---|---|
| *tuga* | Spitzname für Portugiesen – Vorsicht: Wenn Sie als *estrangeiro* das sagen, kann es sein, dass das nicht gut ankommt! Das Wort stammt aus dem Kolonialkrieg. Die Aufständischen wurden nämlich von den Portugiesen *turras* genannt, die Portugiesen im Gegenzug als *tugas* beschimpft |
| *ultramar* | wörtlich ›jenseits des Meers‹. Kurzbezeichnung für die außereuropäischen Kolonien Portugals in Übersee |
| *urbanização* | Neubaugebiet, Bauplatz |
| *vamos ver* | wörtlich ›Wir werden sehen‹. Mit dieser Redewendung drückt der Portugiese aus, dass er ganz gewiss nicht bereit ist, jetzt und sofort eine Entscheidung zu treffen. |
| *via* | Weg |
| *vinho da casa* | Hauswein – kann man in Portugal bedenkenlos bestellen. Es handelt sich meist um regionale Weine, die der Wirt manchmal sogar aus dem Fass abfüllt |
| *vinho tinto/ branco* | Rotwein / Weißwein |
| *vinho verde* | wörtlich ›grüner Wein‹. Ein junger Wein, den es nicht nur als Weiß-, sondern auch als Rot- und Roséwein gibt. |
| *vivenda* | freistehendes Einfamilienhaus |
| *Xauxau* | Tschüss, Ciao |

# Portugal zum Nachkochen

**Rezept** *Bacalhau cozido*

Zutaten für 6–8 Personen

1 kg Stockfisch, 6 große Karotten, 6 Zwiebeln, 1,5 kg Kartoffeln, 6–8 hart gekochte Eier, 1 kg Blattkohl, Salz

Zubereitung

Bacalhau über Nacht wässern und das Wasser mehrmals erneuern. In frischem Wasser mit Karotten und Zwiebeln garen. Kartoffeln schälen und in Salzwasser separat kochen, Kohl bissfest blanchieren. Fisch, Gemüse, Kartoffeln und aufgeschnittene Eier auf einer vorgewärmten Platte anrichten und möglichst heiß servieren.


**Rezept** *Caldo Verde*

Zutaten

½ Kilo Kartoffeln, geschält und in Würfel geschnitten

¼ Kilo Kohlblätter, in feine (2 mm) Streifen geschnitten

1–2 Knoblauchzehen

1 Lorbeerblatt

¼ TL Nelkenpulver

1 klein gewürfelte Zwiebel

1 EL Schweineschmalz oder 2 EL Olivenöl

Salz und Pfeffer

2 Scheiben Chouriço pro Teller

Alle Zutaten bis auf die Kohlstreifen und die Wurst in Salzwasser garen. Dann das Lorbeerblatt herausnehmen und die Suppe pürieren. 20 Minuten weiterkochen lassen. Nun die Kohlstreifen unterrühren und nochmals 20 Minuten köcheln lassen. Je 2 Scheiben Wurst in die Teller geben und die Caldo Verde mit Bauernbrot servieren.

**Rezept** *Pastéis de Nata*
Zutaten:
200 g Zucker
100 ml Wasser
1 TL Orangenblumenwasser
8 Eigelb
½ l Sahne
1 Packung TK-Blätterteig
Zimt und Puderzucker
Muffin-Formen

Wasser und Zucker erhitzen, bis nach etwa 6 Minuten Kochzeit ein feiner Sirup entsteht. Sahne mit Eigelb, Zimt und Orangenblumenwasser zum Sirup geben und unter ständigem Rühren wieder erhitzen und dann stehen lassen. Die Förmchen einfetten. Aufgetauten Blätterteig rollen und in dünne Scheiben schneiden. Die Muffin-Förmchen mit je einer Scheibe auskleiden. Danach die Creme in die Teigform geben und das Ganze im vorgeheizten Backofen bei 250° etwa 8 bis 10 Minuten backen. Die Pastéis de Nata sind fertig, wenn die Creme an der Oberfläche leicht gebräunt ist. Mit Zimt und Puderzucker bestäuben und warm oder kalt essen.

Viele nützliche Tipps und Informationen finden Sie
auf der Internetseite www.leben-in-portugal.wiki

# Lesetipps

# Reiseführer

- **ADAC Verlag**
**ADAC Reisemagazin Lissabon**, erschienen im Juni 2014, 164 Seiten, € 8,10

**ADAC Reiseführer Algarve**, neu bearbeitete Auflage vom März 2011, 144 Seiten, € 9,95

**ADAC Reiseführer plus Portugal**, neu bearbeitete Auflage vom März 2013, 144 Seiten, € 9,95

**ADAC Reiseführer Lissabon**, neu bearbeitete Auflage vom September 2012, 144 Seiten, € 8,99

**ADAC Reiseführer plus Lissabon**, neu bearbeitete Auflage vom März 2013, 144 Seiten, € 9,95

**ADAC Reiseführer Madeira**, erschienen September 2012, 144 Seiten, € 8,99

**ADAC Reiseführer plus Madeira**, 144 Seiten, € 9,95

- **Baedeker Verlag**
**Baedeker Reiseführer Algarve**, erschienen im Januar 2014, 312 Seiten, faltbare Karte der Algarve (Maßstab 1:190.000), € 19,99

**Baedeker Reiseführer Portugal**, erschienen Januar 2014, 606 Seiten, € 9,95

**Baedeker Reiseführer Madeira**, erschienen März 2013, 244 Seiten, professionelle Reisekarte im Maßstab 1:175.000, € 19,99

- Bruckmann Verlag

**Wanderführer Madeira: Die 40 schönsten Wandertouren der Grünen Perle im Atlantik, inkl. den Levadas und Funchal, plus Wanderkarten und GPS-Daten zum Download**, von Dr. Burkhard Berger und Dr. Manfred Föger, 168 Seiten, TB € 12,95 / eBook € 8,99

**Highlights Portugal: Die 50 Ziele, die Sie gesehen haben sollten,** Bild- und Fotoband, 168 Seiten, € 24,95

**Reiseführer Lissabon: Zeit für das Beste**, erschienen August 2013, 288 Seiten, € 14,99 – als eBook € 9,99

- DuMont Verlag

**DuMont direkt Algarve**, 120 Seiten, 40 Abbildungen, 1 herausnehmbare Faltkarte mit Index, 3 farbigen Karten und Plänen, Sprachführer, Register, ca. 8 Euro

**DuMont Taschenbuch Algarve**, 264 Seiten, 120 Abbildungen, 8 farbigen Karten und Plänen, Extra-Reisekarte zum Herausnehmen, ca. 30 S. praktische Reisehinweise, Sprachführer, Kulinarisches Lexikon, Register, aktualisiert 2012, € 16,99

**DuMont aktiv Wandern auf den Azoren**, aktualisiert 2011, 168 Seiten, 37 Abbildungen, 36 farbige Karten, 35 Höhenprofile, Register, € 12,95

**DuMont direkt Lissabon**, aktualisiert 2012, 120 Seiten, 47 Abbildungen, 1 herausnehmbare Faltkarte mit Index, Sprachführer, Register, € 9,99

**DuMont Reisetaschenbuch Lissabon**, aktualisiert 2013, 288 Seiten, 120 Abbildungen, 14 farbigen Karten und Plänen, Extra-Reisekarte zum Herausnehmen, ca. 50 S. praktische Reisehinweise, Sprachführer, Kulinarisches Lexikon, Register, ca. € 15,--

**DuMont direkt: Madeira**, erschienen März 2013, 120 Seiten, 47 Abbildungen, 1 herausnehmbare Faltkarte mit Index, 3 farbige Karten und Pläne, Sprachführer, Register, € 9,99

**DuMont Reisetaschenbuch Madeira**, aktualisiert 2012, 288 Seiten, 117 Abbildungen, 16 farbige Karten und Pläne, Extra-Reisekarte zum Herausnehmen, ca. 30 S. praktische Reisehinweise, Sprachführer, Kulinarisches Lexikon, Register, € 16,99

**DuMont aktiv: Wandern auf Madeira**, aktualisiert 2010, 144 Seiten, 51 Abbildungen, 36 farbige Karten, 35 Höhenprofile, Sprachführer, Register, € 12,99

**DuMont Kunstreiseführer Portugal,** erschienen März 2012, 400 Seiten, 126 Abbildungen, 30 farbige Karten und Pläne, 18 Grundrisse, 31 Seiten praktische Reisehinweise, Zeittafel, Literaturhinweise, Sprachführer, Glossar, Register, € 25,90

**DuMont Richtig reisen Portugal**, erschienen 2007, 424 Seiten, 109 Abbildungen, 30 farbige Karten und Pläne, 18-seitiger Atlas, 109 Seiten Wissenswertes für die Reise, Literaturtipps, Sprachführer, Register, ca. € 23,--

- **Berg-Verlag Rother**

**Madeira – Die schönsten Levada- und Bergwanderungen,** 8. vollständig überarbeitete Auflage von 2012, 173 Seiten, € 14,90

**Azoren: Die schönsten Küsten- und Bergwanderungen**. 75 Touren, 3. vollständig überarbeitete Auflage vom Mai 2010, 264 Seiten mit 157 Farbabbildungen, 75 Höhenprofile, 75 Wanderkärtchen im Maßstab 1:50.000/1:75.000, 10 Übersichtskarten, € 14,90

- **Verlag Dorling-Kindersley**
  **Portugal. Vis-á-vis Lissabon. Pousadas. Portwein. Algarve. Restaurants. Architektur. Fado**, erschienen 2007/2008, aktualisiert 2012, 480 Seiten, über 1.000 Farbfotografien, zahlreiche Zeichnungen, Grundrisspläne, Artworks, Klappenbroschüre, ca. € 21,00

  **Vis-á-Vis Lissabon**, erschienen Februar 2012, aktualisiert 2014/2015, 192 Seiten, über 400 Farbfotografien, zahlreiche Zeichnungen, Grundrisspläne, Artworks, Klappenbroschüre, € 18,95

  **Top Ten Reiseführer Lissabon**: 128 Seiten, mehr als 30 detaillierte Karten und 250 Farbfotos, herausnehmbare Karte zu den zahlreichen ›Top Ten‹ von Portugals Hauptstadt. € 9,95

- **Verlag Reise Know-How**
  **Reise Know-How ›Algarve mit Lissabon‹** mit ausführlicher Einführung in Land und Leute, Geschichte, Politik und Zeitgeschehen. (*Sehr gut ist der ›reisepraktische Teil‹ mit der Vorstellung von über 100 Stränden und allen möglichen Freizeitvergnügen – vom Aquapark bis zu den schönsten Wanderungen. Aktuelle Karten, Internet-Reisetipps, alles Wissenswerte von A bis Z, umfangreiches Register*) Neu bearbeitet erschienen August 2008. 456 Seiten, € 19,50

  **Reise Know-How ›CityGuide Lissabon‹**: Reiseführer mit Faltplan von Werner Lips und Klaus Werner (Herausgeber), komplett in Farbe, zahlreiche Fotos, detaillierter Stadtplan (auch als Faltplan zum Herausnehmen) und praktische Übersichtskarten, intelligentes Nummernsystem zur schnellen Orientierung, Sprachhilfe, aktualisiert 2014. 252 Seiten, € 14,80

  **Reise Know-How CityTrip Lissabon**: Reiseführer mit Faltplan von Petra Sparrer, komplett in Farbe, handliches Format, zahlreiche Fotos, Faltplan, Übersichtskarten, Metroplan, Sprachhilfe, ausführliches Register, aktualisiert 2013, 144 Seiten, € 9,95

**Reise Know-How ›Madeira mit Porto Santo‹:** Reiseführer für individuelles Entdecken von Friedrich Köthe und Daniela Schetar, komplett in Farbe, zahlreiche Fotos, 18 detailliert beschriebene Wanderungen, 28 Ortspläne und Karten, Sprachhilfe Portugiesisch, aktualisiert 2013, 312 Seiten, € 16,90

**Reise Know-How ›Portugal kompakt‹** von Friedrich Köthe und Daniela Schetar, komplett in Farbe, 27 detaillierte Karten und Stadtpläne, zahlreiche Fotos und Abbildungen, aktualisiert 2014, 288 Seiten, € 17,50

- Merian Verlag

**Merian Algarve** 122 Seiten, € 7,95

**Merian live! Lissabon**, 128 Seiten, € 9,95, erschienen Januar 2010

**Merian Madeira**, erschienen Juli 2009, 130 Seiten, € 7,95

**Merian live! Madeira: Die Levadas – Genusswandern in üppiger Vegetation**, erschienen Juni 2007, 128 Seiten, € 9,95

**Merian live! Lissabon: Historische Kabelbahnen – Die angenehmste Art die Stadt zu erkunden**, erschienen Juni 2007, 128 Seiten, € 9,95

**Merian Reiseführer Algarve**, erschienen August 2009, 200 Seiten, € 24,95

- Michael Müller Verlag

**Azoren:** 544 Seiten, € 22,90 / eBook € 18,99

**Algarve:** 264 Seiten, € 16,90 / eBook € 13,99

**Lissabon und Umgebung:** 524 Seiten, € 22,90 / eBook € 18,99

**Portugal:** mehr als 700 Seiten, € 24,90

**Lissabon.** MM-City: 15 Touren und Ausflüge: 224 Seiten, € 17,90, Neuauflage Januar 2014 / eBook € 14,99

**Madeira**. Reisehandbuch: 264 Seiten, € 16,90 / eBook € 13,99

**Madeira** MM-Wandern: 192 Seiten, € 14, 90

**Nordportugal**: 264 Seiten, € 15,90, Neuauflage Januar 2014 / eBook € 13,99

- **Verlag Iwanowski**
**Lissabon & Umgebung**: überarbeitet erschienen März 2013, 320 Seiten, € 16,95. (*Sehr gutes und informatives Buch über Portugals Hauptstadt!*)

- **Werner Rau Verlag**
**Portugal. Mobile Touring Highlights: Mobil Reisen: Touren mit Auto, Wohnmobil, Caravan und Motorrad**, GPS-Koordinaten von Werner Rau; 288 Seiten, € 19,90

- **Verlag Vista Point**
**Portugal** von Gisela und Werner Tobias, 96 Seiten, € 4,99

- **Books on Demand (BoD)**
**Nordportugal – Individuelles Reisen durch den Norden Portugals** von Bernd Lübbers, 80 Seiten, € 9,90, € 5,84

- **Verlag Hützen & Partner**
**Caminho Português | Camino Portugués | Der portugiesische Weg: Von Lissabon nach Santiago de Compostela inkl. Fátima** von Kathrin Hützen, 256 Seiten, Verlag Hützen & Partner, € 19,90, erschienen Januar 2014

- **Verlag Conrad Stein**
**Portugal: Via Algarviana: Der Weg ist das Ziel**von Christine Heitzmann, 176 Seiten, € 12,90

**Portugal Spanien: Jakobsweg Ostportugal: Via Lusitana von der Algarve nach Ourense**, von Hermann Hass, 313 Seiten, € 16,90

- **eBooks ausschließlich für Kindle amazon**

**Mein Womo Reisebuch: Portu**gal – Entdeckungsreise durch Portugal, von Ulrike Winkelbauer, ca. 174 Seiten, ca. € 6,43

**Mein WoMo-Stellplatz-Führer: Portugal**, von Friedrich Gerkhardt, ca. € 5,84

# Bildbände

**Mit der Tram durch Lissabon** (von André Poling und Sabine Weiß), 160 Seiten, Verlag transpress, € 9,95

**Architekturführer Lissabon** (von Sophia Walk und Volker Kleinekort), 240 Seiten, DOM Publishers, € 28,00

**Lissabon** (von Jan Windszus), 144 Seiten, Mare Verlag, € 58,--

**Lissabon – das helle, traurige Paradies** (von Rainer Groothuis und Christoph Lohfert), 144 Seiten, Edel Germany, €14,95

**LISSABON – LISBON: Eindrücke aus Lissabon – Impressions of Lisbon** (von Bernd Rücker), 299 Seiten, Vagabond Books, € 39,95

**Portugal** von Cyril Pedrosa, 261 Seiten, Comicbuch, Reproduct verlag, € 39,--

**Die Schulen der Reitkunst: Wien Saumur Jerez Lissabon** von Alain Laurioux und Guileaume Henry, 208 Seiten, Verlag Cadmos, € 39,90

# Portugal zum Genießen

**Die portugiesische Küche – A Cozinha Portuguesa** von Rita Cortes Valente de Oliveira, Alexandra Klobouk, Ricardo Pereira und Mariana Veloso, 256 Seiten, Kunstmann Verlag, € 29,95 – ganz neu im Mai 2014 erschienen!

**Geheimnisse der lusitanischen Küche – Original Rezepte aus Portugal** von Ilídio Lacerda, 105 Seiten, BoD, € 12,50/eBook € 9,99

**Geheimnisse der lusitanischen Küche II – Naturbelassene und Saisongerechte Rezepte** von Ilídio Lacerda, 140 Seiten, BoD, € 16,00/eBook € 11,99

**Piri Piri Die echte portugiesische Küche** von Tessa Kiros, 256 Seiten, Christian Verlag, € 29,95

**Die portugiesische Küche** von P. Piazessi, Bonechi Verlag, € 14,95

**Portugiesisch Kochen. Gerichte und ihre Geschichte** von Marcia Zoladz, 158 Seiten, Die Werkstatt Verlag, € 16,90

*leider nur noch antiquarisch:*
**Fische der Algarve: Ein kulinarischer Streifzug duch Markt und Küche** von Nico Böer und Andrea Siebert, 152 Seiten, Gebr. Kornmayer Verlag, ca. € 15,--

**Portugiesische Küche**, 122 Seiten, Komet Verlag, ca. € 9,70

**Ein kulinarisches Rendezvous mit Portugal** von Gerda Rob von Odette Teubner, Verlag Mira, ca. € 50,--

**Portugiesische Küche** von Hiltaire Walden, 128 Seiten, Könemann Verlag, ca. € 2,05

# Portugal zum Schmökern

# Literatur

**Für Isabel – ein Mandala** von Antonio Tabucchi, 176 Seiten, Hanser Verlag, € 16,90; ebook € 12,90

**Die portugiesische Reise** von José Saramago, 575 Seiten, Hofmann und Campe Verlag, TB € 17,99 / eBook € 13,99

**Kleine Erinnerungen** von José Saramago, Kindheit im Ribatejo und in Lissabon, 160 Seiten, Rowohlt, TB € 8,95 / eBook € 8,49

**Hoffnung im Alentejo** von José Saramago, 320 Seiten, rororo Verlag, derzeit nur gebraucht ab € 4,90

**Claraboia oder: Wo das Licht einfällt** von José Saramago, 352 Seiten, Verlag Hoffmann & Campe, € 22, 90 / TB (erscheint September 2014) € 9,99 / eBook € 17,99

**Das Memorial** von José Saramgo, 416 Seiten, Verlag Hoffmann & Campe, Taschenbuch € 7,99 / eBook € 7,99

**Geschichte der Belagerung von Lissabon** von José Saramago, 432 Seiten, Verlag rororo, antiquarisch ab € 4,00

**Lissaboner Requiem: Eine Halluzination** von von Antonio Tabucchi, 164 Seiten, Deutscher Taschenbuch Verlag, TB € 7,90

**Der Archipel der Schlaflosigkeit** von António Lobo Antunes, 320 Seiten, Luchterhand Verlag, € 22,99

**Die natürliche Ordnung der Dinge** von António Lobo Antunes, 352 Seiten, btb Verlag, € 9,50

**Fado Aleandrino** von António Lobo Antunes, 797 Seiten, Luchterhand Verlag, € 29,50 / eBook €23,99

**Der Judaskuss** von António Lobo Antunes, 208 Seiten, btb Verlag, € 8,50

**Buch der Chroniken** von António Lobo Antunes, 384 Seiten, Luchternhand, € 10,00

**Lissabon: Literarische Streifzüge durch die Stadt** von Werner Herzog, 156 Seiten, Books on Demand, € 11,90 / eBook € 9,49

**Lissabon: Eine literarische Einladung** Hrg. Gaby Wurster, 144 Seiten, Klaus Wagenbach Verlag, € 15,90

**Lissabonner Logbuch** von José Cardoso Pires, 80 Seiten, Hanser Verlag, € 10,90

# Krimis

**Der Botschafter des Teufels** von Ruprecht Günther, 320 Seiten, bookshouse, TB € 12,99 / eBook € 5,49

**Mord auf der Levada: Paulines erster Fall** von Joyce Summer, Madeira-Krimi, 312 Seiten, TB € 9,95 / eBook 3,99

**Tod in Lissabon** von Robert Wilson, Kriminalroman in und Lissabon, 576 Seiten, Goldmann Verlag, TB € 9,95

**Das verdeckte Gesicht** von Robert Wilson, Kriminalroman, 576 Seiten, Goldmann Verlag, antiquarisch bei amazon ab 0,32 €

**Portugiesische Eröffnung** von Jenny Siler, Thriller, 272 Seiten, Fischer TB Verlag, € 7,95

**Der Portwein-Erbe** von Paul Grote, 384 Seiten, Deutscher Taschenbuch Verlag, TB € 8,95 / eBook € 7,99

**Empfindliche Wahrheit** von John le Carré, 400 Seiten, Ullstein, HC € 24,99 / eBook €19,99

**Damals in Lissabon** von Susanna Kearsley, 400 Seiten, Piper Verlag, TB / gebundene Ausgabe nur noch antiquarisch ab ca. € 1,00 / eBook € 8,49

# Romane & Geschichten, Erzählungen & Biografien

**Kann denn Fado fade sein? Meine Abenteuer in Portugal** von Christina Zacker, 304 Seiten, Heyne, TB € 8,99 / eBook € 7,99

**Späte Einsichten** von David Leavitt, 340 Seiten, Verlag Hoffmann & Campe, HC 14,95 / eBook € 15,99

**Ich war in Lissabon und dachte an dich** von Luis Ruffato, 96 Seiten, Verlag Assoziation A, HC € 14,00 / eBook € 9,99

**Die Handschuhmacherin** von Manuela Martini, 320 Seiten, Langen-Müller, HC € 20,-- / eBook € 14,99

**Lissabon – im Land am Rand: Lisboa – num país sempre à beira,** von Alexandra Klobouk und Aires Graça, 120 Seiten, Verlag Viel & Mehr, broschiert € 16,95

**111 Gründe Portugal zu lieben – Eine Liebeserklärung an das schönste Land der Welt**, von Annegret Heinold, 288 Seiten, Schwarzkopf & Schwarzkopf Verlag, € 9,99 / eBook € 6,99

**Ein Portugiese macht noch keinen Sommer,** von Annegret Heinold, 120 Seiten, books2read, € 2,99

**Die Sturmtänzerin in Lissabon** von Margarida Rebelo Pinto, 320 Seiten, Blanvalet, nur als eBook 8,99

**Kizomba, afrikanische Nächte in Lissabon** von Manuela Boé, 216 Seiten, Pebo Verlag, TB € 12,44 / eBook € 7,91

**Neun Tage in Lissabon** von Hervé Le Tellier, 280 Seiten, Deutscher Taschenbuch Verlag, TB € 14,90 / eBook € 7,99

**Ein Jahr in Lissabon** – Reise in den Alltag von Sylvia Roth, 192 Seiten, Herder Verlag, € 12,90

**Nacht über Lissabon** von Leopoldo Brizuela, 724 Seiten, Insel Verlag, HC € 24,90 / TB € 9,99 / eBook € 9,99

**Portugal. Erinnerungen auss dem Jahr 1842**, von Felix von Lichnowski, 278 Seiten, minifanal, TB € 14,90 / eBook € 4,49

**Nachrichten an Paul** von Annegret Heinold, 135 Seiten, Satzweiss Verlag, TB und eBook € 4,99

**Knuddelmuddel** von Annegret Heinold, ca. 234 Seiten, Satzweiss Verlag, eBook € 4,99

**Träum weiter, Julia** von Annegret Heinold, 202 Seite, CreateSpace, TB € 7,48 / eBook € 3,09

**Nachtzug nach Lissabon** von Pascal Mercier, 596 Seiten, btb Verlag,, HC € 24,90 / TB € 9,99 / eBook € 9,99

**Die Nacht von Lissabon** von Erich Maria Remarque, 330 Seiten, Kiepenheuer & Witsch Verlag, TB € 8,99 / eBook € 8,99

**Die Jesuitin von Lissabon** von Titus Müllerhist. Roman, 463 Seiten, Aufbau Verlag, TB € 9,99 / eBook € 7,99

**Am Äquator** von Miguel Sousa Tavares, 480 Seiten, C. Bertelsmann Verlag, € 21,90

**Das Haus der glücklichen Alten** von Valter Hugo Mãe, 304 Seiten, Verlag Nagel & Kimche AG, € 22,90 / eBook € 16,99

**Portugiesische Tagebücher** von Claus Meyer-Clason, 374 Seiten, A1-Verlag, € 22,90

**Das Leben der Gräfin von Daun als Ehefrau des mächtigen portugiesischen Ministers Marquis von Pombal** von Eberhard Strauch, Historischer Roman, 360 Seiten, Pro Business Velag, € 29,--

**Die Reliquien von Lissabon: Störtebekers Vermächtnis** von Jörgen Bracker, 360 Seiten, Murmann Verlag, antiquarisch ab ca. € 0,67, neu € 6,90

**Jene Tage in Lissabon** von Eileen Ramsay, 400 Seiten, Ehrenwirt Verlag, antiquarisch ab € 0,01 / eBook € 4,99

# Für Kids und Jugendliche

**1.000 Gründe, warum ich unmöglich nach Portugal kann** von Katja Alves, Roman für Kinder ab 9 bis 11 Jahre, 176 Seiten, Verlag Beltz & Gelberg, € 12,95 / TB € 6,95

**Abenteuer und Wissen: Magellan – Auf den Spuren des Weltumseglers** von Maja Nielsen (Autor) und Magdalene Krumbeck (Illustrationen), ab 8 bis 10 Jahre, Verlag Gerstenberg, 64 Seiten, € 12,90

**Die Zaubermedizin – Eine Geschichte aus dem Süden Portugals** von Hans Lechner, ab 10 bis 12 Jahre, 112 Seiten, Verlag Fischer, € 12,80

**Cão como nós – Ein Hund wie wir** zweisprachige Ausgabe portugiesisch-deutsch von Manuel Alegre, ab 14 Jahren, 132 Seiten, Verlag TFM – Teo Ferrer de Mesquita, € 14,80

**Isabella, ein kleiner Portugiesischer Wasserhund/Isabell, um pequeno Cão d'Agua Português/Isabellam a little Portuguese Waterdog** dreisprachige Ausgabe von Barbara-Marie Mundt, ab 5 bis 7 Jahre, 56 Seiten, Verlag Pop Traian, € 10,00

**Isabella in London: Isabella em Londres. (Ein kleiner Portugiesischer Wasserhund, Band II),** dreisprachige Ausgabe von Barbara-Marie Mundt, ab 5 bis 7 Jahre, 56 Seiten, Verlag Pop Traian, € 10,00

**Bin ich klein? Serei eu pequena?:** Kinderbuch Deutsch-Portugiesisch von Philipp Winterberg (Autot) und Nadja Wichmann (Illustrationen), Bilderbuch für die ganz Kleinen, 26 Seiten, Verlag Create Space, TB € 5,95 / eBook € 0,99

# Geschichte und Politik

**Geschichte Portugals** von Walther L. Bernecker und Klaus Herbers, 354 Seiten, Kohlhammer, € 36,90, erschienen April 2013

**Geschichte Portugals** von Winfried Kreutzer, 250 Seiten, Verlag Reclam, € 7,60 / eBook € 6,99, erschienen November 2013

**Die Nelkenrevolution in Portugal** von Urte Sperling, 131 Seiten, Verlagsgesellschaft Papyrossa, € 9,90, erschienen Januar 2014

**Portugal in Hamburg.** Von Michael Studemund-Halevy, 248 Seiten, Verlag Ellert & Richter, € 19,--, erschienen September 2007

**Geschichte Portugals: Vom Spätmittelalter bis zur Gegenwart** von Walther L. Bernecker und Horst Pietschmann, 136 Seiten, Verlag C.H. Beck, € 8,99

**Geschichte Portugals und des portugiesischen Weltreichs** von Walther L. Bernecker, 716 Seiten, Verlag Kröner, € 27,90

**Portugal 25. April 1974 – Die Nelkenrevolution** von Willi Baer (Herausgeber) und Karl-Heinz Dellwo (Herausgeber), 344 Seiten, Verlag LAIKA, € 24,90

**Nelkenrevolution reloaded?: Krise und soziale Kämpfe in Portugal** von Ismail Küpeli, 96 Seiten, Verlag edition assemblage, € 9,80, erschienen September 2013

**Die traurige Verwandlung von Lissabon in Schutt und Asche: Das Erdbeben von 1755 in zeitgenössischen Berichten** von Dirk Friedrich, 238 Seiten, Verlag minifanal, TB € 10,90 / eBook € 4,49

**Das Erdbeben von Lissabon 1755.** Quellen und historische Texte von Dirk Friedrich, (Herausgeber), 366 Seiten, Verlag minifanal, TB € 13,90 / eBook € 4,49

**Portugal – eine Collage** von Dirk Friedrich, 136 Seiten, Verlag minifanal, TB € 8,90 / eBook € 4,49, erschienen Januar 2014

**Das Erdbeben von Lissabon 1755 unter dem Aspekt der medialen Rezeption** (Naturkatastrophen in der Neuesten Geschichte) von Christina Schäfer, 136 Seiten, Verlag minifanal, TB € 8,90 / eBook € 4,49, erschienen Oktober 2013

**Iberische Diktaturen: Portugal unter Salazar, Spanien unter Franco** von Ursula Prutsch, 234 Seiten, Studien-Verlag , TB € 29,90 / eBook € 23,99

**Schomberg im Alentejo 1660-1668: Eine historische Schilderung** von Volker Gold, 232 Seiten, BoD, € 21,50

# Über die Autorin

**Christina Zacker** war nach ihrem Volontariat bei einer Tageszeitung und der Ausbildung an der Deutschen Journalistenschule München gut 15 Jahre als Redakteurin für den Ratgeberteil verschiedener Zeitschriften tätig, unter anderem als Ressortleiterin und Textchefin einer Frauenillustrierten. Seit mehr als 20 Jahren arbeitet sie als freie Buchautorin.

2002 verliebte sie sich im Urlaub auf der Insel Madeira in einen Portugiesen und zog zwei Jahre später zu ihm nach Portugal, in die Nähe von Lissabon. Ihre ›Abenteuer‹ beim Einleben in der neuen Heimat hat sie in ihrem Buch ›K*ann denn Fado fade sein?*‹\* erzählt.

Heute lebt Christina Zacker nahe der kleinen portugiesischen Stadt Monchique im Norden der Algarve.

\* erschienen im Heyne Verlag, ISBN 10: 3453602471/ISBN-13: 978-3453602472, eBook ASIN B0088JRAIK

www.ganymed-edition.de